예수님의 감성학

인간감성은 인간의 실존과 삶의 문제에서 불가분의 관계 속에 존재하는 사실이기 때문에 신학교육에서도
무시할 수 없어서 목회심리학이나 상담학에서 부분적이나마 신학교 교육과제로 다루어지고 있다.

예수님의 감성학

김 양 환

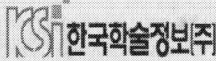한국학술정보㈜

1) 필자가 쓴 책 3권이 있다

제1권이 <영성개발>(보이스사, 1991)이고 제2권이 <하나님 체험의 길잡이>(진흥출판, 1996)이며 제3권이 <성경적 EQ의 신바람 행복 찾기>(진흥 출판, 1998)이다. 이 책들 속에는 예수님의 감성학과 직·간접으로 깊은 관계가 있는 부분이 상당수 있다고 생각한다. 그러나 그 당시에는 예수님의 감성문제를 학문적으로 독립된 하나의 <감성학>으로 설정해야 된다는 생각을 하지 못했었다. 그러나 이제는 하나님과 예수님의 감성세계를 신학적이고 학문적으로 연구정리해서 책으로 출판을 해야 될 때가 된 것으로 생각된다. 그래서 부족하지만 <예수님의 감성학>을 내기로 한 것이다. 나는 영성신학에 입문하면서부터 감성과 마음의 문제에 관심이 있었던 것이 사실이다. 특히 제1권 1장 5. '마음의 문제'(p.22-30), 제2권 제4장 '말과 감정'(p.61-88) 제5장 '감정 순화 프로그램'(p.91-101) 제3권 제2장 '분노가 죽인다.'(P.49-87) 제3장 '성경과 EQ'(p.89-110)등은 예수님의 감성학과 밀접한 관계가 있는 내용들이다. 그러나 이러한 내용들을 보충할 필요성이 있다고 본다. 그리고 '예수님의 감성학'이나 '성서적 감성학'이 독립된 학설로 정착해야 된다고 생각한다.

2) 예수님의 감성학이 왜 필요한가?

예수님은 완전한 인간인 동시에 완전한 하나님이시다 그렇기 때문에 인간예수는 일반 심리학의 연구대상이 될 수 있다고 생각할 수 있으나, 그러나 예수님은 다른 한편 완전한 하나님이신 그리스도이시기 때문에 심리학의 연구대상이 될 수 없다. 신이신 그리스도는 신학적 연구대상이시다. 그리고 성경에는 하나님의 감성을 언급하고 있는 부분이 상당수 있다. 한 예로 하나님의 분노와 심판 등 하나님의 감성세계를 설명한 기사내용들이 엄청나게 많이 있다. 이것이 하나님의 <심리상태>를 언급한 내용이라고 해서 지상에 있는 심리학이 다루어야 할 연구대상이 될 수 없다. 왜냐하면 하나님은 사람이 아니시고 지상에 삶의 근거를 두고 사시는 분이 아니기 때문이다. 이것은 당연히 신학적 연구대상이 되어야 한다. 그리고 '하나님도 〈지성, 감성, 영성〉을 가지고 계신 실존' 이시다. 이 말은 하나님도 하나님의 감성세계를 가지고 계신다는 뜻이다. 그렇기 때문에 하나님의 감성에 관한 탐색과 연구의 필요성이 요청되는 것이다. 특히 인간이시고 하나님이신 예수 그리스도에 대한 감성세계를 탐색 연구해야 함은 너무나 당연하다. 그러나 신성을 가지고 계신 그리스도는 지상의 심리학의 연구대상이 될 수 없기 때문에 별도의 신학적인 차원에서 〈예수님의 감성학〉을 개발 설정해야 한다. 예수님의 감성학은 조직신학이나, 성서신학, 목회신학 등과 동등한 비중으로 신학적 학습과 연구의 중심과제로 생각해야 한다는 것이 필자의 주장이다.

3) 독자에게 부탁드리고 싶은 말이 있다

필자가 17년(06년 기준) 전 40여 년 동안 한국교회를 섬기고 살아오면서 언제나 내 가슴속에 도사리고 있었던 느낌들은 "우리는 왜 성경말씀과 동일한 삶의 주인공이 되지 못하는가? 신앙인 삶의 새로운 방법은 없을까? 신학교(Theological Seminary)에서 배운 것이 전부인가? 예수를 닮는다는 것이나 성화란 이론에 불가한 것인가? 이러한 것은 특수한 사람들에게나 해당되는 것인가? 신앙인과 세속인의 차이점은 무엇일까?" 등이었다.

그러나 필자가 17년 전 영성신학에 입문하고 영성수련 운동에 전념하면서 느끼고 깨우친 것은 한국교회는 <가슴 없는 예수>를 가지고 있었기 때문에 만족스러운 교회생활이 이루어지지 않고 있었다는 것을 알게 된 것이다. 이것이 오로지 한국교회에 국한된 문제라고 생각하지 않는다. 나라마다 차이점은 있겠지만 전 세계 개신교회가 가지고 있는 문제점으로 생각하는 동시에 한국교회의 모교회가 되는 미국교회의 신학교교육이나 신학사상에 문제점이 없다고 말할 수 없다는 생각을 하게 된 것이다. 그리고 특히 1995년 EQ심리학의 등장으로 "인간 삶에 미치는 지성적 영향력보다는 감성적 영향력이 매우 크다"는 학설은 필자에게 기독교 감성문제를 심도 있게 생각하고, 그리고 깊은 기도와 과감한 접근을 가능하게 했던 것이다. 이러한 것들은 하나님의 특별한 은총이라고 믿고 있다. 그리고 하나님께서 이 종에게 "제2생명을 주신 참 뜻"이 여기에 있다고 믿고 있다. 특히 독자에게 하고 싶은 말은 이 책은 <감성문제의 문제제기>의 성격이 강한 것이라는 점을 이해해 주기 바란다. 이 말은 내 글들이 부분적인 완성에는 이바지하고 있으나 성경 전체의 감성 문제를 다룬 완성품이 아니라는 뜻이다. 그러나 필자의 <감성관리 프로그램>은 <부분적 완성품>에 속한다고 생각한다. 이것은 적어도 나 자신을 모델로 해서 10여 년이라는 시간 속에서 철저한 반복실 험과 반복적 관상기도를 통해서 이것이 진리요 참이라고 생각했을 때, 그리고 수강생들에게 적용해서 나와 같은 효과가 있다고 판단될 때에 문서로 작성하곤 했다는 점에서 믿어도 된다고 생각한다. 그리 고 이 책이 가지고 있는 내용은 이론적이고 철학적인 유창한 <논문 집>은 아니나 필자가 깨우친 <영성수련을 위한 교과서>라는 점에서 는 나름대로 특색과 가치가 있다고 생각한다.

한 가지 독자에게 이해를 구하는 것은 지나치게 <제한된 성경말 씀>에 집중하고 있다는 점이다. 그래서 이 책에서는 동일 성경말씀 이 반복 등장한다는 느낌을 가지게 될 것이다. 그러나 사실은 성경 묵상훈련의 특색 중 하나가 제한된 성경내용을 오랫동안 집중적으 로 연구탐색하고 반복적 관상기도를 통해서 그 말씀에서 참다운 교 훈을 느끼고, 깨우치고 그리고 천국적인 삶의 에너지를 얻어내고, 하나님의 생각과 마음을 읽어낼 수 있다는 점에서 제한된 성경을 활용하는 의미가 있다는 점을 인식하기 바란다. 그래서 천국인의 삶 에 동참할 수 있는 영성인의 자질을 소유하게 하는데 도움이 되리 라고 생각한다.

그리고 감성문제를 단순한 〈심리학적 mind〉를 가지고 생각하던 것을 버리고 〈theological mind〉(신학적 마음)로 생각하는 새로운 운동이 등장하기를 기대한다. 그래야 전 세계 교회가 <예수님의 가 슴>을 가지고 있는 순수한 참〈예수님교회〉로 변화가 가능해 진다. 예수님의 가슴은 세속인의 가슴과는 전연 색다른 특색이 있으시다.

그 대표적인 것이 "원수를 사랑하는 가슴"이다(마5:44, 눅6:27) 특히 십자가상에서 원수를 사랑하신 사건(눅23:34)은 예수님의 가슴은 일반인의 가슴과는 전연 다른 모습이라는 점을 어렵지 않게 찾아볼 수 있다.

4) 이 책 내용을 3부로 나누었다

제1부는 예수님의 감성학과 직결되는 내용이다. 제2부는<마음계발>수련프로그램으로 "예수님의 감성학"의 실천프로그램이다. 마음계발이란 '감성과 영성'을 계발하는 것으로 예수님의 꿈을 실현하게 하는 내용이다. 그리고 감성과 영성프로그램은 서로 유기적인 관계가 있기 때문에 한 틀 속에서 다루는 것이 효과적이다. 그러나 그 내용에서 감성적인 것과 영성적인 부분을 구분해서 인식할 수 있도록 되어있다. 제3부는 <예수님의 감성학>과 유기적인 관계가 있는 '감성과 영성생활' 에 도움이 되는 것들로 채워져 있다. 이것들은 주로 생활현장에서 얻어진 내용들로써 우리들의 신앙생활에 도움을 줄 수 있는 것들이다. 이것들에서 인간감성의 중요성을 느끼게 될 것이다.

차 례

제 1 부

감성적인 과제에
색다른 관심을 가지라

필자가 영성신학과 영성수련에 전념하면서 새롭게 깨우친 것이 영성문제와 불가분의 관계에 있는 것이 "감성적인 과제"라는 것을 알게 되었고 그리고 이것을 외면하고는 필자가 처음부터 관심을 가지고 추구해 왔던 '영성수련의 완성'이 불가능하다는 점을 깨우친 것이다. 그래서 이곳에서 감성문제를 깊이 있게 다루는 것은 영성의 중요성을 외면하는 것이 아니라는 점을 인식해 주기 바란다. 그리고 감성문제는 영성과 무관한 것이 아니고, 둘 다 '마음의 문제' 안에 존재하는 유기적인 관계가 있다는 점을 인식할 필요가 있다. 또한 〈감성과 영성은 각각 독립적인 훈련프로그램을 가지고 있어야 한다. 그러면서도 이 둘은 밀접한 상호보완적인 관계가 있다는 점을 인식할 필요가 있다.

제1장

신학교육과 목회학의 본질적 결함문제는 없는가?

필자가 17년간 개신교에서 색다르게 느끼고 있는 '감성과 영성'문제를 위해 헌신적인 노력을 하면서 반복해서 강조하는 것은 "신학교교육의 중요성"이다. 이것은 아무리 강조해도 부족하다. 신학교육 내용의 변화가 없이는 교회프로그램의 개혁이 이루어질 수 없기 때문이다. 21세기 기독교운동에서 가장 근본적이고 시급한 과제가 "신학교교육의 개혁"이라는 점을 심각하게 생각해야 한다. 이것은 "종교개혁"차원에서 다루어야 한다.

① 정확한 '진단과 처방'이 있어야 한다.

인간생활에서 문제가 발생하면 제일먼저 정확한 '진단과 처방'을 내리는 것이 상식이다. 이러한 진단과 처방은 사람의 '생사'와 직결된다. 필자의 서울 유학문제로 할아버지와 아버지가 상반된 의견을 가지고 계셨다. 조부님은 필자가 '단명상'(40 전에 죽는다)이니 땅을 팔아서 공부시킬 필요가 없다는 것이고 아버지는 본인이 원하는 학업을 계속하게 한다는 강한 의지를 가지고 있으셨다. 그 덕으로 나는 공부를 할 수 있었다, 그런데 조부님 말씀이 적중이나 하는 듯 필자가 30 전에 심한 위장병으로 고통이 심했다. 지금 생각하면 만일 내가 아래서 언급할 '진단과 처방'이 없었다면 아마도 40 전에 죽었을 것이라고 생각하면서 역시 조부님은 예리한 관찰력을 가지고 계셨다고 생각이 되기도 한다. 이러한 산 경험은 '진단과 처방'에 각별한 뜻을 느끼게 해 주는 것이 사실이다. 이러한 진단과 처방은 지도자에게 부여된 운명적인 책임이라고 할 수 있다, 왜냐하면 지도자는 자신이 속해 있는 단체의 정확한 '진단과 처방을 해야 할 의무'가 있기 때문이다. 이 말은 지도자에게는 박수와 찬양 그리고 화려한 영광만 있는 것이 아니고 반드시 무거운 책임과 의무가 동반된다는 뜻이다.

필자의 위장병은 심한 편이어서 2, 3일 간격으로 1년 내내 소화기 장해가 계속된다. 이러한 상황에서 당시 세브란스 원장으로 계셨던 문 창모 장로님의 색다른 〈진단과 처방〉이 필자에게 제시되었다. 병명은 '신경성 소화불량'이다. 구체적인 것은 위장에 고장이나 상처가 있는 것이 아니고 '소화기능'이 약하다는 것이다. 그래서 나온 처방이 다음과 같다.

첫째, '음식식별 직감활용법'이다. 이 말은 첫 숟가락을 입에 넣고 5-8초 동안 명상 중에 우물거리면서 "네가 내 친구냐? 적이냐?"를 직감으로 식별해 내는 방법이다. 이것이 간단하지 않았다. 처음에는 전연 식별이 되지 않는다. 그러나 몇 개월 반복 훈련을 하게 되니 식별이 가능하게 되었다. 이 처방은 "부드러운 음식만을 먹는 것을 생활화하라"는 것임을 여러 해 지나서야 알게 되었다.

둘째, 처방은 '70% 스톱 법'이다. 이 말은 '음식이 내 몸에 70%' 정도 되었다고 느낌이 올 때에 즉시 식사를 중지하라는 것이다. 이 것도 대단히 힘이 들었다. 영양실조 상태에 있는 사람이 70%가 인식이 되지도 않는다. 그러나 몇 개월 열심이 반복 훈련을 통해서 70%라는 것이 인식이 가능하게 되었다. 그러나 내 위장병은 좋아지는 기색이 보이지 않는다. 그래서 결혼 초에 부부가 함께 멀건 죽으로 6개월 동안 살아본 경험도 있다. 그런 대로 꾸준히 노력하면서 6, 7년의 시간이 흘러가는 동안 50% 정도 치유되고 있었다. 그 이유는 2, 3일마다 발생했던 위장장해가 한 달에 두세 번 정도로 감소했기 때문이다. 그리고 얼마 후에 미국 유학을 떠나게 되었고 모 대학 기숙사에서 생활하게 되었다. 그 기숙사 식사는 문 장로님의 처방원리와 같이 "부드러운 음식과 영양가 높은 소량의 음식"이 제공되었다. 필자가 기숙사에서 1년 간 사는 동안에 나도 모르게 위장병이 사라진 것이다. 그 후 4년여 간의 미국생활에서 한 번의 재발도 없었다는 것은 나에게 기적 같은 사건이다. 이렇게 십여 년 간 위장병에서 고생하며 살아오던 병자의 삶에서 완전한 해방이 된 것이다. 이 사건은 필자가 한 의사의 〈정확한 진단과 처방〉의 덕택으로 무서운 병자의 생활에서 구출되어서 80이 넘도록 활발한 활동을 하고 있다는 실화다. 이것은 필자의 건강이 〈진단과 처방의 중요성〉을 실증해 주는 산증인이 되고 있다는 말이다. 그러나 이것은 <하나님의 축복>이 일차적인 원인임을 부정하는 말이 아니라는 점을 믿어주기 바란다. 이러한 진단과 처방의 법칙은 모든 분야에 그대로 적용된다. '부부생활' '가정생활' '자녀교육' '신앙생활' 그리고 모든 '종교의 병폐'등은 정확한 <사실진단과 적절한 처방>이 있을 때에 그 잘못된 부분이나 '병 패'를 치유해서 '건강한 생명체'가 되게 할 수 있다.

② 기독교의 문제점은 무엇인가?

필자는 지금 "기독교의 문제점"을 언급하려는 것이다. 현 한국 개신교회를 바로 바라보는 사람들은 '정상적인 기독교'가 아니라고 슬퍼하고 있다. "이대론 안 된다, 개혁해야 한다, 하나님이 통곡한다, 부패했다, 썩었다" 등 시끄러울 정도로 강의나 설교 그리고 지면을 통해서 외치고 있다. 또 이것을 부정하는 사람은 하나도 없다. 그러나 기독교 개혁운동은 순수해야 한다. 개인의 주관적 편견이나 종파적 사상에 기초한 '진단과 처방'은 성공할 수 없다. 기독교 개혁의 '모형'은 <전통적인 기독교 사상과 신학>에 기초해야 한다. 특히 예수님의 기본사상과 생활철학을 중심축으로 해서 어거스틴을 비롯해서 초창기 교부들의 신학과 사상 및 생활철학은 성경과 함께 개혁의 기준이 된다. 그리고 모든 개혁운동은 개혁자 자신도 포함한 원칙에서 출발해야 한다. 왜냐하면 필자를 포함한 개혁을 주장하는 모든 사람들도 한국교회가 '잘못되고 있는 현황'에 책임을 면할 수 있는 사람은 한 사람도 없기 때문이다.

㉠ 필자는 40년 목회생활을 크게 반성한다.

필자는 솔직하게 40년 목회를 통해서 잘못 지도한 부분이 너무나 많이 있었다는 모습을 생생하게 반추하면서 통곡한바 여러 번 있었다는 것을 고백한다. 이러한 점에서 한국교회는 신학적이고 목회학적으로 근본적인 지도방향을 재정립해야 할 시기가 되었다고 생각한다. 사실상 개신교는 <전통적 기독교>에 대한 친근감이나 접근노력이 대단히 미약한 것이 사실이다. 이 전통적 기독교는 기독교의 '모체'요 '원형'이다. 잘못의 시정은 모체가 기준이 되어야 한다. 기독교 초창기 교부들이나 영성가들이 그렇게 강조했던 '크리스천의 삶'의 문제와 성경해석은 밀접한 연관성이 있다. 예수님의 제 1차적 관심은 산상보훈에서 강조하시는 것처럼 '천국백성다운 삶'이었다. 옛사람의 껍질에서 탈피해서 '새사람'의 삶을 역설하신다. 이 삶은 누구나 '선택'하면 가능하다. 사람은 그것을 선택할 수 있는 자질과 능력이 있다. 이것이 하나님의 형상대로 창조된 인간이다.

ⓛ 예수님의 '삶의 신학'이 미약하다.

예수님의 삶의 신학은 아무리 강조해도 부족하다. '삶의 신학'은 예수님의 생활과 교훈에서 찾아야 한다. 그런데 과거 개신교는 <삶의 신학>에 미온적이다. 그래서 그 결과는 현재 <삶의 신학>을 상실한 상태다. 이러한 시점에서 한국교회가 생각해야 할 것이 무엇일까? 여러 가지가 있겠으나, 그러나 먼저 생각할 점을 찾아야 한다. 가장 중요한 것은 '현재의 교회'가 잘못되어 있는 근본적인 '원인'을 찾아내는 것이다. 이것이 "종교적 진단과 처방"이다. 필자가 17여 년간 영성수련 운동을 통해서 깨우친 것이 아래에서 언급하는 내용들이다. 이것이 '완벽 유일한 처방'이라고 생각하지 않는다. 분명 이것은 필자 자신의 주관적 요소가 포함되어 있을 것이다. 그러나 나름대로 '객관성과 사실'에 충실하려고 노력하고 심사숙고하고 반복적 기도를 통해 정리했다는 점을 인정해 주었으면 한다. 이것이 한국교회의 '바로잡기'에 도움이 되기를 바란다.

1. 본질적 결함을 찾아내야 근본적 변화가 가능하다

우리가 자신의 본질적 결함을 발견한다는 것은 매우 어렵고 중요하다. 필자가 영성신학에 입문한지 10년(99년기준)이 넘어서야 본질적 결함문제를 생각하게 되었다. 초창기 상당기간은 주로 체험적 프로그램인 <십자가의 길, 침묵, 성경묵상, 관상기도, 세족식 등>체험적 신앙에 도움이 되는 프로그램에 열중했었다. 그러나 이런 것들이 지엽적인 문제라는 것을 깨우친 것이다. 그래서 99년 이후에는 '본질적인 잘못'을 찾는 일에 열중하고 있는 것이다.

1) 지엽적인 것보다 본질적인 문제가 중요하다.

교회신학에서 본질적 결함문제를 찾아내려는 노력은 바람직하다. 많은 경우에 지엽적인 문제보다는 본질적인 문제가 결과를 어둡게 하는 경우가 많다. 그렇기 때문에 교회발전과 갱신을 추구하는 사람은 언제나 지엽적인 것 보다는 본질적 문제에 관심을 가지게 된다. 본질적인 과제에서만 본질적인 변화를 추구할 수 있기 때문이다.

2) 기독교의 부패와 캄캄한 밤은 왜 발생하는가?

기독교역사에서 중세기 기독교의 부패와 몰락은 아무리 생각해도 믿어지지 않는다. 그 내용이 철저하게 반 기독교적인 모습으로 나타난 사건이기 때문이다. 왜 그러한 역사기록이 예수님의 후계사회에서 발생했을까? 그리고 역사에 나타난 기독교단체가 종종 반 신앙적인 집단으로 몰락하는 모습은 무엇을 말해주는가? 왜 한국교회 교인들은 언행일치가 안 되고 있는가? 그렇게 금식기도에 열중하는 한국교회가 왜 본질적 변화가 되지 않고 있는가?

이러한 질문에 분명한 해답이 있어야 하는 것은 상식에 속한다. 그래서 많은 지도자들이 여러 방법론과 프로그램을 제시해서 실천하고 있다. 그러나 한국교회는 변하지 않고 있다. 이 말은 현재 한국교회가 실시하고 있는 교회갱신 프로그램에서 제시하고 있는 내용과는 또 다른 본질적 결함이 기독교운동에 존재할 수 있다는 것을 암시해 주는 것이 된다. 그래서 필자는 장기간 기독교운동의 본질적 결함에 대한 탐구에 주력한 것이 사실이다. 그리고 새로운 서광을 깨우치게 된 것이다.

2. 기독교운동의 본질적 결함문제가 무엇일까?

필자가 잘 알고 있는 한 친구가 "S병원에는 가지 말라"고 강한 어조로 부탁한다. 그래서 "왜 그렇게 생각하느냐?"라고 반문했다. 그랬더니 그 친구는 "그 병원에는 오진이 많이 있다는 거야"라고 대답한다. 그래서 나는 '오진'은 어디에나 있는 것이라고 말해 주었다. 우리 기독교운동에서도 종종 오진하는 경우가 나타나는 것을 경험하게 된다. 더 이상 오진은 안 된다. 우리에게는 시간이 없기 때문이다.

1) 본질적 결함은 인간실존 이해와 밀접한 관계가 있다.

이 말은 많은 문제가 <인간론>과 직결되어 있다는 말이다. 특히 사람의 정신적 기능에 대한 이해부족이 많은 문제를 일으키고 있었다는 말이다. 사람의 정신적 기능을 동양철학에서는 〈지, 정, 의〉로 구분한다.

그리고 기독교 전통에서는 초창기부터 정신적 기능을 〈지성, 감성, 영성〉으로 구분한다. 그래서 교부 오리겐은 하나님의 형상 론에서 하나님의 실존이 "지성, 감성, 영성적인 존재인 것처럼 사람도 지성 감성 영성적인 존재로 창조하셨다"라고 주장한다. 하나님을 학습한다는 것은 하나님의 지성과 영성을 학습하는 동시에 하나님의 감성세계를 학습 탐색 연구해야 된다는 소박한 결론을 내릴 수 있다. 그런데 왜 기독교 신학자들은 하나님의 감성세계에 대한 신학적 연구에 관심을 가지지 못하는 것일까? 깊은 생각을 하게 한다

2) 본질적 결함을 신학교육과 목회철학에서 찾아야 한다.

교육의 중요성이라는 것은 '100년간 IQ왕국'에서 너무나도 강조해 왔기 때문에 모르는 사람이 지상에 한 사람도 없을 것이다. 이러한 뜻에서 신학교교육의 중요성은 긴 말이 필요 없다. 신학교교육이 없으면 기독교사역자를 길러낼 수가 없다. 그래서 기독교사역자의 질적인 내용은 신학교교육의 질적인 내용에 의존할 수밖에 없다. 이처럼 신학교교육은 그 시대의 기독교운동에 결정적인 역할을 담당하게 된다.

① 신학교 교육과 교회 프로그램에서 감성문제가 도외시 될 수 없다.
예수님을 학습한다는 것은 예수님의 〈지성, 감성, 영성〉을 학습함

이다. 그래서 예수님의 지성적인 사상세계를 학습하는 동시에 그분의 감성세계와 영성세계도 이론적 신학과 동등한 범주 안에서 학습 연구해야 한다. 신학교 교육의 정상화는 예수님의 〈감성학과 영성학〉이 이론신학과 함께 균형 있는 개편이 이루어져야 한다는 것이 신학교육에 관심이 있는 뜻있는 지도자들의 생각이다.

② 한국교회 현실은 어떻게 되고 있는가?

한국교회에는 <신학적 연구대상 목록>에 <예수님의 감성개념>등에 관한 연구항목이 없다. 필자가 한국과 미국에서 8년간의 신학교 교육을 받았으나 예수님 감성세계에 대한 강의를 받아본 경험이 없다. 그래서 신학교 교육 프로그램 자체에 문제가 있다고 생각한다. 〈예수님의 감성개념〉은 신학교 교육의 핵심 중 하나가 되어야 한다. 그리고 교회 프로그램에서도 〈기독교 감성계발〉프로그램이 있어야 한다. 그래서 모든 교인들이 예수님의 감성을 닮으려는 학습 기회가 제공되어야 한다는 것은 상식에 속 한다. 우리가 심각하게 반성할 것은 지도자들의 잘못으로 인해서 우리의 사랑하는 교인들이 예수님의 감성세계를 인식 학습할 수 있는 기회를 박탈되고 있다는 것은 지상에서 가장 비극적인 사실 중 하나인 점을 자각해야 한다.

3) 기독교운동의 본질적 결함은 〈예수님의 감성세계〉를 무시함에 있다.

예수님의 제자가 된다는 것은 그의 사상이나 교리만 학습 수용하는 것이 아니고 그의 마음(감성과 영성)까지 소유해야 한다는 것은 너무나 당연하다. 예수님의 사상문제(지성적 이해)와 동등한 차원에

서 그의 〈감성문제〉도 연구 탐색하고 학습해야 한다. 감성문제는 목
회심리학에서 가볍게 스쳐가고 있으나 목회심리학 자체가 감성문제
를 신학적 차원에서 처리하고 있는 것 같지 않다. 한국교회는 성경
속에 있는 〈예수님의 감성개념〉을 순수하고 겸손한 자세로 있는 그
대로 수용해야 하고, 또 말씀 앞에서 깊은 명상과 기도, 그리고 새
로운 깨우침이 있어야 한다. 현재 한국교회가 가지고 있는 가장 큰
숙제는 〈예수님의 감성개념〉에 대한 새로운 자각운동이요, 이에 대
한 각별한 관심과 투자를 해야 하는 일이다. 그래야 참다운 예수
화운동이 결실을 거둘 수 있고 본래적인 기독교가 되게 할 수 있다.

4) 이러한 결과는 IQ왕국 사상이 남겨준 선물이다.

이렇게 예수님의 감성문제를 등한히 생각하게 된 것은 IQ왕국이
란 사상세계가 던져준 선물이다. 95년 이전100년을 〈IQ왕국시대〉라
고 한다. 이 왕국에서는 인간의 발전 성공, 행복의 열쇠는 지성(IQ)
적 계발과 직결되어 있다는 것이다. 이것을 〈IQ유일사상〉이라고 말
한다. 그래서 인간지성(IQ)이 인간의 유일한 정신적 기능이라고 전
세계 학자들이 동의하고 100년 간 오직 지성계발과 발전에만 열중
했었다. 이러한 지성(IQ)중심의 학술운동은 자동적으로 감성(EQ)세
계의 존재성이나 연구필요성을 도외시 할 수밖에 없는 결과가 된
것이다. 이 왕국의 총애로 등장한 것이 지성(IQ)적 인재를 확인하는
일류대학의 등장이다. 그리고 마침내 일류대학 출신들이 전 세계 정
치, 경제, 교육, 종교 등 전 분야를 100년 간 장악 지배했었다. 이
왕국의 유물로 남아 있게 된 것이 21세기의 자녀교육을 위해서 무

거운 짐이 되고 있는 〈일류대학병〉이다. 그런데 인간은 사실상 '감
성적인 존재'다. 인간이 감정적인 존재라는 말은 생활경험에서 터득
한 말이다. 한 예로 아직 말도 못하는 유아기의 '갓난아기'가 엄마
품에서 엄마의 사랑에 대한 지성적 이해는 못하고 있지만 가슴으로
엄마에 대한 〈감성적 사랑〉은 느끼고 있다는 것이 그 대표적인 한
예다. 이것이 감성의 중요성과 우월성을 말해 주는 것이 되고, 그리
고 인간은 감성적인 존재라는 것을 입증해 주는 것이 된다.

5) 이러한 IQ왕국 사상에 반기를 들고 등장한 것이 EQ심리학 이다.

'지성유일사상'이 100년 간 전세계사상계를 지배하고 있었다고 하
지만 인간의 삶의 현장에서 인간들이 경험하는 정신세계가 '지성만
존재'하는 것이 아니고 '감성'이라는 것이 사실로 존재한다는 것을
알고 있었을 것이라고 생각한다. 저들도 인간감성의 중요성을 자신
들의 생활 속에서 경험할 수 있었을 것인데 왜 그렇게 무시할 수가
있나? 하는 것이 필자의 의문점이 되기도 한다. 이러한 의문점은
'EQ심리학'이 풀어줄 것이다.

① EQ심리학의 등장은 정신세계의 사상적 혁명을 요구한다.

EQ심리학의 등장은 심리학계와 교육계 그리고 정신세계에 있어
서 하나의 혁명적인 사건으로 기록되고 있다는 것은 놀라운 일이
아니다. 이것은 인간교육의 방향을 근본적으로 대 수정하게 하고 인
간의 유용성이나 능력평가를 새로운 차원에서 결정을 해야 하는 시
대를 만들어 주고 있기 때문이다. 우리는 지금 과거 100년 간 IQ왕

국시절에 가지고 있었던 인간정신기능에 대한 사상적대수술을 강요 당하고 있다는 것을 인식해야 한다. 그래서 오늘을 살아가는 지도자 들은 이 EQ심리학의 기본사상을 무시하고 살아갈 수가 없도록 되어 있다. EQ심리학이란 무엇인가? 이것은 긴 설명이 필요하나 그 핵심사상은 다음 같이 간추릴 수 있다.

95년도 Dr. Daniel Goleman이 편집한 "EMOTIONAL INTELLIGENCE" (한국판: '감성지능' 1996)가 출판하면서 감성문제에 대한 새로운 지 평선이 열려 있다. 그 핵심은 인간의 발전, 성공, 행복에 IQ(지능지수) 가 제공할 수 있는 기여도는 종전에 생각했던 100%가 아니고 '20%' 에 불과하다는 것이다. 그리고 나머지 80%는 마음(감성과 영성)이 라는 구조가 인간의 삶에 영향을 미치고 있다는 것이다. 그래서 사 실로 인간 '삶의 발전, 성공, 행복'에 80%의 영향력을 가지고 있는 〈마음의 문제〉(감성과 영성)에 관심을 가질 수밖에 없도록 되어 있 다. 이러한 EQ(감성지수)심리학이 교육과 사상계 그리고 생활현장 에 감당하기 힘이 들 정도의 파장을 일으키고 있다는 것이 사실로 나타나고 있음을 인식할 필요가 있다. 이것이 이 시대를 살아온 사 람들에게 엄청난 충격을 던져준 것이 사실이다.

② 현대 지도자는 EQ심리학의 기본사상을 반드시 알고 있어야 한다.

우리는 마침내 인간의 운명적인 숙제와 직결된 새로운 과제를 학 습해야 할 시대에 살게 되어있다. 그리고 자녀들의 진정한 발전과 행 복을 보장하기 위해서 마음(감성과 영성)의 계발에 초점을 맞추어야 될 시대에 직면하고 있는 것이다. 그리고 엄청나게 중요한 사실은 IQ와 EQ는 완전 별개의 계발학습이 필요하다는 점이다. 그런데 현재 우리에게는 교인들에게 학습훈련을 실시할만한 감성적인 자료가 하나도 없다는 것이다. 그래서 우선 필자가 감성적 학습 자료와 프로그램을 이 책에 수록하도록 한 것이다. 그러기 때문에 미약하지만 이 것을 널리 홍보할 필요가 있다고 생각 한다. 감성적 학습의 기초적인 자세는 무엇일까? 이것을 인식하는 것이 중요하다. 이 기초적인 자세는 의식적으로 감성적 학습을 반복해야 한다. 감성적 학습이란 "가슴으로 찬송가를 부르고, 가슴으로 기도하고, 가슴으로 성경을 읽고, 가슴으로 예배를 드리고, 가슴으로 대화하고, 가슴을 계발하는 생활"이라고 생각한다. 이러한 점을 적극적인 차원에서 가슴과 마음을 의식하면서 생활하고 활동하는 일이 있어야 한다. 이것이 감성적 학습과 계발에 생산적인 도움이 될 것이다. 이러한 적극적인 자세로 기독교적 감성 계발운동이 확산해 나간다면 예수님의 감성세계에 접근할 수도 있고, 그리고 주님과의 동화작용이 가능해 진다고 믿어도 틀림이 없다고 생각한다.

6) 골먼 박사 책의 "충동 테스트" 이야기: 이것이 "마시멜로 (사탕) 테스트"다.

이 연구는 스탠포드 대학의 Dr. Welter Michel(월터 미첼교수)가 1960년에서 74년 사이에 실험 연구한 내용이다. 그 내용은 다음과 같다. 4살짜리 유치원 어린이들에게 사탕 바구니를 보이면서 선생님이 "이것을 두고 20분 후에 돌아올 것이니 1알씩만 먹어야 한다. 그러나 참고 안 먹고 기다리고 있는 어린이에게는 2알씩 준다"라는 약속을 하고 나갔다는 것이다. 20분 후에 선생님이 돌아와 보니 먹은 어린이와 먹지 않고 기다리고 있는 어린이로 구분되었다. 이들을

13,4년 후(청소년기)에 감성적 테스트를 했다. 그 결과 먹은 어린이들과 기다린 어린이들은 엄청난 차이가 있었다는 것을 발견했다는 실험 이야기다.

① 먹은 어린이의 청년기는 다음과 같이 되었다.

이들은 성장하면서 <심리가 불안하고, 대인적 접촉을 피하고, 완고하고, 우유부단하며, 좌절감이 빈번하게 나타나고, 자신감이 약하고, 어려움을 당하면 후퇴한다, 이들은 의심이 많고, 쉽게 적대감을 가지고, 신경질적이고, 논쟁이나 싸움에 쉽게 말려들었다는 연구결과가 나타나고 있는 것이다.

② 기다린 어린이의 청년기는 다음과 같이 되었다

이들은 인간관계 능력이 뛰어나고, 자기주장이 정확하고, 좌절 대처능력이 우수하고, 자기 신뢰적이고, 확신이 있고 믿음직했다. 그리고 주도권 행사에 솔선수범하며, 계획적이고, 전도가 유망한 청년으로 성장해 있었다는 것이다.(감성지능 상권 P.172-177)

이것은 무었을 말해 주는가? 이것은 감성지수가 높은 어린이가 장성해서 성공적이고 행복한 생활을 수행하는 사람이 되었다는 실증이야기다.

7) EQ심리학의 등장은 <해부학 발전>이 크게 기여했다.

이것은 심리학계가 발전해서 실험심리해부학자들이 뇌를 해부한 결과 인간의 뇌는 하나가 아니고 두 개로 되어 있다는 것이 발견되었다.

이것이 〈변연계〉라는 감성사령부(감성의 뇌)가 있고, 그리고 감성의 뇌와는 완전 별개의 〈신파질〉이라는 지성사령부(이성의 뇌)가 존재함을 발견했다. 이들은 각각 독립된 기능과 작용을 한다는 것이 입증되었다. 이것은 인간의 정신기능(뇌기능)의 본질적 변화를 뜻하는 학술계의 대변화를 뜻하기 때문에 선진국에서는 감성계발에 새로운 관심과 노력을 기울이고 있는 것이 현실이다. 우리 자손들의 진정한 발전과 행복을 가져다주는 열쇠의 80%가 〈마음계발〉에 달려있다는 새로운 학설은 인간교육의 원천적 수정을 강요하고 있다. 그래서 선진국들은 감성계발에 열정적이다. 이에 반하여 우리는 특히 한국교회와 신학계에서는 민망스럽게 침묵만 지키고 있다. 이러한 심리학계의 실험결과는 우리로 하여금 "예수님의 감성세계"에 대한 새로운 관심을 가지게 하는 기회가 되도록 해야 한다고 생각한다. 이것이 우리가 인간심리학에 관심을 가지는 유일한 이유가 된다는 점을 자각할 필요가 있다.

감성문제에 대한 정확한
상식이 필요하다

　　필자가 친분이 있는 여러 친구들과 대화하면서 느낀 것은 <감성
에 대한 상식>이 풍부하지 않다는 점을 알게 되었다. 그래서 이것
을 정확하게 그리고 구체적으로 설명할 필요성을 느끼게 된 것이다.
사실상 필자자신도 영성신학에 입문하기 전에는 '감성세계'에 대한
풍부한 상식을 가질 수 있는 기회가 많이 있지 않은 것을 알고 있
다. 그리고 사실은 '정신적 세계'에 대한 문제는 특히 구체적이고
정확한 설명이 필요하다고 생각한다.

1) 감성문제에 대한 역사성을 찾아본다.

　　현재 신학교육에서 〈감성문제〉를 심리학의 연구 대상으로만 생각

하고 신앙적, 신학적 연구 대상에 포함할 수 없는 것처럼 생각하고 있는 것이 현실이다. 왜 그렇게 생각하게 되었을까? 그 하나의 이유는 심리학계에서 이 감성문제에 대한 탐색과 연구에 많은 학자들이 동원되고 있는 것이 역사에 나타난 현실이다. 그러나 인간감성은 인간의 실존과 삶의 문제에서 불가분의 관계 속에 존재하는 사실이기 때문에 신학교육에서도 무시할 수 없어서 목회심리학이나 상담학에서 부분적이나마 신학교 교육과제로 다루어지고 있다. 그러나 신학적 주류항목에는 〈예수님의 감성개념〉이 포함되지 않고 있다는 것이 현실이다. 그 원인 중 하나가 역사적으로 <감성문제>는 심리학계에서 학문적으로 연구 탐색하고 있었음으로 〈심리학의 독점물〉처럼 생각하게 될 수도 있다. 그리고 감성문제에 대한 수많은 전문적인 책들이 심리학자들의 저서로 나오고 있는 것도 감성문제는 심리학의 전용물로 착각하게 해 주는 이유가 될 수 있다. 그러나 감성문제를 소홀하게 생각하는 근본적 원인은 100년간 전 세계 교육계와 사상계를 지배해온 〈IQ 왕국사상〉이 제공한 〈IQ유일사상〉이 감성문제를 도외시하게 한 중요한 원인임에는 틀림이 없다. EQ심리학자들의 주장처럼 사실상 과거 100년 간 전 세계 모든 분야의 학자들은 오직 IQ계발의 중요성에만 열중 몰두했던 것이 역사적 사실이다. 그래서 결과적으로 EQ분야의 존재성조차 생각할 여유나 필요성조차 생각하지 않고 살아왔다고 할 수 있다. 이것은 인간이 얼마나 불완전하고 유한적인 존재라고 하는 것을 밀해 준다. 인간의 감성문제는 정신세계에 대한 학문적 발전이나, 심리학계의 두뇌 개발역사와 밀접한 관계가 있다. 이 말은 인간의 감성문제를 도외시하게 했던 IQ왕국의 등장은 인간학의 미개발과 무지에서 나타난 결과라는 뜻이다. 이러한 〈무지〉가 100년 간 전 세계 학문계를 지배하고 있었다는 사실은 우리의 마음을 숙연하게 해 준다. 역사 속에 나타난 주장이나 학설은 오늘의 진리가 내일의 허구로 발전할 수 있다는 것이 사실이기 때문에 우리들의 주장이나 학설에 지나친 집착을 조심해야 한다. 이러한 차원에서 우리의 진리 탐색이나 새로운 깨우침에 지나치게 교만해서는 안 된다는 진리 앞에서 겸손해야 한다.

그러나 이러한 생각은 새로운 학설이나 주장에 맹목적으로 반대만하는 습성은 크게 잘못된 것이다. 새롭게 깨우친 진리나 학설이 등장하면 과감하게 수용하는 생산적이고 너그러움과 여유가 있는 조직이나 사회가 그 시대의 지배자가 될 수 있다는 소박한 진리에 순응해야 한다. 그 분야에서 〈참되고 발전된 삶〉에 도움을 줄 수 있는 주장이나 학설에 대한 적극적인 수용은 대단히 필요한 자세라고 할 수 있다. 이것은 기독교 운동에서도 예외가 아니기 때문에 객관적이고 합리적인 〈새로운 주장이나 학설〉은 과감하게 수용해서 생산적인 발전을 도모해야 한다.

2) 감성은 인간 삶의 중심요소다.

필자가 어려서부터 많이 들어온 말 중 하나가 〈사람은 감성적인 동물이다〉라는 말이다. 이것은 사람의 가장 중요한 부분이 감성이라는 말이고 감성과 삶은 불가분의 관계에 있다는 뜻도 된다. 사실상 사람들은 감성문제는 인간 삶의 중심요소가 되고 있다는 것을 자신의 생활 속에서 경험하고 살아간다. 그러나 개신교의 신학교와 교회는 이 감성문제를 소홀하게 다루고 있는 동시에 신학적 연구대상으로 생각하지 않는다. 그 결정적 잘못은 성경 속의 〈감성적 내용〉에 대한 신앙적, 신학적인 연구탐색과 깨우침을 게을리 했다는 것이 근본적 원인이다. 그리고 신앙생활을 포함한 모든 삶에서 특히 악성감성문제 때문에 실질적으로 엄청난 아픔과 고통을 당하며 지옥 같은 삶을 살아가고 있으면서도 이에 대한 무방비 상태에 놓여있는 것이 현실이다. 혹 방법론이 있다고 해도 신앙적인 상식수준에 머물고 있다는 것을 부인할 수 없다. 이것이 이에 대한 신학적 탐색과 연구에 얼마나 무관심했느냐 하는 것을 입증하는 증거가 되는 것이다. 그러나 분명한 것은 '예수님의 감성세계'에 대한 교훈이나 주장을 무시하고 예수님의 교훈과 삶 그리고 그의 신앙세계를 이야기할 수 없다는 것이다. 그리고 특히 〈예수님의 감성세계〉를 탐색확인 정리하는 것은 예수님 학습에서 가장 중요한 부분이라는 점을 재인식할 필요가 있다.

그리고 감정문제는 심리학뿐만이 아니고 〈의학계의 감성론〉에도 엄청난 변화가 일고 있다. Dr. Redford Williams 교수(듀크대 의대 정신과 교수 겸 행동의학 연구소 소장이며 내과의사)부부의 책 <ANGER KILLS>(분노가 죽인다. 한.언 출판, 1996)에서 설명하고 있는 내용은 사람의 병 치료에도 감성관리 능력이 필수적인 요건이라는 것을 강조한다. 이 책의 내용을 간추려서 필자의 말로 설명한다면 다음과 같은 이야기가 될 수 있다. 이것은 해석한 설명임을 다시 말해 둔다.

♣ *"동일 환자를 동일방법으로 치료한다고 해도 그 결과가 동일하게 나타나지 않는다는 것이다. 가령 동일 환자 3인을 동일한 방법으로 치료한다고 하자. 그런데 A는 한 달에 완치가 되고, B는 6개월~1년 후에 완치되어서 퇴원하게 되는 경우가 있고, 그리고 또 한사람 C는 치료가 안 되고 죽게 되는 경우가 있다. 이렇게 되는 근본원인은 <감정관리 능력>과 직접적인 관계가 있다"*는 것이다. 그래서 "분노가 죽인다."라는 이름으로 출판된 것이다. 이처럼 감성문제는 인간의 삶과 건강과도 밀접한 관계가 있다

는 것을 부정할 수 없는 것이 사실이다.

3) 신학교 교육과 교회 프로그램에서 감성문제가 도외시 될 수 없다.

현재 개신교에는 '신학적 연구대상 목록이나 교회 프로그램 항목'에 '기독교 감성개념' 혹은 '예수님의 감성세계와 감성계발 방법론' 등에 관한 학문적인 연구를 언급한 항목이 없다. 현재 신학대학에서 실시하고 있는 감성문제는 목회심리학에서 가볍게 약간 언급하는 정도에 불가하고 기독교 감성개념이나 성서적 감성관 등의 강의가 없다는 것이 구체적인 증거다. 그래서 필자는 '신학교 교육 프로그램 자체'에 문제가 있다는 점을 강조하는 것이다.

① '예수님의 감성개념' 등은 신학교 교육의 핵심과목이 되어야 한다.

신학교 교육교과목에 '성서의 감성문제, 예수님의 감성론, 기독교 감성계발' 등의 연구 과제를 추가해서 '전인적 예수론' 즉 예수님에 관한 모든 것을 학습 연구해야 한다는 점을 강력하게 촉구한다. 인간의 감성문제를 신학교육의 변두리에서 가볍게 스쳐가고는 있으나 이것은 성서적 감성개념의 중요성의 무지에서 나타나는 현상이다. 그리고 예수님의 감성개념 등은 생각조차 하고 있지 않다는 것이 현실이라는 점에 새로운 자각운동이 필요하다. 현 시점에서 한국교회가 시급하게 각성할 것은 '성서의 감성개념이나 예수님의 감성론' 등은 신학교 교육의 <중심적 연구과제>에 속하는 신학교 교육의 핵심 중 하나가 되도록 과감한 개혁이 절실하게 요청된다는 점이다.

그리고 교회프로그램에서도 주일 오후예배나 수요일 예배시간에는 '기독교 감성계발'을 중심한 프로그램이 있어야 한다고 생각한다. 그래서 모든 교인들이 예수님의 감성을 닮으려는 학습노력이 있어야 한다. 예수님의 제자가 된다는 것은 그의 사상만 수용하는 것이 아니고 그의 '가슴'까지 소유해야 한다는 것은 너무나 당연하다. 예수님의 사상문제(지성적 이해)와 동등한 차원에서 그의 '감성문제'도 연구 탐색하고 학습해야 한다는 말이다.

② 가슴이 없는 기독교를 상상해 보라.

우리는 '가슴이 없는 사람'을 상상조차 할 수가 없다. 그러나 한국교회는 가슴이 없는 기독교인을 생산하고 있다. 한국교회의 현실은 <지성적 신앙화>는 잘 되어 있으나 <감성적 신앙화>는 백지에 가깝다. 근자에 많은 목사님들이 '신앙의 생활화'에 대한 주장을 언급되고 있는 것은 다행스러운 일이나 구체적으로 감성문제를 언급하는 분들이 많이 있지 않은 것은 슬픈 일이다. 인간 삶의 기초는 '언어와 감성'이라는 상식에 충실해야 한다. 그래서 사람이 기독교인으로 새사람이 되었다는 것은 그의 '언어와 감성'이 기독교적인 색깔로 변화되었다는 것을 뜻한다. 그리고 언어 자체도 감성의 파도를 타고 나타난다는 점에서 감성의 우월성에 주목할 필요가 있다. 성경은 '감성적 신앙화'를 여러 곳에서 강조한다.

③ "예수님의 감성학"의 핵심적인 성경은 다음과 같다.

이 성경들은 '예수님의 감성개념'과 직결된 말씀이다. 이 성경들은 별도로 구체적인 해석과 설명이 있을 것이기 때문에 이곳에서는 그 제목만을 소개해서 성경에 얼마나 중요한 감성문제가 이야기 되

고 있는가 하는 것을 소개하려는 것이다. 그 제목과 성경은 다음과
같다.

　㉠ 행복한 삶은 감성계발에 있다(마 5:1-12)
　㉡ 성령의 열매는 감성색깔이다(갈 5:22-23)
　㉢ 마음 밭은 옥토(예수님의 감성세계와 같은 마음 밭)로 계발해
　　 야 한다(마 13:3-9)
　㉣ 감성색깔은 하나님 체험의 중요도구다(요일4:12, 마5:8, 요1:18)
　㉤ 악성감성의 악마성을 강조한다(마 5:21-26, 요일 3:15)

　이 성경 말씀들은 인간 감성은 중요한 신앙적, 신학적 연구대상이
될 수밖에 없다는 것을 입증해 주는 중요한 내용들이다. 한국교회는
성경 속에 있는 '예수님의 감성개념'을 순수하고 겸손한 자세로 있
는 그대로 수용해야 하고, 또 말씀 앞에서 깊은 명상과 기도, 그리
고 새로운 깨우침이 있어야 한다. 현재 한국교회가 가지고 있는 가
장 큰 숙제는 <내 감성이 예수님처럼 되는 것>이라는 점에 새로운
자각운동이 필요하다. 이에 대한 각별한 관심과 투자를 해야 하는
일이 역사적인 숙제다. 그래야 참다운 '예수님처럼의 운동'이 결실
을 거둘 수 있고 본래적인 기독교가 되게 할 수 있다.

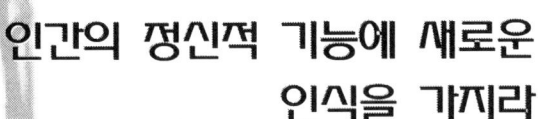

제 3 장

인간의 정신적 기능에 새로운 인식을 가지라

　사람의 정신적 기능에 대한 연구와 관심이 95년 이후 새로운 시대가 열리고 있다는 것을 한국교회에서는 비교적 심각하게 느끼고 있는 것이 아니라고 생각하는 때가 있다. 그러나 이것이 필자의 착각이 되었으면 하는 마음이 간절하다. 왜냐하면 이것이 너무나 중요하고 그리고 기독교신앙운동과도 직결되어 있는 문제가 되기 때문이다. 정신적 기능에 대한 새로운 해석을 모르면 정상적인 기독교운동이 이루어질 수가 없다는 것이 내 생각이다.

1. 정신세계에 대한 이론적 해석은 다음과 같다.

사람을 대상으로 하는 모든 문제들은 '인간론이나 인간정신세계' 문제와 밀접한 관계가 있는 것이 사실이다. 그래서 정신적 기능에 대한 정확하고 합리적인 주장이나 학설을 가지고 있는 것이 대단히 중요하다고 생각한다. 왜냐하면 잘못된 주장이나 학설에 기초한 인간교육이나 생활훈련이 잘못된 방향으로 진행될 수 있기 때문이다. 이것이 1995년 이전100년 간 <IQ왕국사상>이 인간교육과 생활훈련에 근본적으로 잘못된 기초적인 사상을 제공한 경험에서 어렵지 않게 인식할 수 있다. 그래서 필자는 기독교교육과 생활훈련에서 정확한 정신적인 기능에 관한 교육과 학습의 필요성을 강조하게 된다는 점을 인식하기 바란다.

1) 동양철학에서 정신세계를 다음과 같이 설명한다.

동양철학에서 인간의 정신계를 <지, 정, 의>로 설명함으로 지성, 의지와 함께 감성의 중요성을 언급한다. 이것은 인간생활의 사실에 근거해서 선각자들이 찾아낸 이론이라는 점에서 부정하는 사람이 있을 수가 없다. 그러나 "의지"라는 것은 독립된 하나의 '정신적 기능'이 아니라 <지성과 감성의 합의>로 이루어지는 기능이라고 하는 것이 합리적인 해석으로 생각한다. 이것은 필자가 이 문제를 가지고 깊은 관상기도에서 깨우친 응답이라는 점을 부언해 둔다. 이것이 '기독교의 해석'과도 일치한다.

2) 기독교 전통의 내면세계에 대한 학설은 다음과 같다.

기독교 전통에서는 그 내면세계를 〈지성, 감성, 영성〉으로 구분한다. 동양철학에서 '영성'이 빠져 있는 것은 '하나님과의 관계성'의 무지에서 오는 결과이다. 이곳에서도 '감성'은 지성, 영성과 함께 중요한 기능임을 인정한다. 그리고 기독교 초창기 교부인 Origen도 하나님의 형상을 "지성, 감성, 영성"으로 설명하고 있어서 감성의 중요성을 확인하고 있다.

그런데 기독교신학계에서는 '예수님의 지성과 영성'에 관한 과제만을 연구 대상으로 중요시 하고 '예수님의 감성세계'에 관한 '신학적 연구'가 빈약하고 소극적인 것은 크게 잘못된 생각이라는 점을 강조하는 것이다. 인간의 정신적 구조가 감성세계를 상징하는 〈가슴이 없는 인간상〉을 상상해 보라! 이러한 <기형적인 인간>은 상상만 해도 소름이 끼친다. 그런데 현실은 어떠한가? 필자는 독자들에게 생생한 참고가 되기를 원해서 내 자신의 과거모습을 다음에 예시하기로 한 것을 이해해 주기 바란다. 인간의 균형 있는 발전이 인간교육과 신학연구의 기본적인 정도라고 생각한다. 다음에 예시한 것을 참고 하기 바란다.

균형 있는 발전 모형: **지성=O   감성=O   영성=O**

옛날(17년전-06년기준)

내 모습 = 지성=O   감성 =o   **영성=O**

17년 전 내 모습은 완전히 불구자 형이다.

독자 여러분 자신의 정신세계를 살펴보기 바란다.

① 지성적 기능(IQ):

생각하고, 상상하고, 기억하고, 추리하고 정리하는 등 '머리의 작용'을 뜻한다. 성경에서는 이것을 "입술"로 그 대표성을 제시한다. 성경의 이러한 선각적인 주장은 다른 항목에서 설명할 기회가 있으므로 이곳에서는 긴 설명을 하지 않는다.

② 감성적 기능(EQ):

감성은 기쁨과 슬픔, 고통과 편안함, 춥고 더운 것, 지루함이나 느긋함 등 가슴으로 느끼고 체험하는 것을 뜻한다. 이것은 인간의 현실적인 생활에서 '행복과 불행'의 사실상 중심요소가 된다는 것이 심리학자들의 통일된 주장이다. 이것을 '가슴의 작용'이라고도 한다.

③ 영성적 기능:

영성은 성령과 직결된 가능이며 하나님과의 관계성에서 이루어지는 영적인 기능이다.

2. 지성(IQ)과 감성(EQ)에 대한 새로운 각성이 필요하다

앞에서 소개한바 있는 Dr. Daniel Goleman이 편집한 '감성지능'이

출판하면서 전 세계가 '감성문제에 새로운 충격과 도전'이 전개되고 있는 것이 현실이다. 이러한 전문연구 서적이 등장함으로 필자에게도 감성문제에 새로운 깨우침을 받게 되었고 마침내 "예수님의 감성학"에 눈을 뜨게 되었다는 사실은 필자에게 있어서 역사적인 사건이 되었다. 현재 전 세계는 IQ왕국의 꿈에서 깨어나서 새로운 'EQ왕국'에 입성해서 새로운 질서에 추종하려고 헌신적 노력을 기울이고 있다. 그런데 '한국교회'만은 조용하기만 한 것 같다.

1) 1995년 이전100년을 〈IQ왕국 시대〉라고 하는 것은 중대한 의미가 있다.

필자가 IQ왕국사상을 알게 된 후에 왜 우리가 예수님의 감성세계에 대해서 그렇게 소홀하게 생각하게 된 근본원인이 우리 자체의 둔감이나 부족함에만 있는 것이 아니라는 것을 알게 되었다. 이 말은 전 세계사상계를 지배하고 있는 학자들의 학문적인 '잘못된 학설'에 1차적인 원인이 있었다는 점을 알게 되었다는 뜻이다. 이것은 100년간 전 세계를 지배해온 'IQ왕국사상'이 범한 잘못이라는 말이다. 이러한 것은 이 세상에서 지도급에 있는 학자들의 잘못된 학설이나 주장이 얼마나 큰 인류불행을 가져오게 하느냐 하는 것을 보여주는 역사적인 사건이다. 이러한 차원에서 지도자의 책임이 엄청나게 방대하다는 것을 자각해야 한다.

♣ 특히 '감성문제' 연구를 100년이나 도외시하고 있었다는 것은 심각한 문제다

그렇게 긴 시간동안 '감성문제'를 연구의 대상조차 될 수 없도록

했다는 것은 하나의 학문적인 범죄라고 해야 한다. 이것이 IQ왕국
사상이 인류역사에 범한 사상적인 범죄라는 점에서 심각한 문제라
고 할 수 있다. 이렇게 사상적인 지도자의 책임이 얼마나 큰가하는
것을 말해 주는 역사적인 사건이다. 이러한 점에서 기독교사상지도
자의 역사적인 '책임성'을 깊이 있게 생각해야 한다. 지도자가 교인
들의 신앙사상을 '오도' 하는 범죄는 심각한 문제가 된다.

2) EQ심리학의 주장은 이미 성경에서 제시하고 있었다.

마태15장8절-10절 "이 백성이 입술로는 나를 존경하되 마음은
내게서 멀도다"(사 29:13 인용)

에스겔33장31절 "그 입으로는 사랑을 나타내어도 마음은 이욕
을 좇음이라"

예레미야12장2절 "그들의 입은 주께 가까우나 그 마음은 머니
이다"

이상의 성경에서 말하고 있는 "입술"은 지성(IQ)적 기능을 말함이
요 "마음"은 감성(EQ)과 영성적 기능을 뜻한다. 이 성경에서는 몇
천 년 전에 이미 인간의 정신적 기능은 하나가 아니고 두개로 되어
있다는 것을 선언한 내용이다. 근세사에서 심리학자들이 100년간이
나 정신적 기능을 'IQ(지성)'가 유일한 정신기능으로 착각하고 있었
다는 것과 비교하면 성경이 얼마나 과학적이고 합리적이라는 것을
알 수가 있다.

① 이 성경은 입술(IQ)보다는 마음(EQ)이 월등히 중요하다는 것이다.

본문 말씀이 더욱 놀라운 것은 현대 EQ심리학에서 실증하고 있는 것과 동일하게 "입술(IQ)보다는 마음(EQ)"이 더 중요하다는 것을 선언하고 있다는 것이다. 이것은 우리들이 매일 생활에서 경험하고 있는 사실과 동일한 주장이라고 할 수 있다. 성경에서 마음으로 "존경과 사랑"이 없다는 것은 "존경과 사랑"의 실체가 없는 것과 같다는 것이다. 이 말은 〈마음의 비중과 역할〉이 엄청나게 크다는 뜻이다. 이런 말은 EQ심리학이 성경말씀에 학문적으로 완전히 동의 추종하고 있다는 말이 된다. 이것은 '성경은 비과학적이다'라고 주장하는 사람들에게 중요한 '반대증언'이 될 수 있다고 생각한다. 성경은 앞서가고 있는 부분이 있는 동시에 합리적인 이론과 신학을 가지고 있다는 것을 알아야 한다. 물론 인간적인 이론으로 설명될 수 없는 부분이 있는 것이 사실이다. 가령 "동정녀 탄생이야기" 등은 과학의 범주에 속한 이야기가 아니기에 초과학적이다. 성경에서 하나님의 세계와 관계가 있는 이야기들에서 인간적인 이론으로는 설명이 되지 않는 초과학적인 부분이 있다는 것으로 성경이 비과학적이라고 말하는 것은 잘못된 생각이다.

② 성경은 '예언적 차원'에서 정신적 기능을 설명하고 있다.

"지성과 감성, IQ, EQ"등의 '용어'조차 없었던 시절에 '입술(IQ)과 마음(EQ)'이라는 용어로 인간의 정신적 기능을 엄격히 구분 설정했다는 것은 신비스럽고 놀라운 교훈이라고 생각한다. 이것은 또한 성경이 이러한 과학적인 주장에 선도역할을 하고 있다는 뜻도 된다. 그리고 학문적으로 미개한 수천 년 전에 이러한 '과학적인 예언’을 했다는 것은 성경의 우수성을 입증하는 것이 되기도 한다. 만일 심리학자 중에 독실한 신앙인이 있다고 한다면 그가 IQ왕국에서 심리학을 연구하고 있다고 해도 정신적 기능은 “입술과 마음”이라는 두 개의 정신적인 기능이 있다고 믿었을 것이다. 그래서 결국 그는 ‘IQ왕국사상’을 거부했을 것이라고 상상해 볼 수 있다.

3) 감성에 대한 현대의학계의 반응에도 주목해야 한다.

이것도 너무나 실용가치가 강한 이야기가 되어서 반복해서 설명하게 될 것이라는 점을 양해해 주기 바란다. Dr .R. Williams의 책 “Anger kills”(분노가 죽인다.)라는 글은 인간감정의 중요성과 신비성을 웅변적으로 설명하고 있는 내용이다. 이것은 인간 삶에 있어서 ‘감성관리능력계발’이 얼마나 중대하고 시급한 과제라는 것을 말해주는 이야기다. 또 이것은 현대를 살아가는 사람들은 ‘감성적인 과제’를 무시하고 살아갈 수가 없다는 뜻이 된다. 특히 자녀의 장래에 관심이 강한 부모의 입장에서 ‘감성관리문제’를 심사숙고해야 할 과제인 것이 틀림이 없다고 생각한다. 이것이 자녀들의 ‘행복한 내일’과 직결된 문제가 되기 때문이다. 인간의 삶의 모든 분야와 현장에서 <스트레스>문제를 중요시하는 것은 이것이 ‘뜻있고 행복한 삶’의 중요한 방해요소가 되기 때문이다. 인간 삶의 현장에서 많이 사용되고 있는 말 중의 하나가 ‘스트레스’라는 말이다. 이 ‘스트레스’가 무엇인가? 이것을 구체적으로 말하면 ‘감성관리가 안 되는 상태’를 뜻하는 말이다. 이것은 반드시 치유해야할 질환이다. 그래서 예수님께서도 치유비결을 제시하시는 것이다.

4) 감성문제에 대한 잘못된 생각이 있다.

감성문제는 사실상 인간생활에서 중심적인 역할을 하고 있는 것이 사실이다. 그리고 많은 사람들이 이 감성적인 문제 때문에 행복한 생활에 장해를 받으면서 고통을 경험하고 살아간다. 그러함에도 불구하고 기독교사상지도자들이 감성문제에 대한 학문적인 탐구나 연구에 미온적인 태도를 가지고 있다는 것은 자아모순이라고 할 수 있다.

① 감성문제와 감정적 신앙은 별개의 문제다.

감성이 무엇인가? 신학적 연구 대상은 될 수 없는가? 감성은 단순한 심리학의 연구대상인가? 사실상 감성문제는 주로 심리학의 연구대상이라는 상식을 추종하는 경향이 강하다. 그런데 한국 교회는 초창기부터 〈감정〉이라는 용어에 대한 부정적인 생각과 경험을 해왔다는 것이 역사적 사실이다. 그러나 〈감성적 과제와 감정적 신앙〉문제는 엄격하게 구분해야 한다. 전연 별개의 문제가 되기 때문이다. 이것을 혼돈해서는 안 된다.

② '감정적 신앙'의 상처가 있었다.

한국 교회는 〈감정적 신앙〉(감정에만 호소하는 '열광주의 신앙')때문에 엄청난 상처를 경험한 사람들이 많다. 이런 신앙 때문에 교회가 깨지고 가정이 망가지는 경험을 하고 목격한 사람들이 '감성 자체'를 긍정적으로 수용할 수 없는 것은 있을 수 있다. 극단적인 감정적 신앙 자들이 〈집단 자살극〉을 연출하고 〈시한부 종말론〉 등을 통해 한국 교회를 어지럽게 한 것은 감정적 신앙에 〈혐오감〉을 느끼게 한다. 그래서 '감정'이라는 단어 자체에 매력을 상실할 수도 있다.

③ 감성의 긍정적이고 실용적 신비성이 존재한다.

〈예수님의 교훈과 신학〉에서 감성문제는 한국 교회가 체험하고 인식하는 〈감정적 신앙〉과는 완전히 색다른 긍정적인 견해를 보여주고 있다. 한국 교회가 체험한 감정적 신앙은 '감성의 부정적 부분 일부'에 불과하다. 한국교회는 고유한 〈기독교 감성개념〉의 정립이 없었기 때문에 〈세속적 감성관〉을 결과적으로 수용하고 있다는 것이 현실이다. 이것이 필자가 저들의 문서에서 발견한 것이다. 그래서 필자가 기초적이고 간편한 내용이지만 제7장에서 "세속적 감성관과 기독교 감성관"이라는 글을 수록하기도 했다.

5) 예수님을 학습한다는 것이 무엇인가?

우리가 예수님을 믿는다는 것이나 예수님을 학습하고 따른다는 것은 그 분의 전체를 학습한다는 것이 되어야 함은 상식에 속한다. 그런데도 불구하고 우리는 현재 그분의 한부분만을 학습하고 있다는 것을 인식조차 하지 않는다는 것은 이상할 정도다.

① 예수님 학습은 〈예수님의 지성, 감성, 영성〉을 균형 있게 학습함을 뜻한다.

우리는 현재 예수님의 사상과 교리적인 내용 그리고 이론적인 부분만을 배우고 학습하는데 열을 올리고 있는 것이 현실이다. 교회생활에서도 "신앙적 이론"에 치중한다. 이러한 것은 "지성적 학습"에 해당된다는 점을 인식할 필요가 있다. 그러나 주님의 〈감성과 영성〉

을 학습한다고 할 때에는 이론보다는 "생활훈련프로그램"이 중심이
된다. 왜냐하면 <감성과 영성문제>는 이론이 아니고 〈생활훈련〉이
중심요소가 되기 때문이다. 한 예로 "사랑과 미움의 문제"를 학습하
고자 할 때에 이것을 이론적인 설명이나 교육만으로는 아무 도움이
되지 못한다. 감성문제는 '인식'하는 것이 중요한 것이 아니라 '관리능
력'의 문제가 되기 때문이다. 그래서 이러한 감성문제는 이 "사랑과
미움"을 관리 처리하는 '감성관리프로그램'으로 학습지도해야 한다.

② 현재 우리는 균형 있는 학습이 이루어지고 있는가?

우리는 〈지성적 학습〉에만 지나칠 정도로 치중하고 있는 것이 현
실이다. 특히 신학교교육이나 교회 프로그램에서 유난히 감성문제는
철저하게 외면당하고 있다. 그래서 지성적 신앙화는 잘 되어 있으나
'감성적 신앙화'는 백지에 가깝다. 현재 우리가 당면하고 있는 심각
한 과제는 '감성적 학습'에 대한 새로운 각성운동이다.

제 4 장

예수님의 순수 제자 육성법을 깨우친다

예수님의 감성학에서 두드러진 특색은 당신의 제자들에게 필요한 감성적인 학습과 수련내용을 구체적으로 제시하시고 있다는 점이다. 이것은 예수님의 제자가 되고자 하는 사람은 반드시 거쳐야할 기본적인 교훈내용이기도 하다. 기독교 역사를 보면 예수님의 제자육성을 위한 수련프로그램이 적지 않은 수가 나와 있는 것을 볼 수 있다. 이것은 예수님의 참다운 제자가 되기를 원하는 사람들이 많이 있다는 것을 말해주는 것이 되기도 하다. 이렇게 수많은 제자수련프로그램을 통해서 수많은 사람들이 이에 동참하고 그리고 나름대로 좋은 결과가 나타나는 것도 사실이다. 그러나 아직 만족스러운 프로그램이 없다는 것이 일반적인 생각이다. 이 말은 이 프로그램들이 한때 폭발적인 인기가 있는 것으로 출발했다가 시간과 함께 점점 시들어지는 모습을 수없이 경험한 목격자들이 하는 말이다. 왜 그럴까? 필자가 깨우친 것은 순수한 "예수님 자신의 방법"에 초점을 맞추지 못해서 나타나는 현상이라고 믿게 된 것이다. 기독교 신앙운동에도 지나치게 개인적인 사상과 철학 그리고 신학적 사조가 순수한 예수님의 것을 흐리게 만드는 경우가 있는 것이 사실이다. 그래서 필자는 (송구한 생각이 들지만) 처음서부터 〈순수 예수님의 것〉을 찾아보려고 기도하고 노력해 왔다. 그래서 깨우친 것이 이하에서 제시하는 내용이다. 이것이 주님의 감성세계를 이해하는 일에 큰 도움이 될 것이다. 그리고 이것은 우리 기독교인들이 새롭게 시작해야 할 '감성적 학습내용'이 되리라고 생각 한다. 그 내용은 다음과 같다.

1. 예수님은 〈행복한 감성〉을 체험, 소유함을 첫 번째 제자육성 비결로 제시하신다

첫 번째라는 것이 언제나 주목을 받는 내용이다. 예수님의 '제자육성 비결'도 처음에 나오는 과제가 중요하게 생각하는 내용임에 틀림이 없다. 이 "행복감"이라는 것이 기독교복음운동에서 얼마나 중요시하는 것임을 말해 주는 것이 된다. 그런데 우리는 이 '행복'을 사랑하고 갈망하면서도 구체적인 프로그램이 미약한 것이 사실이다. 왜 그런가? 깊이 생각할 문제다.

1) 그의 복음운동은 〈행복한 삶〉에 1차적인 목적이 있음을 강조하신다.

예수님의 복음운동의 제1차적인 목적이 무엇이냐? 이것을 정확하게 설정하는 것은 중요하다고 생각한다. 왜냐하면 이것이 복음운동의 중심과제가 될 것이기 때문이다. 주님의 산상보훈의 목적이 바로 제1차적인 목적이라는 점에 반론이 있을 수가 없다. 이것이 예수님의 첫 번째 공개강론이 되기 때문이다. 일반적으로 '첫 강론은 제1차 목적'을 설명하는 것이 인간상식이다. 이것이 〈행복한 삶〉이다. 이 말은 복음이 있는 곳에는 행복한 삶이 있어야 한다는 뜻이다. 그런데 이것이 사실로 나타나지 않는다는 것이 현실이라면 문제는 심각해진다는 것을 인식해야 한다. 한국교인들은 참으로 행복감을 가지고 살고 있는가? 이 질문에 지도자들부터 거짓 없이 정직하게 대답해야 한다. 당신은 행복한가? 독자 여러분! 그대는 행복이 무엇이라고 생각하십니까? '행복'에 대한 요점을 아래에 기록하시기 바랍니다.

행복이란? _____

① _____

② _____

③ _____

① 이것이 유명한 〈산상보훈 8복강의〉 내용이다(마5:1-12).

　주님이 세상에 오신 것은 이 행복한 삶을 전파하고 소유케 하기 위해서 오셨다는 것이다. 기독교 운동은 이 '행복한 삶'에 일차적 목표를 설정하고 시작해야 한다는 말도 된다. 그동안 우리는 이 말씀을 지성적 인식이나 기억, 그리고 아름다운 보물처럼 사모하면서 살아가는 교훈으로만 생각해 온 것이 주종을 이루고 있다. 그러나 이러한 지성적 인식과 기억은 말씀에 대한 책임을 20% 정도 완수하는 것에 불과하다는 것을 인식해야 된다. 그러나 80% 정도의 책임완수는 이 말씀처럼 우리의 '마음(감성과 영성)의 변화'가 이루어져야 되는 것이다. 이것이 이 말씀을 우리에게 주시는 존재이유가 되는 것이다.

② 복음이 있는 곳에는 자동적으로 〈행복〉이 수반한다는 뜻이다.

행복감이 없는 곳에는 복음이 없다는 말도 된다. 사실상 모든 인간들이 추구하는 삶의 궁극적 목적은 〈행복〉이다. 그러나 문제는 그렇게 수많은 기독교신앙인들이 살고 있는데 저들이 다 복음적인 〈행복감〉을 소유하고 있느냐 하는 문제가 제기된다. 이렇게 행복감을 가지고 살고 있는 사람이 많이 있지 않다는 것이 문제가 된다. 왜 그런가? 그동안의 복음운동에 문제점이 있다는 것이 결론이다. 이 말을 순수 주님의 방법을 철저하게 실천하지 못해서 나타나는 현상이라고 말할 수 있다.

2) 예수님의 행복관은 전연 새로운 것이다.

그리스도가 이 세상에 오신 것은 '새로운 행복'을 주시기 위해서 오셨다는 것을 알아야 한다. 종래 인간들이 생각하는 행복감과 전연 색다른 행복이 존재함을 알리려 오신 것이다.

① 〈행복〉이란 세속적인 감성을 〈천국인의 감성〉으로 바꾸는 작
   업이다.

예수님은 〈행복은 내면적이고 감성적인 것〉임을 구체적으로 강조
하신다. 특히 주님은〈감성색깔의 본질적 변화〉 없이 행복을 소유할
수 없다는 것이다. 우리는 일반적으로 좋은 감성과 나쁜 감성이 존
재한다는 것을 인식하고는 있으나 하나님의 것과 사탄의 것이 존재
한다는 것을 인식하는 사람이 많이 있지 않은 것이 사실이다. 혹
인정한다고 해도 그 인식의 강도가 낮다는 것이 근본적인 문제가
된다.

② 행복에는 〈진짜와 가짜〉가 존재한다는 것을 강하게 암시한다.

8복의 행복만이 〈참〉이고 세속적 행복은 〈가짜〉라는 것이다. 참
행복과 세속적인 가짜행복을 엄격하게 구분해야 한다는 말이다. 이
것이 예수님의 전연 〈새로운 방법론〉이다.

그리고 복음의 소유자는 〈행복한 삶〉이 사실로 있어야 한다는 것
이다. 특히 8복 강의에서 예수님이 강조하는 것은 참으로 "행복한
삶"은 8복 강의가 제시하는 감성적 변화가 있어야 한다는 것이다.
즉 세속적인 감성을 버리고 주님의 감성으로의 변화를 강요하신다.

③ 행복은 개인적이며 내면적인 마음의 상태다.

행복은 개인 마음속에 존재하는 주관적인 감성상태를 뜻한다. 그
래서 여러 가지 형태의 행복감이 있을 수 있다. 그러나 성경에 기
초한 하나님의 긍정적인 감성에 기초한 것이 아니면 진짜가 아니다.
만일 8복이나 성령의 열매에서 말하는 천국의 감성에는 전연 관심
이 없고 세속적인 감성개념을 그대로 가지고 있으면서도 자신의 중

심에서 <행복 감>이 타오르고 있다면 이는 분명〈가짜 행복〉이라고 단언해도 좋다. 그런데 참 행복에도 여러 종류의 형태가 있다고 생각한다. 나는 깊은 신앙세계에서도 색 다른 행복감을 가지고 있는 사람들이 존재한다는 것을 주위에 있는 사람들을 통해서 경험하고 있다. 이 말은 복음을 중심한 행복이라고 해도 그 내용과 형태는 동일하지 않다는 뜻이다. 삶의 형식보다는 마음속에 행복의 실체가 존재한다는 것이 중요하다는 말이다. 그리고 행복에는 크기가 있다고 생각도 한다. 이것은 행복을 소유한 사람들이 동일하지 않기 때문이다. 나는 이러한 생각을 하면서 내가 소개하려는 친구의 행복이 무엇에 속하는 것인가에 잠시 생각해 보았다. 그도 8복강의 내용과 동일한 천국감성의 소유자일까? 아니면 변종의 신앙일까? 그러나 가짜는 아니라고 짐작이 된다. 그의 삶의 형식은 내 마음에 들지 않지만 그의 마음상태는 긍정적으로 수용하고 싶다. 그 사람의 행복은 상식적이고 일반적인 것은 아니고 특수한 경우에 속하는 것임을 인정하면서 이러한 삶의 형태는 독자가 모방하지 않기를 바라는 마음이 간절하다. 특수한 행복개념을 가지고 있는 사람이야기를 소개한다.

♣ 나는 내 주변에 보통사람이 상상할 수 없는 자신의 〈행복한 삶〉을 누리고 있는 중년신사를 알고 있다. 그는 말하기를 "*나는 현재생활이 그렇게 행복할 수가 없습니다. 그래서 이러한 상황에서 하나님 나라 가는 것이 소원입니다. 하나님을 사모하고 생각하면 그렇게 행복할 수가 없습니다. 맛있는 요리나 부부생활보다 더 행복 합니다*"라고 말한다. 그의 행복은 하나님을 생각하고 사모하는 차원에서 얻어지는 행복이라고 한다. 그런데 그는 직업도 버리고 부인과도 합의 이혼하고 혼자 살면서 생

계를 위한 최소한의 수입을 유지하며 살아가고 있다. 그런데 문제는 그러한 신앙적인 사람이 왜 이혼을 했나? 이혼은 행복 감을 말살하는 불행한 사건이 아니냐? 하는 의문을 가지게 한 다. 그런데 그가 이혼한 근본 이유는 가족이 있으면 가정을 유지해야 될 정도의 수입원이 필요하기 때문에 돈과 재물에 매어서 자신이 원하는 단순한 생활을 할 수 없다는 것을 뼈저 리게 체험해서라고 한다. 그는 박00 목사 계통의 신학교를 졸 업하고 박 목사의 본부에서 일하다 저들의 이중적인 삶에 실 망하고 그들과 완전히 신앙적 관계도 단절하고 독립적인 홀로 의 신앙생활을 하고 있다. 그런데 그는 몇 년 전에 내가 주관 하는 2박 3일 영성수련회에 참석한 일이 있었다. 그는 그때 신앙적인 새로운 인식과 깊은 감동을 받은 일이 있었다고 한 다. 그래서 자신이 독립적인 신앙생활을 시작하면서 내가 기 억이 나서 여러 번 백방으로 수소문해서 내 집을 찾아왔다는 것이다. 그리고 그 동안 있었던 사건들을 이야기 하면서 "*김 목사님이 보고 싶어서 찾아 왔습니다.*" 라고 하면서 눈물을 흘 리며 그동안 자신에게 있었던 생활변화이야기를 한 일이 있었 다. 필자는 한때 내후계자의 한사람이 되었으면 하는 기대를 가져보기도 한 사람이다. 그래서 필자가 주관하는 수련회에서 한 시간 강의를 하도록 기회를 준일이 있었다. 그런데 회중의 반응이 그렇게 좋은 편이 아니었다. 그래서 그는 나에서 "*자 신은 김 목사님에게 도움이 되는 사람이 못되는 것 같습니다*" 라고하면서 내가 주관하는 모임에 참석하지 않고 있고 근자에 는 찾아오지도 않는다. 아마도 그는 내가 강조하는〈행복의 비결〉과 당신이 생각하는 <행복한 삶>이 일치하지 않는 것으 로 생각해 보기도 한다. 나는 이 친구의 삶의 모습을 상상하면서 정상적인 직장과 가정을 유지하면서도 이 사람이 느끼는 행복감이 있게 하는 수련이 진짜 영성수련이라고 할 수 있다는 생각을 해 보기도 한다. 그리고 한 가지 이 사람의 〈홀로의 삶〉을 고집하는 사건에서 깨우친 것은 내가 가지고 있는 하나의 꿈이라고 할 수 있는 〈독신녀 수련생〉문제가 바람직한 구상이라고 생각하게 되었다. 이 말은 그 동안 내가 꾸준하게 강조해온 "독신녀 영성공동체" 구성문제가 합리적일 수 있다는 것을 위에서 소개한 중년신사 생활철학에서 그 가능성과 긍정적인 해답이 나온다는 말이다. 만일 내가 성공 못하면 내 후계자를 통해서라도 이러한 바람직한 꿈이 이루어지리라고 믿고 있다.

3) 성경 본문에 있는 내용(마5:1-12)

1. 심령이 가난한자
2. 애통하는 자
3. 온유한 자
4. 의에 주린 자   이것은 전부 다 감성적 용어요 상태다
5. 긍휼히 여기는 자   (지성적 용어나 상태가 아니라는 말이다)
6. 마음이 청결한자
7. 화평케 하는 자
8. 핍박을 견디는 자

이것은 주님의 감성이요 천국인의 감성세계다. 예수님은 당신의 '일차적' 이요 '기본적인 사상' 교육에서 이상적인 감성색깔을 제시하

신다. 당신의 제자가 되고자 하는 사람은 '천국적인 감성색깔'을 소유해야 된다는 것이다. 감성색깔은 인식이 아니고, '느끼고, 소유하고, 체험하는 것'이고, 내 '생명의 한 부분'임을 암시한다. 그리고 복음의 소유자는 〈행복한 삶〉이 필연적으로 주어진다. 특히 8복 강의에서 예수님이 강조하는 것은 참으로 "행복한 삶"이 이루어져야 한다는 것이다. 이 말은 나에게 현재 〈행복감〉이 없으면 주님의 복음이 내 안에 존재하지 않는다는 말이 된다.

2. 예수님은 〈감성의 원천과 뿌리〉를 깨우침이 제자 육성의 비결임을 언급하신다

인간감성의 원천과 뿌리를 인식하는 것은 대단히 중요하다. 왜냐하면 이것을 모르면 이것이 가지고 있는 문제점에 접근할 수도 없고 처리방법을 생각할 수가 없기 때문이다. 그리고 그 뿌리를 알아야 감성문제에 대한 활용방법을 생각해 볼 수가 있다는 말이다.

1) 감성에는 〈하나님의 감성과 사탄의 감성〉이 존재한다.

하나님과 사탄의 감성이 존재한다는 말은 감성의 뿌리는 사람이 아니고 〈하나님과 사탄〉이라는 뜻이다. 대부분의 사람들은 인간감성이란 사람의 내면에서 발생하는 것으로 생각한다. 이것이 세속적인 감성관의 대표적인 생각이다. 또 세속적인 견해는 인간적인 감성의 유일성과 우월성을 강조한다. 그러나 이 우주에는 인간의 감성만 존재하지 않는다. 동물의 감성세계도 있는 동시에 초인간적인 영계에도 존재한다. 이것이 성경에서 언급하는 감성세계에 대한 개념이다. 특히 인간생활과 밀접한 관계가 있는 〈하나님의 감성과 사탄의 감성세계〉가 존재한다는 것이 성경에서 언급하고 있는 독특한 내용이다. 그래서 감성의 원천과 뿌리는 사람이 아니라는 것이 세속적인 개념과 근본적인 차이가 있다. 독자여러분은 '감성의 문제점'이 무엇이라고 생각하십니까? 간단하게 독자의 생각을 아래에 기록하시기 바랍니다.

감성의 문제점은?_____

①_____

②_____

③_____

① 예수님은 살인죄 강의에서 미움과 분노는 사탄의 속성임을 강하게 역설하신다.

예수님의 산상보훈 초기에서 8복 강의와 "빛과 소금"의 교훈을 하신 다음에 감성문제의 중요성을 아주 강한 어조로 말씀하신다. 이러한 감성세계의 중요성을 강조하심은 예수님의 생활철학에 근거한 주장이라는 점에 특별한 의미가 있다. 현재 심리학에서 인간의 정신적 기능 중에서 지성적인 기능보다는 감성적 기능이 월등하게 중요하다는 것을 역설하고 있는 것과 동일한 주장을 하고 있다는 점에서 새로운 의미가 있다. 이것이 인간생활의 사실에 근거한 합리적인 주장이라는 것이 되기도 한다.

② 사도 요한이 〈미움은 살인이다〉라고 복창한다(요일3:15).

요한1서는 하나님의 사랑을 중심축으로 하고 있는 교훈서라는 것이 일반적인 견해다. 그래서 요일4장 7절-21절에서<사랑의 교훈과 계명>을 역설하신다. 특히 "하나님은 사랑이시다" (4장16절)라고 한 말씀은 〈하나님의 속성은 '사랑' 이다〉라는 뜻이 된다. 이것은 하나님의 대표적인 감성이 사랑의 감성이라는 말이다. 그리고 요일3장15절에서 사도요한이 〈사탄의 속성은 '미움' 이다〉라는 뜻을 가지고 있는 말씀을 선언한 것은 예수님의 주장을 복창한다는 점에서 특별한 의미가 있다. 이것이 예수님의 '새로운 방법론'이다.

2) 성경 본문에 있는 내용들:

마태5장22절 "형제에게 노하는 자마다 심판을 받게 되고 형제를 대하여 라가라 하는 자는 공회에 잡혀가게 되고 미련한 놈이라 하는 자는 지옥 불에 들어가게 되리라"

이 말씀은 악성감정의 악마성을 언급한 내용이다. 그러나 〈분노의 악마성〉을 이렇게 강하게 주장한 분이 바로 예수님이시다라는 점에 의미가 있다. 사랑의 화신이신 예수님께서 이처럼 악성감성의 악마성을 지나칠 정도로 강한 어조로 말씀하신다는 것은 격에 맞지 않는 태도처럼 보일 정도다. 왜 이렇게까지 강하게 말씀하시었나? 심사숙고해야 한다.

마태5장23절-24절 "*예물을 제단에 드리다가 거기서 네 형제에게 원망 들을만한 일이 있는 줄 생각나거든 예물을 제단 앞에 두고 먼저 가서 형제와 화목하고 그 후에 와서 예물을 드리라*"

이것은 주님의 명령이다. 이 "예물을 제단에 드린다."는 것은 '기도와 예배'를 뜻한다. 그래서 기도자와 예배자의 기본적 자세를 강조하신 내용이다. 너무 심할 정도로 예수님의 주장은 강력하고 그리고 분명하다. 본문은 해석의 여지가 없을 정도로 분명한 내용이다. 왜 그렇게 까지 심하게 말씀하셨나? 이렇게 하신 것은 '미움의 감성'은 인간의 결함이나 약점에 속하는 정도가 아니고 〈사탄의 대표적 속성〉이 되기 때문에 그렇게 강하게 말씀하신 것이다. 그런데 사도 요한도 예수님의 주장에 동조 한다. 그래서 〈미움과 분노〉의 감성문제는 반드시 처리해결하고 청산해야 주님의 제자다운 생활이 가능해진다는 것을 강조하신 내용이다.

요한일서3장15절 "*그 형제를 미워하는 자마다 살인하는 자니 살인하는 자마다 영생이 그 속에 거하지 아니하는 것을 너희가 아는 바라*"

이 말씀은 〈미움은 사탄의 속성이다〉라는 뜻이 있는 교훈이다. '하나님의 모든 운동'이 〈사랑〉에서 출발하는 것과 같이 '사탄의 모든 운동'은 〈미움의 감성〉에서 시작된다는 것이다. 이러한 교훈은 우리에게 대단히 유익한 생활교훈이 될 수 있다. 이 말은 우리들의 일상생활에서 내가 하나님에게 속해 있느냐 사탄에게 속해 있느냐

를 식별한다는 것이 간단한 문제가 아니라는 점이다. 그래서 어거스
틴도 "하나님의 도성"이라는 책에서 하나님의 시민과 사탄의 시민
을 식별하기 위해서 1100 페이지가 되는 글로 설명하고 있다는 점
에서 알 수 있다. 그러나 성경에서는 "미움과 사랑"이라는 두 감성
세계만 분명하게 식별할 수 있으면 하나님의 것과 사탄의 것을 어
렵지 않게 식별해서 선택할 수가 있다는 것이 된다. 이것은 엄청난
특권에 속하는 하나님의 특별한 은총이라고 믿고 있다. 이처럼 예수
님의 신학에서 '감성문제가 중요한 의미'를 가지고 있다는 것이 된다.
또 이것은 감성적 문제에 대한 신학적 노력이 절대로 필요하다는
것을 말해주는 뜻도 된다. 이것이 예수님의 '새로운 방법론'이다

3) 감성문제에 대한 잘못된 인식과 해석에 주의하라.

우리는 감성문제에 대해서 잘못된 인식을 가지고 있는 것이 현실이
다. 이렇게 된 이유가 'IQ왕국사상'에 있는 것이 사실이다. 그러나 인
간은 삶의 현장에서 이 감성문제와 순간순간 시달리고 살아오고 있다
는 현실에서 이것을 무시할 수 없는 문제라는 점에서 학문계가 당연
이 이 문제를 심도 있게 연구 탐색해야 하는 것이 상식이다. 그러나
이를 도외시하고 살아왔다는 것은 인간의 불완전성을 탓할 수밖에 없
다고 생각한다. 그리고 많은 사람들이 이 감성문제에 대해 잘못된 생
각을 가지고 있는 이들이 많다. 그 잘못된 생각은 다음과 같다.

① 미움은 유한성, 불완전성, 원죄성의 산물이다.
'미움의 감성'은 인간자체가 지니고 있는 결함 때문에 발생하는 '하

나의 약점'에서 나타나는 작용이라고 생각한다. 이것은 세속적인 감성 개념에 기초한 주장이다. 물론 인간은 불완전하고 유한적인 존재다. 그러나 성경은 미움과 분노가 인간의 결함이나 죄악성 때문에 나타나는 것이 아니라고 생각한다. 그리고 미움과 분노의 원천은 사람 안에 있는 것이 아니기 때문에 사람 밖에서 찾아야 한다는 것이 성경의 주장이다.

② 미움은 평범한 결함이기 때문에 '특별한 의미'를 부여하지 말라.

미움은 사람이 있는 곳은 어디에나 '티끌처럼' 산재하고 있는 인간의 평범한 약점이기 때문에 이것을 신앙적인 과제로 다루는 것은 잘못이라고 생각한다. 사실상 미움의 감성은 인간생활 현장에서 어디에서나 볼 수 있는 보편적인 생활감성으로 인식하고 있다. 이것도 역시 세속적인 감성관에 속해 있는 주장이다. 그러나 성경은 미움을 평범한 생활감성으로 생각해서는 안 된다고 강조한다. 이것은 삶의 현장에서 반드시 추방해야 한다고 강조한다. 왜 그런가? 이것이 인간행복을 말살하는 주범이 되고 있기 때문이다.

③ 이 말씀들은 '성 프랜시스와 같은 성자'들에게나 해당되는 내용이다.

"요일 3장15절" 말씀 같은 것은 평범한 사람과는 무관한 말씀이라고 해석한다. 필자도 옛날에 "마태5장 21절-24절" 말씀을 수없이 읽은 것으로 기억되는데 그 성경을 읽을 때마다 이 말씀은 "현재의 나와는 무관한 말씀처럼 인식 된다"라는 느낌을 받았다. 그 시절 나는 이러한 생각을 한 기억이 난다 "사람은 때가 되면 이런 말씀도 친밀감을 느껴지는 때가 있겠지"라는 생각을 했었다. 이것이 크게 잘못된 생각이라는 것을 시간이 많이 흘러간 후, 내가 영성신학에 입문해서 영성에 몰두하고 있을 시점에 와서야 알게 되었다.

④ 이 말씀은 현재형이 아니고 〈미래형〉에 해당하는 교훈이다.

필자도 이 말씀들을 접하면서 "내가 아주 성숙한 신앙인이 된 후에나 생각할 말씀으로 받아드리게 될 것 같다"라는 생각을 했던 기억이 난다. 그래서 많은 사람들이 이런 말씀은 미래를 위해 준비된 말씀이라고 생각한다. 사람들이 철저한 신앙훈련을 통해서 완전을 향해 달려가고 있는 성숙한 신앙인에게 주시는 교훈으로 생각하고 해석한다는 뜻이다. 이 말은 철저한 신앙훈련을 통해서 〈성화〉와 같은 높은 단계와 직결된 말씀으로 생각한다는 뜻이다. 그래서 이것은 현재에 필요한 것이 아니고 미래를 위해서 준비된 말씀으로 받아드려야 한다는 주장이다.

4) 합리적인 인식과 해석이 필요하다(마5:21-24, 요일3:15).

악성감성에 대한 잘못된 인식이 있다는 것은 바른 해석의 필요성이 있다는 말이 된다. 필자는 언제인가 "마태 5장 21-24절" 말씀을 읽다가 엄청난 '감동과 충격'을 받은 경험이 있다. 나는 과거에 수없이 이 말씀을 읽었다고 기억하고 있으나 그 날처럼 강한 감동을 경험한 기억이 나지 않는다. 아마도 40년 만에 처음으로 '말씀의 감동'을 체험한 것이다. 이것은 필자가 말씀에 '눈이 열렸다'라고 할 수 있다. 그리고 이것은 <말씀과 내 마음의 만남>을 뜻한다고 말할 수가 있다. 그래서 이 말씀에서 다음과 같은 새로운 깨우침을 받았다.

① 본문은 악성감정의 〈악마성 선포문〉이다.

본문은 미움에 대해 지나칠 정도로 강하게 언급하신다. 이 미움은 인간이 부족함에서 발생하는 것이 아니고 지옥과 직결된 〈사탄의 첨단무기〉라는 점에서 그렇게 강한 톤으로 강조하신 것이다. 이것이 예수님이 사탄과 싸워서 승리할 수 있는 하나의 비결을 제시하고 있는 것이다. 이것이 사탄이 가장 애용하고 그리고 성공하고 있는 제1차적인 전술무기라는 점이다. 이러한 사탄의 깊은 마음을 파악하는 것이 사탄과의 전투에서 승리할 수 있는 작전이라는 것을 주님이 미리 아시고 대비해 주신 전술이라는 점을 철저하게 인식할 필요가 있다.

〈미움의 악마성〉을 2000년 역사상 예수님처럼 강하게 강조한 분은 없다. 이렇게까지 강조하는 이유는 '미움은 사탄의 속성이요 사탄의 제1무기'가 되기 때문이다. 그래서 이에 대한 대비를 해야 된다는 것이 주님의 강조점이라는 것을 철저하게 수용해야 한다.

② 본문은 〈기초적인 신앙고백서〉다.

이 말은 본 성경이 성자나 성화를 위한 것이거나, 미래형의 모습을 연상하면서 주시는 말씀이 아니라는 것이다. 그와는 반대로 모든 교인에게 "학습과 훈련"이 요구되는 말씀이라는 것이다. 그래서 유치원 어린이와 신앙초보자를 포함해서 모두에게 '기본적인 신앙고백서'가 되도록 철저한 재교육을 실시해야 된다는 것을 암시하는 깊은 뜻이 있다는 점을 인식해야 한다. 이 말씀의 기동성을 유발하기 위해서는 먼저 신앙고백적인 마음자세가 형성되는 것이 시급하다는 점을 인식하는 것이 사탄과의 전투에서 성공의 한 비결이 될 수 있다. 필자의 장기간의 경험에서 얻은 실화적인 성공비율은 〈마음에

대한 신앙고백의 강도)가 높을수록 성공할 비율이 높아진다는 점을
강하게 역설하고 싶은 것이 내 진심이라는 것을 기억하기 바란다.

③ 본문은 〈하나님의 축복〉과 밀접한 관계가 있다.

이 미움의 감정을 소유하고 있다는 것은 사실상 사탄의 종이 된
하나의 증거가 된다. 만일 나, 김 양환 목사가 미움의 감성을 가지
고 있다면 그 순간은 김 목사도, 영성가도 아니고 사탄의 종이 되
어 있다는 증거다. 이러한 '사탄의 시민'에게는 하나님의 축복의 대
상이 될 수 없다는 것이 하나의 상식이다. 이렇게 감성문제는 하나
님의 축복을 받고 못 받는 사건이 되기 때문에 엄청나게 중요하다.
가장 심각한 것은 우리 인간들은 하나님의 축복을 무시하고 한 시
간도 살수 없다는 점에서 우리는 깊이 생각해야 한다(St. Augustine
의 "The City of God"라는 책에서 이 세상에는 '하나님의 도성과
사탄의 도성'이 존재함을 참고한다).

④ 본문은 〈감성색깔을 점검하는 삶〉을 강요한다.

인간이 생활현장에서 자신의 마음속에서 꿈틀거리는 '감성색깔'을
수시로 점검하면서 살아야 한다는 뜻을 강하게 암시한다. 인간 개인
들은 자신의 마음속에서 작동하고 있는 감성의 색깔을 인식할 수
있다. 그러나 이것이 자동적으로 이루어지는 것이 아니라는 점에 문
제가 있다. 중요한 인간감성 만해도 수십 가지가 있다. 그런데 이에
대한 〈학습과 후련〉이 없으면 그 감성색깔을 구분조차 하기 힘이
든다. 그래서 선진국에서는 어려서부터 비디오를 통해서 인간감성을
식별하는 학습을 실시한다. 특히 감성은 대부분 비언어적인 요소가
되기 때문이다. 이 말은 감성을 언어로 설명한다는 것이 대단히 불

완전하다는 말이다. 대부분의 감성은 사람의 동작이나 형태 혹은 언어의 고저 등을 통해서 인식하게 된다. 더욱이 밖으로 나타나 있지 않은 '잠재적 분노' 같은 것은 표정 등을 통해서 알아내는 도리밖에 없다는 것이 사실이다. 그래서 반복되는 감성학습을 통해서 감성식별인식이 발전 한다. 감성식별학습은 각 가정에서 정해진 시간에 전 가족이 함께 하는 것이 좋다. 이러한 감성계발에 필요한 학습과 훈련은 행복한 삶을 추구하는 우리에게 대단히 중요한 〈인생 필수과제〉라는 점을 깨우치는 것이 현명한 태도라고 생각한다.

3. 예수님은 하나님과 사탄의 〈활동무대〉를 깨우침이 제자육성 필요조건임을 역설하신다 (씨 뿌리는 비유 마13:1-23)

예수님은 씨 뿌리는 비유에서 여러 가지로 제자들의 현실적인 삶에 필요한 문제들을 제시해주신다. 예수님은 이곳에서도 지상에 있는 이간이 경험할 수 있는 사건을 통해서 하나님이 관심을 가지고 있는 내용을 설명하신다. 본문에 있는 '씨 뿌리는 비유'는 평범하면서도 깊은 뜻이 있는 교훈이다. 이것은 또한 현실적인 인간생활과 직접적인 관계가 있는 내용이다. 이 성경말씀이 제공하는 심오한 뜻이 여러 가지가 있으나 그 중에서도 사람의 "마음의 문제"를 다루고 있다는 것이 가장 큰 특색이다. 독자 여러분! 마음의 문제가 무엇입니까? 여러분은 '마음의 문제'를 어떻게 생각하고 있으십니까? 마음의 문제로 고민한 일은 없으십니까?

아래에 여러분의 생각을 기록하기 바랍니다.

인간의 마음이란?_____

①_____

②_____

③_____

1) 사람의 〈마음 밭〉은 하나님과 사탄의 활동무대다.

사람의 마음 밭은 인간의 감성과 의지 등만 작동하는 장소가 아니라 '하나님과 사탄의 활동무대'도 된다는 점은 색다른 고유한 교훈이다. 이러한 교훈은 예수님의 말씀에서만 찾아볼 수 있는 독특한 교훈이라는 점에 주목해야 한다. 그러기에 사람의 마음은 대단히 중요하고 소중한 존재라는 점을 철저하게 인식할 필요가 있다. 그래서 영성수련운동에서 〈마음 만들기〉의 중요성을 역설하게 되는 것이다. 하나님께서 사람의 마음의 협력을 필요로 하신다는 것과 그리고 하나님께서 이 마음을 통해서 역사하신다는 사실을 철저하게 자각하는 것이 대단히 중요하다. 이렇게 하나님께서는 사람의 마음을 통해서 '하나님나라 일'을 하시고 싶어 하신다는 것은 인간에게 주신 하나의 '특권'인 동시에 엄청난 의미가 있는 교훈이다. 인간의 마음은 인간자신의 것임에 틀림이 없지만 인간 마음대로 할 수 있는 '홀로의 소유물'이 될 수가 없다는 것이 예수님의 생각이다.

2) 사람의 마음 밭은 〈하나님의 밭도, 사탄의 밭〉도 될 수 있다.

성경에서 사람의 마음 밭은 네 개가 있는데 셋은 쓸모없는 것이고 좋은 밭은 하나밖에 없다고 되어 있다. 이 성경에서 오직 하나만이 하나님이 사용하실 수 있는 밭이라는 것을 말해준다. 이것은 사람들의 마음 밭이 좋은 것보다는 나쁜 것이 더 많이 있다는 것을 강하게 암시한다. 이 말은 우리들 마음 밭이 하나님보다는 사탄에게 이용당할 여지가 더 많이 있다는 것을 말해주는 것이 된다. 이 성경은 우리가 〈마음 만들기〉를 위해서 많은 정성과 시간을 바쳐야 한다는 것을 요구하시는 하나님의 의도가 숨어 있다는 것을 깨우치게 해 준다.

3) 〈옥토〉가 암시하는 기본적 교훈은 무엇인가?

성경 본문에 "좋은 땅에 뿌리웠다는 것은 말씀을 듣고 깨닫는 자니 결실하여 혹 백배, 혹 육십 배, 혹 삼십 배가 되느니라 하시더라" (13:23) 본문에서 주목할 부분은 "말씀을 듣고 깨닫는 자니"라는 구절이다. 국어사전에서 "깨닫다"를 "심령이 진리에 통하다"라고 되어 있다. 이 말은 "자각, 각성"이라는 용어와 비슷한 것이다. 이것은 구체적으로 "감성적인 체험"을 뜻한다. 주님이 요구하시는 것은 "말씀을 가슴과 마음"으로 느끼고 체험할 수 있어야 한다는 뜻이다. 이것이 하나님이 필요로 하시는 마음 밭이라는 것이고, 참마음의 필요성과 중요성을 역설하시는 것임을 알아야 한다. 이 성경에는 두 가지 대표적인 교훈이 있다.

① 제자들은 마음 밭에 '구체적인 관심'을 가지라는 명령어다.
이 말은 사람의 <마음 만들기>가 깊은 관심과 노력 그리고 의지가 있어야 좋은 밭이 될 수 있다는 것을 암시하신 것이다. 이것은 또한 상당한 정성과 시간이 바쳐져야 한다는 것을 뜻하는 말이기도 하다. 그리고 사람의 마음이란 "어떻게 관리해야 하는가?"가 대단히 중요하다는 것을 말해 준다. 이것은 "옥토의 현장"에는 강력한 사탄의 공작과 침투가 기다리고 있다는 것을 인식하고 대비해야 한다는 주님의 '마음의 소리'가 숨어있다는 것도 알아야 한다.

② 옥토 만들기 '학습 훈련'의 필요성을 강권하심이다.
<마음 만들기>는 여러 방법이 가능하다. 필자가 장기간 수련생들과 함께 경험에서 얻어낸 방법을 소개하려고 생각한다. 이것이<기도 찬송>으로 아름다운 마음을 만드는 비결이다. 이 방법은 우선 그 가사내용을 외우는 것이 필요하다. 그래서 보지 않고 부를 수 있어야 한다. 그리고 기도하는 자세로 앉아서 명상상태에서 가사를 음미하면서 부른다. 이것은 사람들에게 감동을 주는 찬송가를 선택하는 것이 좋다. 그런 다음에 한두 절을 명상상태에서 10-20번 반복해서 부르는 것을 말한다. 마음 만들기란 깨끗하고 고요하며 정숙한 마음상태를 가지게 하는 것을 뜻한다. 필자는 이것을 "하나님의 마음"이 되게 하는 것으로 생각한다. 이러한 마음이 형성된 다음에 설교, 기도, 중요한 대화, 새로운 사업설계, 중요한 문제결정 등을 하는 습관을 가지라고 강조한다. 그렇게 하게 되면 본인이 기도하고 소망한

내용대로 바람직한 결과가 나타나는 경험을 여러 번 했었다. 왜 그렇게 되는 것일까? 이것은 〈하나님의 마음의 파도〉를 타고 그 사람의 말과 행동이 나타나기 때문에 그러한 결과가 이루어진다는 것이 내 믿음이다. 이 〈기도찬송〉은 유년 주일학생들, 모든 교인들에게도 보급하는 것이 좋을 것으로 믿고 있다. 필자가 수련회에서 애용하고 있는 "기도찬송" 두 가지만 소개한다.

ⓐ 찬송가 543장 1절을 반복해서 5-10번 부른다.

"*저 높은 곳을 향하여 날마다 나아갑니다. 내 뜻과 정성 모두어 날마다 기도 합니다. 내 주여 내 발 붙드사 그곳에 서게 하소서. 그곳은 빛과 사랑이 언제나 넘치옵니다*"

ⓑ 낮엔 해처럼 밤엔 달처럼 (1-2절: 최 용덕 작사, 작곡 ; 3절: 김 양환 작사)

2, 3절 가사를 음미하면서 기도찬송으로 5-10번 부른다.

2절: 예수님처럼 성 바울처럼   그렇게 살순 없을까
남을 위하여 당신들의 온몸을   온전히 버리셨던 것처럼
주의사랑은 베푸는 사랑   값없이 거저 주는 사랑
그러나 나는 주는 것보다   받는 것 더욱 좋아하니
나의 입술은 주님 닮은 듯하나   내 맘은 아직도 추하여
받을 사랑만 계수하고 있으니   예수여 나를 도와주소서

3절: 교부들처럼 영성가들 처럼   그렇게 살순 없을까
맘을 비우고 가난해진 마음이   온전히 새론 사람 되듯이

나의 속사람 천사들처럼　　청결한 마음 간직 할 때
주님 감정이 내 것이 되어　　작은 예수로 활동하니
형제 가슴에 천국 닮은 꽃들이　선명히 살아서 움직여
새론 세상이 가까이로 접근해　예수여 나와 함께 하소서

4) 성경 본문 내용 (마13:1-23)

① 마음 밭은 하나가 아니고 여러 개가 있다

예수님은 씨 뿌리는 비유에서 "길가, 돌밭, 가시떨기 그리고 옥토밭"이 있다고 설명하신다. 이것은 마음 밭은 하나가 아니고 여러 개가 있다는 뜻이다. 여러 개가 있다는 것은 인간 본인이 선택해야 된다는 말도 되고 만들어가야 된다는 말도 된다. 무엇을 어떻게 선택해야 되는지도 심사숙고 하게 해 준다. 또 이것은 생각 없이 살아가면 좋은 밭이 될 수 없다는 것을 암시해 주는 교훈이기도 하다. 이것은 인생이란 필요한 교육, 학습 그리고 훈련이 절대로 필요하다는 것을 강하게 말해 주는 것이 된다. 특히 예수님의 제자는 더욱 그렇다.

② "악한 자"와 밀접한 관계가 있는 밭도 있다는 것이다.

마태13장19절 "*아무나 천국 말씀을 듣고 깨닫지 못할 때는 '악한 자'가 와서 그 마음에 뿌리운 것을 빼앗나니 이는 곧 길가에 뿌리운 자요*" 이 말씀은 옥토 이외의 밭들은 〈사탄과 유기적인 관계〉가 있다는 뜻이다. 이 말은 말씀과 신앙운동에서 크게 경계해야 할 과제가 〈사탄의 방해공작〉이라는 점이다. 이러한 점에서 우리가 좋은 마음 밭을 유지하기 위해서는 사탄에 대한 신학적인 상식이 필요하다

는 것을 느끼게 된다.

③ 옥토는 '삶의 열매'로 그 존재성을 입증한다.

마태13장23절 "*좋은 땅에 뿌리웠다는 것은 말씀을 듣고 깨닫는 자니 결실 하여 혹 백 배, 혹 육십 배, 혹 삼십 배가 되느니라*" "좋은 땅"의 특색은 열매가 있다는 것이다. 이 말은 열매가 없으면 좋은 밭으로 인정을 받을 수 없다는 말이 된다. 그러나 그 열매의 수치 (100배, 60배, 30배)는 큰 의미가 없다고 생각한다. 작은 것이라도 열매가 있어야 좋은 밭으로 인정을 할 수 있다는 것이 본문이 강조하는 중심점이다.

4. 성경(예수님)은 '새로운 차원'의 체험적 신앙을 제자육성 비결로 제시한다

심리학자들이 "삶은 체험이다"라는 말을 한다. 이것은 체험이라는 것이 인간생활에서 중요한 부분을 차지하고 있다는 말도 된다. 신앙 세계에서 체험의 문제가 거론되는 이유는 '체험이 없는 신앙은 생동적인 힘이 없는 신앙이라'는 것이 일반적인 해석이다. 이 책 "영성의 길"에서 소개하고 있는 영국의 영성신학자 언더힐은 "이러한 체험이 동반되지 않는 종교생활은 기껏해야 '도덕주의, 주지주의, 심미적 정서의 감상주의'를 넘어서지 못한다."고 강한 어조로 역설한 것과 같이, 체험이 없는 신앙은 머리로 감상하고 음미하는 하나의 "이론적인 사상가"에 불과하다는 것이다. 이러한 신앙은 철학자들처럼 사고만 즐겁게 하는 <사상과 주의주장>에 머물고 있는 사람에 불과하다는 뜻이다. 이 말은 이들은 '신앙적 삶이나 실천'에는 관심이 없는 이름만 '신앙인'이 되어 있다는 것이다. 독자 여러분이 생각하는 〈체험적 신앙〉혹은 〈하나님 체험〉이 무엇입니까? 생각하고 있는 것을 아래에 기록하시기 바랍니다.

①_____

②_____

③_____

1) 예수님(사도 요한)은 〈새로운 체험개념〉 수용을 강요하신다 (요일4:12, 요1:18, 마5:8)

이 '새로운 체험개념'이 제자육성에 절대 필요하다는 뜻이 강하게 제시되고 있다. 어떻게 유한적 존재인 인간이 초월하신 '하나님체험'이 가능한가?라는 문제는 오랫동안 토론의 대상이 되어온 것이 사실이다. 그러나 역사적 기록은 많은 사람이 하나님체험을 하고 있다는 사실이다. 특히 본문에서 〈새로운 하나님 체험〉문제를 합리적이고 간편한 방법으로 풀어주고 있다는 것은 필자 자신도 감탄하고 있는 내용이다.

♣ 필자가 오래전에 전라도에 초청받아서 강의하는 도중에 한 목사님이 "김 목사님이 '하나님 체험의 길잡이'라는 책을 쓰신

것을 알고 강사로 초청한 것입니다. 그래서 우리가 원하는 것은 모세나 예레미야와 같은 분들이 체험한 '하나님 체험방법'을 배우기를 갈망하고 있습니다. 그래서 그 방법을 구체적으로 강의해 주시기 바랍니다."라고 요청하는 것이었다. 그 당시에는 필자가 이 문제를 정리하기 전이여서 확답을 못하고 "내가 이 문제에 대한 기도의 응답을 받은 후에 다시 와서 설명하겠습니다. 미안합니다."라고 대답하고, 내가 담당한 내용만 강의하고 서울로 돌아왔다. 필자가 서울로 돌아와서 모 기도원에 가서 이 문제를 가지고 '관상기도'에 들어가게 되었다. 그리고 하나님의 응답을 받았다. 그 곳에서 받은 하나님의 응답을 아래에 있는 설명에서 밝혀질 것이다.

2) 감성색깔은 하나님 체험의 도구다.

감성색깔은 삶에 필요한 것 이상의 '신앙적인 신비성'을 가지고 있다. 이것은 성경만이 가지고 있는 특수하고 유일한 교훈이다. 이것이 하나님의 형상으로 창조된 인간의 감성세계다. 사실은 인간이 하나님의 형상으로 창조되었다는 것 자체가 신비성을 내포하고 있다. 그러기 때문에 인간의 감성색깔이 하나님 체험의 도구가 될 수 있다는 것은 놀라운 일이 아니다.

① 감성색깔은 '하나님 체험과 임재 인식'을 가능하게 한다
요한일서 4장12절 "*어느 때나 하나님을 본 사람이 없으되 만일 우리가 서로 사랑하면 하나님이 우리 안에 거하시고 그의 사랑이 우리 안에 온전히 이루느니라*" 이 말씀은 사랑이라는 하나님의 감성을 통해

서 하나님의 임재를 인식하고 체험할 수 있다는 내용이다. 그러나 이 성경말씀은 구체적이고 분명한 해석을 필요로 하는 내용이다.

② *"하나님을 본 사람이 없다"* 란 무슨 뜻인가?(요일4:12, 요1:18)
이 말씀이 사도 요한을 통해서 두 곳에서 말씀하고 있다는 것은 묵과할 수 있는 것이 아니다. 만일 이 말씀이 모세, 예레미야, 이사야, 사도 바울의 하나님 체험을 부정하는 것이라면 문제는 복잡해진다. 이것이 무슨 뜻이냐? 이것이 성경이 제시하는 체험에 대한 '새로운 개념'이다. 이것을 이해하기 위해서는 〈하나님 체험개념〉에 대한 신학적인 정리를 해야 한다.

3) 하나님 체험개념을 성경에 기초해서 정리한다.

한국교회에는 개인적인 하나님체험 이야기가 무성한 것이 사실이다. 그래서 신앙지도자 개인이 경험한 체험이야기를 중심으로 해서 여러 가지 색다른 체험론이 등장하고 있어서 하나님 체험에 대한 이론적 혼선을 일으키고 있는 것이다. 그래서 성서적이고 신학적인 정리가 필요하다. 하나님 체험론은 기본적으로 다음과 같이 두 가지로 구분한다. 이것이 필자가 앞에서 말한 '관상기도'에서 응답받은 내용이다.

① 첫째가 〈특수체험〉이다.
이것은 사람이 원해서 이루어지는 것이 아니고 '하나님의 필요성'에 의한 하나님의 '주권행사'로 이루어지는 체험사건을 뜻한다. 이것이 '모세, 예레미야, 이사야, 사도바울' 등의 체험사건이다. 이러한

것은 사람의 소망이나 의지와는 관계없이 이루어지는 체험으로 하나님께서 당신의 구상을 실천하시기 위해서 선택한 사람에게 주시는 체험사건이다. 이러한 특수체험사건은 오늘에도 가능하다. 그러나 현대인들이 말하는 체험사건은 대부분이 금식기도나 특별한 기도수련 중에서 얻어진 체험을 말한다. 이러한 체험은 특수체험이 아니다. 왜냐하면 이것은 사람의 필요성에 의한 체험사건이 되기 때문이다. 그리고 대부분의 기도수련은 신앙적인 발전과 하나님체험을 전제로 하는 것이라는 점에서 특수체험이 될 수 없다. 그리고 특별집회나 산기도 등에서 얻는 체험도 특수체험이 될 수 없다.

② 두 번째가 〈일반적 체험〉이 있다.

많은 사람들이 이야기 하는 체험이야기는 대부분 일반적인 체험에 속한다. 그러나 이것이 기독교적인 하나님 체험에 속하느냐 아니냐 하는 문제는 그 내용에 따라서 결정된다. 왜냐하면 일반적인 체험은 비기독교적인 체험사건과 구분하기 어려운 것이 사실이기 때문이다. 한 예로 가령 "신비한 소리를 들었다"고 할 때에 그것이 하나님의 소리냐 사탄의 소리냐를 구분 식별하는 것은 전문적이고 신학적인 식별력이 있는 사람을 통해서 결정해야 하는 문제가 있다. 그러나 성경에서 제시하는 〈하나님의 감성을 통한 신 체험〉은 비기독교의 체험과 분명하게 구분될 수 있다. 이러한 하나님 체험이론은 타종교에는 존재하지 않는 특수한 교훈이라는 점에서 안심하고 보급할 수 있다. 그리고 이러한 하나님의 감성을 통한 하나님 체험운동은 완전히 새로운 이론과 방법이다. '새로운 체험개념'은 성경에 기초한 내용이다.

㉠ 새로운 체험개념은 '예수님의 마음의 소리'에 근거한다.

성경이나 사도 요한이 제시하는 내용은 예수님의 마음속에 있는 생각을 말하는 것이라고 할 수 있다. 예수님이 '성경의 주관자'가 되시기 때문이다. 이러한 점에서 이 <새로운 체험개념>은 예수님의 마음속에 있는 '마음의 소리'에 근거한 것이라고 할 수 있다. 그리고 필자가 제시하는 프로그램이 있기는 하나 앞으로 더 많은 하나님 체험에 관한 실천프로그램을 개발하고 세분화할 필요가 있다고 생각한다. 유치원에서부터 노인층까지 세분화할 필요가 있다.

㉡ 이것은 보편적인 체험이어야 한다.

'일반적인 체험'은 누구나 할 수 있는 보편성이 있는 체험이어야 한다는 말이다. 그래서 이것은 특수체험과 본질적으로 다르다. 이 말은 하나님의 강제성이나 필요성에 의한 체험사건이 아니고 사람들의 필요성에 의한 체험이라는 뜻이다. 성경에서 언급하는 일반적 체험은 그 원칙과 방법을 준수하는 모든 사람에게 가능해지는 체험이 되어야 한다는 말이다.

㉢ 이 체험은 '하나님 감성'을 통해서 가능해지는 것이다.

성경이 제시하는 하나님체험의 기본적인 원칙은 단순하고 분명하다. 그러나 인간역사에 나타나 있는 종교적인 "신 체험사건"은 대단히 복잡하고 다양한 형태로 나타나고 있다. 그러나 성경에서 제시하는 하나님체험 이론은 대단히 단순하고 선명한 방법으로 되어있어서 따르기가 어렵지 않다는 것이 특색이다. 성경이 제시하는 내용은 다음과 같다.

♣ 요한일서 4장12절 *"하나님을 본 사람이 없으되 만일 '우리가 서로 사랑하면' '하나님이 우리 안에 거하시고' 그의 사랑이 우리 안에 온전히 이루느니라"* 이 성경은 "사랑의 사건을 통해서 하나님 임재를 체험할 수 있다"는 것이다. 임재체험도 하나님 체험의 하나다. 그리고 이 말씀의 핵심은 〈사랑이라는 하나님의 감성〉을 통해서 하나님체험사건이 가능하다는 새로운 방법을 제시한 것이다. 필자 자신도 하나님 체험을 위한 성경묵상 기도수련에서 본 성경의 원칙을 준수하면서 하나님 체험사건에 성공한 경험을 가지고 있다. 구체적인 방법 중 하나는 본인의 삶의 체험사건 중에서 가장 깊은 사랑의 사건을 기록하고, 반추해서 그때 그 사랑의 감성상태 속에 30분 이상 머물러 있게 해서 얻게 하는 하나님 체험이다. 그리고 이것을 15년이 넘도록 동일한 방법으로 하나님 체험을 시도해본 결과 많은 수련자들이 성공하는 사례를 보아오고 있기 때문에 하나의 좋은 방법이라고 생각하고 있다.

♣ 마태 5장8절 *"마음이 '청결한 자'는 복이 있나니 저회가 '하나님을 볼' 것임이요"* 본문에서 예수님은 하나님 체험을 신적인 감성인 '청결한 감성'에서 가능함을 강조하신다. 이것은 요일4장12절과 동일한 체험론에 속하는 내용이다. 하나님체험은 하나님의 감성의 하나인 "청결한 감성"을 통해서 이루어진다는 주장이다. 이곳에서 예수님과 사도요한이 동일한 주장을 하고 있다는 점에서 특별한 의미가 있다. 그리고 이것은 성경의 〈사상적 통일성〉을 이루고 있다는 점에서 깊은 뜻이 있다.

♣ 요한 1장18절 *"본래 하나님을 '본 사람'이 없으되 아버지 품속에 있는 '독생 하신 하나님'이 나타내셨느니라."* 이 말씀은 〈독생자

의 사상과 감성)을 체험하는 것이 하나님 체험의 방법이 된다는 것을 말해주는 내용이다. 본문에서도 '독생자의 감성'을 통한 '하나님 체험'이 유용하다는 것을 암시 한다. 이 세 곳에 있는 말씀들은 "하나님의 감성"을 체험하는 것이 하나님 체험사건의 핵심요소가 된다는 것을 강조한 내용이다. 하나님의 형상으로 창조된 〈인간의 감성〉은 〈하나님의 감성〉과 서로 통하는 점이 있기 마련이다. 그렇기 때문에 교류와 체험이 가능해 진다.

4) 주님의 대표적인 감성적 내용은 다름과 같다.

성경에 예수님을 중심축으로 하는 천국의 '감성개념'을 찾아볼 수가 있다. 이것을 구체적으로 제시하고 있는 내용을 우선 두 곳에서 찾아볼 수가 있다. 이것은 다음과 같다.

① '주님의 감성'은 '8복강의'에 있는 8개다(마5:1-10).

1. 가난한 감성(마음)
2. 애통하는 감성
3. 온유한 감성
4. 의에 주린 감성
5. 긍휼의 감성
6. 청결의 감성
7. 화평의 감성
8. 핍박 견디는 감성

② 주님의 감성은 '성령의 열매' 9개다(갈5:22-23).

　　1. 사랑의 감성

　　2. 희락의 감성

　　3. 화평의 감성

　　4. 참음의 감성

　　5. 자비의 감성

　　6. 양선의 감성

　　7. 충성의 감성

　　8. 온유의 감성

　　9. 절제의 감성 이다.

이 두 곳에 있는 것이 17개의 하나님나라의 대표적인 감성세계를 말해 주는 것이 된다. 이것은 또한 예수님의 감성세계를 뜻하는 것이 되기도 한다. 그리고 이 17개 하나님의 감성을 통해서 하나님 체험을 이끌어낼 수가 있다는 말이 되기도 한다.

5. 성경은 〈성령의 열매〉를 맺게 하는 것이 제자육성의 비결임을 강조 한다(갈5:22-23)

인간의 삶에는 언제나 기준문제가 등장한다. 그래서 기독교 신앙인 세계에서도 신앙의 기준문제가 언급되는 것은 자연스러운 일이다. 그래야 자신의 신앙상태를 점검할 수 있게 된다.

1) 한국교회에도 일반적인 신앙생활 기준문제가 있다.

① 주일 성수문제: "안식일을 기억하여 거룩히 지키라"(십계명제4)

그래서 한국교회는 주일 성수가 중요한 신앙기준이 되고 있다. 유태인들의 안식일 준수는 놀라울 정도로 완전한 철시상태가 된다. 심지어 보수파 주장은 거리의 신호등도 안식일을 준수해야 한다는 것이다. 그래서 안식일에는 신호등이 꺼져있는 곳이 많다. 그러나 외국인 자동차는 움직이고 있기 때문에 신호등은 필요하다는 점에 문제가 있다.

② 십일조와 특별헌금, 건축헌금문제 등이 있다.

교회생활에서 실질적으로 재정적 공헌도가 임직원 후보의 강력한 참고사항이 되고 있다 . 그리고 이것이 신앙기준이 되고 있다는 것은 놀라운 일이 아니다. 사실상 교회운영을 위해서 불가피한 상황이라는 것이 하나의 상식이 되고 있다. 신앙적인 활동에도 자금과 물질적 후원이 필요하다. 그리고 자신이 가지고 있는 재물을 하나님 사업에 헌납한다는 것은 강한 신앙심에서만 가능하기 때문에 재정적 헌납은 신앙심과 무관하지 않다.

③ 은사(방언, 신유, 예언, 투시 등)와 선교, 봉사 헌신문제도 필요하다.

이러한 은사가 있느냐하는 문제도 신앙기준문제에서 종종 거론된다. 한국에서는 한때 "불만 받으면 끝이 난다"라는 말이 유행어처럼 퍼져 있었다. 이것은 한국 지도자들이 얼마나 은사를 사모하고 있었느냐 하는 것을 말해준다. 은사가 필요하다. 그러나 이것이 신앙운동의 기준이 되어서는 안 된다. 그리고 선교, 전도, 봉사, 헌신성 등도 신앙생활의 기준문제로 등장하는 경우가 있다. 이러한 것들이 교회가 지상에 존재하는 중요한 이유가 된다고 생각하고 있기 때문이다. 그러나 이러한 것들보다 더 중요한 본질적인 기준문제는 신앙적인 〈삶의 열매문제〉다. 그런데 이것이 기독교운동 현장에서 신앙운동의 기준으로 생각하는 사람이 많지 않다는 것이 현실이다. 신앙적 삶의 열매문제의 중요성을 모르는 사람은 없을 것이다. 그러나 이것을 제1차적인 신학적인 과제나 연구항목으로 생각하는 사람은 많지 않다. 이러한 것은 완전히 <개인적인 과제>로 방치하고 있는 것이 현실이다. 독자여러분! 여러분은 신앙인의 기준이 무엇이라고 단정하십니까? 가장 중요하다고 생각하는 것을 순서로 기록 하세요.

내가 생각하는 신앙기준은?_____

① _____

② _____

③ _____

2) 성경에서 강한 관심을 보이고 있는 것은 열매문제다.

인간 삶의 열매가 무엇인가? 이것은 생활로 나타나는 삶의 모습을 뜻하는 것이다. 우리들은 사람의 '인상이야기'를 종종 말한다. 필자가 영성수련운동 초창기에 목포지방에서 초청을 받고 비행기표를 보내와서 내려가게 되었는데 비행장에 젊은 청년 몇 사람이 차를 가지고 마중을 나왔었다. 그런데 후에 들은 이야기지만 주관자목사가 젊은이들에게 "김 목사님의 인상을 본 다음에 인상이 마음에 안 들면 그 비행기로 서울로 반송하라"는 지시를 받았다는 이야기를 들었다. 이러한 이야기를 할 때에 내가 하는 말이 "서울로 반송은 안 되었으니 내 인상이 그렇게 흉하지는 않은 것 같습니다."라는 말을 하면서 즐거운 시간을 가져본 일이 있었다. 사람의 인상도 열매의 하나다. 그런데 인상은 마음상태를 반영한다. 이곳에서도 '마음의 문제'가 등장한다. 열매와 마음의 문제를 강도 높게 생각해야 한다.

① 열매에는 성령의 열매와 육의 열매가 있다.

인간의 생활 속에 존재하는 삶의 열매에도 좋은 열매와 나쁜 열매가 존재하는 것이 사실이다. 본문에서도 사도바울은 여러 가지 문제 중에서 특히 〈성령의 열매와 육의 열매〉에 관해서 심도 있게 역설한다. 이것이 신앙인의 생활기준이 되기 때문이다(갈5:16-24). 이 성경에서 사도바울이 "열매문제"를 거론했다는 것은 여러 가지 의미가 있다. 그 중에서 가장 큰 의미는 신앙인의 생활기준에 관해서 일어날 수 있는 다양한 이론과 주장들을 향해서 종지부를 찍었다는 점이다. 우리가 예상할 수 있는 것은 "성령의 사람이란 그 특색이 무엇이냐?" 라는 질문에 사람마다 다양한 의견과 주장이 등장할 수 있다. 이러한 가능성을 전제하고 "성령의 사람은 그 열매로 알 수 있다"라는 결론을 내린 것은 특색 있는 결단이다. 이것은 사실에 근거한 신앙적인 결론이다. 역사적인 기록을 보면 신앙적인 문제가 등장할 때마다 이에 대해서 사람마다 "내가 깨우친 것이 진짜다"라고 색다른 주장들이 나올 수 있다는 것이다. 그래서 신앙적 혼선이 올 수 있다. 이것을 예방하기 위해서 사도바울은 열매에 대한 교훈을 등장시킨 것이다. 이것은 지혜로운 결정이라고 할 수 있다.

② 예수님도 열매의 중요성을 강조하신다.

예수님도 열매의 중요성을 역설한다. 나무와 열매(마7:16) 인간의 마음 밭은 옥토로 계발해서 열매를 얻을 수 있어야 한다(마13:3-9). 예수님은 산상보훈 끝장에서 "그의 열매로 그들을 알리라"(마7:20)고 선언하신다. 그리고 하신 말씀에서 주목할 내용은 "주의 이름으로 선지자 노릇하며-귀신을 쫓아내며-많은 권능을 행한 사람들을-(향해서)내가 너희를 도무지 알지 못하니 불법을 행하는 자들아 내게서 떠나가라"(마7:21-23)고 하신 주님의 명령은 깊은 뜻이 있다. 이것은 삶의 열매를 무시한 신비한 은사능력만을 고집하는 것은 불법에 속한다는 것이요, 신앙 기준에서 이탈함이라는 훈계다. 이것은 마치 한국 신비은사 지상주의 자에게 하시는 말씀처럼 실감나게 들린다. 또 이것은 "신비은사나 권능들은 열매가 아니다"라는 말씀으로 들리게 해 주기도 한다. 분명한 것은 은사보다는 열매가 더 소중하고 중요하다는 말이다. 이러한 것은 한국교회가 철저하게 각성해야할 과제라고 생각한다.

3) 성령의 열매는 감성색깔이다.

사도 바울은 성령의 열매(갈5:22-23)로 "*사랑, 희락, 화평, 인내, 자비, 양선, 충성, 온유, 절제*" 등 아홉 가지 열매를 제시한다. 이 열매는 〈감성적 색깔〉이다. 이 말은 그 사람이 성령의 은사가 있는 사람인가를 그 사람이 품고 있는 감성색깔을 통해서 식별할 수 있다는 뜻이다. 인간이 성령의 지배 속에 있게 되면 그는 자동적으로 자신의 마음속에 있는 세속적인 감성색깔이 성령의 감성으로 계발되고 변화된다는 말이다. 주님을 닮는다는 것은 내 사상과 감성색깔이 주님의 사상과 감성색깔과 동일한 것으로 동화된다는 뜻이다.

이러한 것은 다른 종교나 철학에서 찾아볼 수 없는 놀라운 교훈이다. 이것은 하나님의 크신 축복이요 특권이며 심오한 깊은 의미가 있다. 이 성령의 9가지 열매는 우리가 매일의 삶 속에서 경험하고 있는 평범한 감성들이라는 점에 각별한 의미가 있다. 이것이 예수님의 새로운 방법이다. 성령의 열매는 감성색깔이라는 것은 다음과 같은 교훈이 추가 된다.

① 이 말씀은 '본질적 변화의 필요성'을 강조하는 교훈이다.

인간이 성령의 지배 속에 있게 되면 자동적으로 '세속적 감성이 천국의 감성'으로 그 '본질'이 변화된다는 말이다. 이것은 사람의 〈인식이나 사상〉만 바꾸어진다고 완성되는 것이 아니고 마음속에 있는 〈감성 색깔〉의 변화가 있어야 한다는 뜻이다. 이러한 본질적인 변화가 있어야 실천적인 생활로 나타나게 되는 것이다.

② 감성색깔을 점검하면서 살아갈 것을 요구한다.

이것은 언제나 내 마음속에 "사랑, 기쁨, 화평, 인내, 자비-"같은 성령의 감성이 존재하고 있는가? 없는가를 점검하는 습관을 가지고 살아가야 한다는 뜻이 강하게 암시되고 있다.

그리고 내 자신이 성령의 은사를 받고 있는지의 여부를 자신의 내면세계에 존재하고 있는 감성색깔의 점검을 통해서 개인 스스로 식별할 수 있다는 것이다.

③ 감성적 열매를 통해서 '참 제자와 가짜 제자'를 가려낼 수 있다.

신앙인의 <존재평가>를 '학력, 경험, 활동력' 등으로 생각하는 경우가 있다. 그러나 성경은 그 사람의<삶의 열매>를 보고 존재평가를 해서 <진짜와 가짜>를 가려낼 것을 요구한다.

또한 이것은 하나님과 사탄, 참 신앙과 가짜 신앙을 식별할 수 있는 분명한 기준이 된다는 점에서 놀라운 교훈이다. 그리고 우리 자신의 신앙상태 등을 자신의 감성색깔을 통해서 식별할 수 있다는 것은 신비한 교훈이다.

제 5 장

분노에 관한 새로운 해석이
요청되고 있다

　　이것은 '성경의 분노개념'이다. 많은 사람들은 '분노'라는 말을 상
상하기조차 좋아하지 않는다는 것을 알고 있다. 필자도 옛날에는 이
말처럼 생각하기 싫은 말이 없었던 것으로 기억하고 있다. 그러나
심리학에서 가장 인기가 있는 항목이 '분노학'이라고 한다. 이 말은
분노에 관한 '강의나 책'이 인기가 있다는 말이다. 그러나 신학계와
교회현장에서는 '성경의 분노'에 관한 것이 너무나 인기가 없다. 이
문제에서 멀리 도망만 하려고 한다.

1. 「분노학의 서론적 설명」

성경의 분노개념의 본론에 들어가기 전에 분노와 관계가 있는 몇 가지 이야기를 할 필요성이 있어서 '서론적인 설명'을 하기로 한 것이다. 이곳에서는 상식적인 것들을 이야기 하려고 생각한다. 그래서 성경의 분노개념을 이해하고 수용하는데 도움이 되기를 바라는 것이다.

① 미움과 분노의 존재는 '감성적 탐색과 연구'를 강요한다.

인간의 생활 현장에 "미움과 분노"가 존재한다는 것 자체가 미움과 분노에 대한 학문적인 탐색과 연구를 강요하는 것이 된다. 그리고 이 분노를 조절하고 관리하는 비법을 개발해야 한다는 필요성을 인식하게 된다. 그리고 이 미움과 분노가 우리 현실적인 삶 속에서 엄청난 영향을 미치고 있다는 것을 모두가 경험하고 있을 뿐만이 아니라, 이것이 우리들의 정상적인 인간관계를 파괴하고 행복한 가정생활을 지옥으로 만들어주는 중요한 원인이 되고 있다는 것을 우리 모두 잘 알고 있다. 그래서 이에 대한 여러 가지 형태의 연구논문이나 서적이 출판되고 있다. 특히 심리학계에서 "분노학"에 대한 연구 서적이 가장 많이 나오고 있고, 의학계에서도 약간의 연구 서적이 출판되고 있다. 그러나 <예수님의 감성학>에 기초한 <분노학>은 찾아보기가 힘들다. 이 말은 기독교계에서 출판된 "분노에 관한 글"이 있기는 하나 대부분 세속적인 감성개념에 기초한 <분노해설>이기 때문에 진정한 기독교 분노에 관한 논문이라고 할 수 없다는 뜻이다.

② 감성관에는 '세속적 감성관과 기독교 감성관'으로 대별한다.

예수님이 제시하시는 감성적 개념은 세상 사람들이 언급하고 있는 감성적 개념과는 엄청난 차이가 있다. 만일 기독교 감성관이 없다면 우리는 자동적으로 세속적 감성관에 추종할 수밖에 없다. 성서적인 인간개념이 세속적인 인간개념과 전연 다른 것처럼 기독교 감성관과 세속적 감성관은 완전하게 다르다. 성경에서는 감성에는 "하나님의 감성과 사탄의 감성"이 존재한다고 믿고 있다. 그러나 일반적으로 세속인들(비기독교인들)은 감성에 선한 감성과 악한 감성이 존재한다는 것을 알고 있으면서도 기독교에서 말하는 <하나님의 감성세계>의 존재를 부인한다. 그러기 때문에 성경에 기초한 "기독교 감성개념"의 탐색과 연구 그리고 학습의 필요성이 절실하게 요청되고 있다. 만일 기독교 감성관이 없게 되면 자동적으로 모든 기독교인들이 세속적 감성개념에 의존할 수밖에 없게 된다는 비극이 연출된다. 기독교 감성개념은 세속적인 개념과는 전연 색다른 내용을 가지고 있다. 특히 하나님의 감성세계와 인간적인 감성세계는 그 차원과 내용이 다르기 때문에 확실하게 구분해야 한다.

③「성경의 분노학」은 신학적으로 정리되어야 한다.

성경에서 언급하고 있는 분노에 관한 내용은 엄청나게 많이 있다. 그러나 이에 대한 학문적 관심을 가지고 있는 신학자가 많이 있지 않다는 것이 현실이다. 그래서 성서적 분노에 관한 내용을 신학적으로 정리된 서적이 하나도 없다는 것이 내가 알고 있는 현실이다. 필자는 10년이 넘도록 기독교 감성관에 입각한 '분노학'을 정리하려고 노력하고 있으나 아직 기초적인 글과 논문을 가지고 있을 뿐이다. 이를 위해서는 구약학과 신약학을 전공한 신학자들의 협조가 대단히 필요하다.

특히 구약의 하나님의 분노개념을 정확하게 정리하기 위해서는 많은 구약신학자의 협조와 엄청난 시간과 노력이 있어야 한다고 생각한다. 성경에서 언급하는 미움과 분노에 관한 개념은 세속사회에서 설명하고 있는 것과는 완전히 색다른 개념을 가지고 있다. 그래서 세속적 분노개념과는 전연 다른 고유한 <기독교 분노개념>을 설정해야 한다. 이것이 "예수님의 감성학"을 이해하는데 대단히 중요한 요소가 된다.

④ 심리학에서 <분노>가 인간불행의 대표적 원천으로 주장한다.
이들의 주장은 분노는 정신적인 살인자일 뿐만 아니라 인간의 육체적 건강에도 살인적 역할을 한다는 것이다(분노학의 권위자 Dr. Williams의 '분노가 죽인다' 참고).

⑤ '하나님 분노와 인간적 분노'를 동일한 차원에서 해석함은 큰 잘못이다.
'분노(미움)에 관한 언어'가 성경에 600번 이상 있다고 한다. 그런데 '하나님 분노'를 인간적 차원에서 해석해서는 안 된다. 사실은 구약성서에 그렇게 많이 등장하고 있는 "하나님의 분노"를 인간의 용어로 설명하고 있으나 이것이 혼선을 가져오게 하는 주범이 되고 있는 것이 사실이다. 엄밀하게 말하면 "분노"보다는 "거룩한 분노"니 "사랑의 분노"등의 선별된 용어를 사용했어야 된다는 것이다. 왜냐하면 하나님은 인간과 같은 "악성감성"자체가 존재하지 않는다. 하나님의 속성은 "절대사랑, 절대의"라는 것이 신학적 상식이기 때문이다. 구약성서의 원문을 인간용어로 적당하게 설명하는 식의 해석은 안 된다. 하나님에 대한 신관을 기초로 하는 신중한 해석을 해야 하는데 이에 대한 신학적인 아주 깊은 학습과 연구가 있어야 한다. 이러한 방대한 작업은 수

천 명이 수십 년 동안 탐색 연구해야 할 숙제라는 점을 강조해 둔다.

2. 분노(미움)는 차원이 다른 세 종류로 분류한다

인간이 살아가고 있는 이 세상에는 사람만 있는 것이 아니고 '하나님'도 계시고 '사탄'도 존재하고 있다는 것은 분노의 문제도 하나가 아니라는 것을 예상할 수가 있다. 그래서 분노의 문제도 구체적이고 정확하게 설명해야 된다고 생각한다.

1) 하나님의 분노가 존재한다.

하나님의 분노가 무엇인가? 하나님에게는 인간이 생각하는 "악성 감성"이 존재하지 않는다. 그런데 어째서 "미움과 분노"라는 용어가 하나님의 사건 이야기에 등장시키고 있는가? 그러나 성경에는 인간의 행동에 사용하고 있는 "미움과 분노"라는 용어로 하나님의 감성 세계를 설명하고 있다. 그래서 우리는 "하나님의 분노와 인간적 분노"를 구분할 수 없도록 되어 있다. 이것은 대단히 잘못된 해석이라는 점을 인식해야 한다. 하나님은 "절대사랑, 사랑자체"가 되시기 때문에 악성감성은 100분의 1도 존재하지 않는다. 이것이 정통신학이 가지고 있는 하나님 개념이다.

가) 하나님 분노와 하나님 언어문제를 생각해야 한다.
하나님은 '하나님언어'로만 그 설명이 정확하다. 그리고 〈하나님

언어)에 대한 새로운 인식이 있어야 한다. 하나님언어는 인간적 언어와 그 차원이 다르기 때문이다. 이 말은 사람의 말로는 〈하나님 감성〉등을 정확하게 설명할 수 없다는 뜻이다. 하나님언어가 무엇인가? 우리가 '하나님언어개념'을 가지고 하나님세계를 설명해야 한다는 것은 상식에 속한다. 그렇기 때문에 하나님언어에 대한 개념정립이 없이 하나님세계를 해석하려는 사람은 크게 잘못된 생각이라는 점을 철저하게 자각해야 한다.

나) 하나님언어에 대한 신앙적 자세를 가지라.

신앙적인 선각자 〈십자가의 성 요한의 신앙적 사상〉을 통해서 하나님언어에 대한 새로운 지혜를 찾아보기로 한다. 십자가의 성 요한의 저서 "깔멜의 산길"(최 민순 역, 성 바오로출판사, 1988)에 있는 그의 신앙 고백적인 글에서 〈하나님과 피조물〉의 차이점을 어떻게 이해해야 한다는 것을 아래와 같이 구체적으로 설명한다. 이것이 하나님언어개념 정립에 크게 참고가 될 것으로 생각하기 때문에 여기에 소개하려는 것이다.

다) 성 요한의 글은 아래와 같다.

"피조물의 모든 유(有)는 하나님의 무한 유(無限 有)에 비하면 무(無)일 따름이다 - 피조물의 모든 미(美)는 하나님의 무한 미(無限 美)와 견주어 볼 때, 더 없는 추물이니, 잠언의 말씀처럼 '고운 것도 거짓되고 아름다운 것도 헛되다'(잠31:30) - 이 세상 피조물의 온갖 선은 하나님의 무한 선에 비하면, 악(惡)이라 부를 수 있다. (사람들이 칭찬하는 선(善)한 것까지도 하나님의 선과 견주어 보면 하나의 악(惡)에 불과하다는 것) - 이 세상의 모든 지혜 및 인간

재능을 하나님의 무량하신 예지와 견주면, 순수 지극한 무지(無知)이다. (이것은 바울의 말씀처럼) '이 세상 지혜는 하나님 앞에 어리석음'-이라는 그대로이다(고전3:19)-하나님 앞에서 스스로 무엇을 안답시고 내세우는 저들은, 너무나 무식한 자들이니, 사도는 로마인들에게 '지혜로운 자들로 자칭하면서 어리석은 자들이 되었다' (라는 것과 같다)(롬1:22)-이 세상의 모든 낙(樂), 모든 재미를-하나님의 그 낙(樂)에 비하면, 지극한 고통(苦痛)이다. 세상의 모든 부귀영화는 하나님의 것에 비하면, 지극한 빈곤과 비참함이다. -세속의 각을 따라 아름다움과 사랑을 추구하기 때문에 스스로 추하고 비천하고 불쌍하고 가난한 자들이 되어버리는 사람들을 슬퍼하면서, 하나님의 예지, 잠언에서 다음과 같이 외치신다.' 사람들아-어떻게 살아야 할지 모르는 어리석은 자들아.(어린이들은 철이 들고) 어리석은 자들은 세상의 이치를 깨달아라. 미련하기 짝이 없는 자들아-슬기롭게 살아가거라-나는 진실을 말할 뿐 거짓을 모른다. -내가 하고 싶은 말은 올곧음, 바로 그것뿐이다 (pp.44-48)"

라) 이 글이 주는 '그 의미'를 정리해 본다.

십자가의 성 요한의 글을 통해서 이 글이 가지고 있는 참 뜻과 의미를 다음과 같이 정리해본다. 그리고 이 속에서 "하나님언어"에 관한 상식을 키우고 정리할 필요가 있다.

① 인간언어로는 '하나님의 실존'을 정확하게 설명할 수 없다

십자가의 성 요한은 '하나님과 인간'은 그 차원이 다르다는 점을 강조하고 인간언어로 하나님이나 하나님세계를 설명할 수 없다고 강조한다.

② '하나님과 인간의 분노'에 대한 인식도 새 차원에서 고려할
   것을 강요한다.

구약성경을 보면 '하나님의 분노와 심판'을 완전한 '인간적 용어'
로 설명하고 있다. 그래서 '하나님과 인간의 분노'가 동일한 것처럼
생각하게 한다. 이것은 인간이 '하나님언어'에 대한 상식과 이해부족
에서 나타나는 현상임을 새롭게 인식하게 한다.

③ '하나님 분노'는 인간의 최고선(最高善)보다도 '선한감성'이다.

하나님의 실존은 이렇게 다르다. 그의 감성세계는 인간이 상상조
차 할 수 없게 다르다. 그의 감성세계는 '절대사랑, 사랑자체'에 기초
하고 있기 때문이다. 하나님에게는 '악성감성'의 그림자조차 존재하지
않는다는 것이다. 이것은 상상도 해서는 안 된다는 말이다.

④ '하나님 분노'는 그의 사랑의 또 다른 표현이며, 사랑의 파도
   요, 함성이며, 진동이다.

성경에 있는 '하나님의 진노'를 어떻게 설명해야 하는가? 이것을
인간적인 분노차원에서 생각하면 안 된다. 하나님의 감성에는 '인간
적 미움'이 없기 때문에 하나님의 모든 행동은 '절대사랑의 터전'에
서 이루어진다는 사실을 철저하게 인식해야 한다. 이것을 다음의 예
화에서 「그 유사성」을 발견할 수 있을 것이다.

♣ 가령, 초등학교에 다니는 사랑하는 아들이 남의 가게에서 사과 한
   알을 훔쳐 먹었다고 할 때, 정상적인 어머니는 아들의 장래를 위
   해 <눈물의 회초리>를 들 수밖에 없다. 이 눈물의 회초리를 들고
   아들의 종아리를 때릴 수밖에 없는 그 어머니 가슴속에 들어가

보면, 하나님 진노의 실체와 '비슷한 것'을 느낄 수 있을 것이다. (이것은 엄마의 감성이 악성으로 변질되기 전까지만 선한 감성 (의분)임을 참고한다.) 하나님의 분노는 철저하게 '사랑'의 감성의 '색다른 표현'임을 인식해야 한다. 이것을 인간적 분노와 동일한 차원에서 생각하는 것은 하나님에 대한 모독이다. 하나님의 동작과 사건을 설명할 때에는 언제나 '하나님언어'를 연상하면서 신앙적이고 신학적인 풍토에서 해석해야 한다.

2) 인간적 의분이 존재한다.

인간에게도 '의로운 분노'가 존재한다. 이것은 의로운 감성이요 필요한 분노다. 이것이 인간을 '하나님의 형상'으로 창조된 인간이기 때문에 가능할 것이라고 생각할 수도 있다. 그러나 이 '의분'은 강한 제한을 받는다. 이것은 '악성감성'으로 변질하기 전까지만 의로운 분노로 인정한다. 악성감성의 먼지만 침투해도 그 순간부터 '의분'은 사라진다. 이 말은 '악성먼지'가 침투한 그 순간부터 '악성분노'로 다루게 된다는 뜻이다.

가) 인간적 의분은 정의감에 기초한 원칙적으로 〈선한분노〉다.

인간의 의분은 선한 분노다. 가령 종로 네거리에서 술에 취한 젊은이가 지나가는 할아버지에게 발길질을 했다고 할 때에 그 근방에 있는 사람들이 '의분을 폭발 한다'는 것은 선한 분노의 표출이다. 이것을 〈의분〉이라고 한다.

① 이 '의분'은 인간 사회에 있어야 할 〈필요한 분노〉다.

이 의분은 비합리적인 것, 부당한 처사, 비인간적인 행동 등에 대한 분노를 뜻한다. 이러한 의분은 인간 공동체의 아름답고 선하며 평화로운 사회구성을 위해서 절실하게 요청되는 필요한 분노다. 이것은 아름다운 인간생활을 위해서 절실하게 요청되고 있는 가치 있는 분노다.

② 이 의분은 〈생산적인 분노〉다.

인류사회의 번영과 발전과 행복에 도움을 주는 생산적 사건이다. 이 의분은 잘못된 것을 올바른 것으로, 악한 것을 선한 것으로, 비합리적인 것을 합리적인 것으로 바꾸고, 병적인 요소를 건강한 요소로 개조하는 데 도움을 준다.

나) 이 의분도 〈하나님의 분노〉와는 그 차원이 다르다.

의분이 선한 분노임에 틀림이 없으나 하나님의 분노와는 엄격하게 구분한다. 이것은 그 차원이 다르다는 점을 인식해야 한다. 인간의분은 하나님의 분노와 본질적으로 차이가 있다. 왜냐하면 하나님의 분노는 절대적 사랑에 기초한 것이다. 그러나 인간의 의분은 변화무상한 인간의 <상대적 감성>에 기초한 의로운 분노가 되기 때문이다.

① 의분은 〈변질의 가능성〉이 강하다.

모든 의분은 처음에는 정의감에서 시작했으나 그 정의로운 감성이 영구히 유지되지 않는다는 뜻이다. 의분은 시간과 함께 서서히 악성 감성으로 변질하게 된다는 점을 인식해야 한다. 필자의 경험으로 이 의로운 분노는 시간의 제한을 받는다. 이 의로운 분노는 시간과 함께 급속도로 변질한다는 것을 여러 번 경험했기 때문에 하는 말이다. 이 말은 의분은 장시간 유지 보관할 수가 없는 특색이 있다는 것을 뜻하는 것이다.

② 인간적 의분은 악성감성으로 '변질되기 전까지만' 의로운 것이다.

의분이 '선한 분노'라는 말은 악성감성으로 변질되기 전까지만 선한 분노가 된다는 뜻이다. 그러나 인간의분은 악성감성으로 변질 될 수 있기 때문에 하나님의 분노처럼 선한 분노로 지속될 수가 없다. 인간의 의분은 그 수명이 길지 않다는 것이 그 특색이다.

다) 이 의분은 〈인간적 분노〉와도 엄격하게 구분한다.

왜냐하면 〈인간적 분노〉는 시작부터 〈선한 감성〉과는 아무 관계가 없기 때문이다. 인간적 분노는 어두움과 악마성의 토양에서 출발한다는 점에서 차이가 있다. 그러나 '의로운 분노'는 출발점에서는 '의롭고 선한감성'에서 시작했다는 점에서 인간적 분노와 다르다.

3) 인간적 분노

가) 〈인간적 분노〉는 〈하나님의 분노〉와 그 차원이 다르다.

인간분노는 하나님 분노와 엄격하게 구분해야 한다. 성서 해석자가 범하기 쉬운 일차적인 잘못은 이 둘을 엄격하게 구분하려는 정신이 약하다는 점이다. 하나님의 분노와 인간적 분노는 그 토양 자체가 다르다. 하나님의 분노를 인간용어로 인간적인 차원에서 해석하는 것은 크게 잘못된 것이라는 것을 여러 번 강조한바 있으나 다시 한번 강조한다.

나) 인간적 분노는 대단히 복잡하나 두 가지로 대별한다.
〈분노〉라는 말속에는 여러 형태의 〈부정적인 감성들〉이 포함되어 있기 때문에 복잡하다. 심리학자들도 악성감성의 대표적인 것으로 '분노'를 지복한다. 성경에서도 동일하게 악성감성의 대표가 '미움과 분노'로 되어 있다. 그러나 이것을 두 가지로 대별할 수 있다.

① 첫째가 〈잠재적 분노〉다.
이것이 인간이 가지고 있는 특색 중 하나다. 이것은 사람의 '내면에 잠재' 하고 있는 것을 뜻한다. 그래서 이를 소극적이고, 비공격적인 분노라고 말하기도 한다. 사람에게는 수많은 가벼운 분노가 마음 속에 잠복하고 있는 경우가 많다. 이것이 외부로 발산하지 않은 것 뿐이고 사탄에게 속해 있는 악성감성임에는 틀림이 없다. 이러한 주장이 세속적인 견해나 심리학자들의 생각과 근본적인 차이가 있는 성경적인 주장이 된다.

㉠ 잠재적 분노는 불신앙과 환자가 되게 한다.
이 '잠복의 분노'는 때로는 자신에 대한 분노인 경우도 많다. 이것이 누적되면 <우울증, 무력감> 등 정신적 환자가 되게 하기도 한다. 이것은 또한 하나님의 사람이 되는데 방해요소가 되는 것 중 하나이다. 이것을 '의분' 과 엄격하게 구분하는 것은 시작부터 선한 것이 아니고 사탄의 시녀가 되어 있다는 점이다. 심리학에서도 인간불행의 중심요소가 미움과 분노라고 주장하는 것은 기독교의 견해와 동일하다.

ⓛ 에베소 4장의 "분을 내어도"에 대한 해석이 잘못되어 있다.

에베소4장 26절-27절에 *"분을 내어도 죄를 짓지 말며 해가 지도록 분을 품지 말고 마귀로 틈을 타지 못하게 하라"* 는 말씀을 잘못 해석한다. 이 성경을 "분노 자체는 죄로 인정하지 않고 범죄성과 연결만 안 되면 무방하다"라는 식으로 해석해서 자신들의 분노를 합리화 하려는 것이 일반적인 해석이다. 그러나 이곳에 있는 "분"은 "의분이나 잠재적 분노"를 뜻하는 것으로 해석하는 것이 성경전체 속에 있는 "분노의 개념"과 대비한 바른 해석이다. 만일 본문이 일반적인 해석처럼 "범죄성이 없는 분노는 허락된 분노다"라고 해석한다면 *"형제에게 노하는 자는-지옥 불에 들어가게 되리라"* *(마5:22)*는 예수님의 말씀과 배치가 된다. 그런고로 필자는 이 "분"은 '의분이나 잠재적인 분노'를 뜻하는 것으로 해석하려는 것이다. 이런 '잠재적인 분노도 오래도록 가지고 있으면 폭발적인 분노로 발전할 수 있다는 것이다.

② 둘째가 〈폭발적 분노〉이다.

이것은 외부로 나타난 '공격적 분노'를 뜻한다. 대인관계에서 표면화된 '미움, 질투, 적대 감' 등 모든 형태의 분노를 말한다. 이것은 〈사탄의 도구〉가 되어 있는 상태다. 필자가 언급한 '사탄의 도구' 혹은 '사탄의 첨단무기'란 말에는 이 '폭발적 분노'가 중심축이 된다.

이 분노에 대한 설명은 여러 곳에서 언급한바 있기에 여기서는 줄이려고 한다.

제 6 장

감성관리는 완벽하게 이루어진다

　　필자는 많은 사람들이 '분노와 미움' 등 악성감성에서 신음하고 있는 사람들이 시간과 장소를 초월해서 사람들을 괴롭게 하고 있다는 것을 잘 알고 있다. 필자 자신도 영성신학에 입문하기 전에는 그 지옥 같은 함정에서 고통스럽게 살아온 경험을 가지고 있기 때문에 실감할 수가 있다. 그리고 내 친구들의 생활현장에서 '미움과 분노, 질투' 등의 함정에서 신음하는 모습을 목격한 사례가 너무나 많이 있다. 독자 여러분! 여러분을 괴롭게 하는 '미움, 분노, 질투' 등의 악성감성은 없으십니까? 혹은 가정생활이나 사회생활에서 경험한 '악성감성'은 무엇이 있습니까? 자신이 느끼거나 혹은 본 것이 있으면 아래에 기록해서 여러분의 '감성관리'의 참고가 되도록 하시기를 바랍니다. 이것은 있는 그대로 기록해야 후에 참고가 됩니다.

내가 경험한 것이나 목격한 악성감성은?

① _____

② _____

③ _____

1. 자신을 〈감성관리 모델〉로 생각하고 이론과 방법을 찾는 노력이 필요하다

영성수련운동에서 가장 정확하고 편리한 모델은 자기 자신이다. 특히 감성문제는 다른 사람을 모델로 해서 훈련한다는 것은 적절하지 않다. 왜냐하면 감성은 90%가 비언어적인 요소라는 것이 일반 심리학계에서 공인된 내용이 되기 때문에 더욱 그러하다. 그래서 타인의 감성상태를 읽어내기가 대단히 어려워서 타인을 모델로 훈련한다는 것은 적합하지 않다는 것이 된다. 그러나 자신을 모델로 한다면 조금만 훈련하면 자기 자신의 감성상태는 정확하게 읽어낼 수가 있다. 그리고 이 방법은 어디에서나 그리고 언제든지 편리하게 활용할 수가 있다.

1) 나는 선천적으로 악성감성이 강한 사람처럼 느끼고 있었다.

필자가 영성신학에 입문하기 전에 각종 악성감성의 표출로 고통스러웠던 경험을 잊을 수 없다. 그래서 이를 위해 〈특별 금식기도〉까지 했었다. 이것은 내 의지적 노력이나 결심으로도 안 되기 때문에 '성령의 초월적 능력' 에 의존해서 치유해 보려는 신앙적 결단임을 뜻한다.

그러나 이러한 모든 방법은 내가 원하는 것처럼 근본적 치유가 안 되었다. 왜 안 될까? 그래서 깨우친 것이 '나는 선천적으로 많은 결함과 약점을 가지고 태어났기 때문' 이라고 생각했다. 악성감성 문제는 비단 나 자신의 문제만이 아니고 내 목회생활에서 교인들의 생활현장에서 일어나는 감성적 갈등과 충돌사건들이 나에게 신앙과 악성감성문제를 심도 있게 생각하게 해 주는 문제가 되었던 것이 사실이다. 그리고 이 악성감성문제 해결을 위해서 엄청난 노력을 했다고 기억된다. 그러나 만족할 만한 해답을 얻지 못했었다.

2) 인간은 악성감정에서 해방이 가능하다.

필자는 영성에 입문한 초기에서부터 인간의 정신적인 구조인 "지성, 감성, 영성"의 균형적 발전을 주장한바 있다. 필자의 첫 출판물인 "영성개발"(김 양환, 보이스사, 1991)에서 "균형 잃은 인간"의 모습을 그림으로 그려서 표시한 것이 있다(P.12-13) 지금 생각하면 필자가 영성신학에 입문하면서부터 인간의 정신세계의 문제점을 정확하게 인식하고 그리고 올바른 길을 선택했었다고 생각하면서 지금도 감사하고 있다. 필자가 17년 간 영성문제를 다루면서 인간문제 중에서 가장 크고 심각한 문제가 바로 정신적 기능의 "불균형 상태"라는 것을 후반기에 들어와서 다시금 새롭게 느끼면서 관심을 가지게 되었다. 그때부터 이 문제가 갈수록 강하게 인식하게 되고 있다. 그리고 하나님께서 필자에게 영성신학에 입문하면서부터 '정신적인 불균형'이라는 '핵심문제의 깨우침'을 주셨다는 것은 하나님의 특별한 은총이라고 생각한다. 만일 내가 1991년도에 쓴 "영성개발"의 초기(P.12-13)에서 언급한 "지성, 감성, 영성의 균형발전"과 관계있는 문제에 좀 더 철저하게 집중적으로 기도하고 탐색 연구하는 일에 전념했다면 "예수님의 감성학"이 더 빨리 나올 수 있었을 것이라는 생각을 해본다. 그러나 이것은 불완전한 인간이 가지는 하나의 상상에 불과하리라고 생각도 한다.

① 악성감성은 인간을 불행하게 해주는 주범이다.

이것이 일반 심리학자들이 인간생활의 사실을 중심으로 한 연구 실험에서 얻어진 결론이다. 인간들의 삶의 현장에서 '미움, 짜증, 분노 질투' 등은 일상생활에서 사람을 불행한 함정으로 빠지게 하는 주범이 되고 있다는 것을 모르는 사람이 없다. 그리고 가장 슬픈 이야기는 이러한 악성감성은 누구나 경험하는 '보편적인 감성'으로 인식하고 있다는 사실이다. 이것이 '불행의 주범'이라는 것을 인식하고 있으면서도 이에서 해방을 모색하려는 노력이 미약하다는 것은 무지의 산물이 아닐까? 많은 사람들이 이것을 하나의 운명처럼 생각하고 살아간다는 사실은 인간역사에서 있어서는 안 되는 하나의 비극적 드라마다. 더욱이 하나님을 믿는 기독교신자들이 악성감성의 함정에서 신음하며 살아간다는 것은 용납될 수 없는 사건이다. 전능하신 하나님의 자녀들이 어떻게 그렇게 살 수가 있는가? 이것은 어디엔가 크게 잘못된 부분이 있는 것이 사실이다. 그 잘못이 무엇일까? 이 책이 그 답을 줄 것이다.

② 한국교회는 악성감성에 대한 대책이 미약하다.

일반사회에서는 EQ심리학 등장이후 많은 지도자들이 감성문제에 새로운 관심을 가지게 된 것이 현실이다. 그러나 기독교 세계에서는 비교적 이에 대해 관심이 미약하다. 혹자는 "감성문제 운운하는 것은 세속적인 것, 불필요한 것, 신앙적 관심사가 아닌 것, 상대적인 인간의 부족함에서 나타나는 것처럼 생각"하기도 한다. 이러한 생각은 대단히 잘못된 생각이라는 것을 인식해야 한다. 이것이 얼마나 크게 '잘못된 생각'이라는 점을 이 책을 다 읽는 다음에는 구체적으로 그리고 분명하게 인식하게 될 것이라고 확신한다.

③ 필자자신이 감성관리가 되고 있는 것을 발견하였다.

필자가 영성운동에 몰두한 지 17년(06년 기준)이 되었는데 언제부터 감성관리가 되었을까? 그 동기가 무엇일까? 이것을 심사숙고 하면서 찾아내야 하는 것은 이것이 감성관리의 '노하우'가 될 수 있기 때문에 중요하다고 생각한다. 앞에서 언급한대로 '나 자신을 모델'로 해서 탐색하고 연구 실험하는 것이 되기 때문에 내 몸과 마음에서 일어나는 것들은 그대로 '방법론'이 될 수가 있다고 생각한다. 그러나 이런 말을 한다는 것 차체가 나에게는 즐거운 일이 아니다. 그러나 사람들에게 감성관리는 가능하다는 것을 적극 철저히 알리고 싶다.

♣ 필자는 자신의 '장점이나 자랑거리'를 말하지 않는 것이 좋다고 생각한다. 집사람이 언제인가 나에게 "당신은 감성관리가 된다는 것을 말하지 않는 것이 좋아요"라고 신신부탁을 한일이 있기도 하다. 사실은 나 자신도 평소에 설교자나 강사가 자신의 '장점이나 자랑거리'를 이야기 하는 것은 덕이 되지 않

을 뿐만이 아니라 인간관계에서도 도움이 되지 않는다는 것을 주장하는 사람이다. 그러나 해야 된다고 나 자신에게 내 마음에서 압력이 일어난다. 그 이유는 사람들이 이것을 믿어주지 않기 때문이다. 혹자는 이것은 〈불가능한 것〉으로 생각하는 사람도 상당수 있다는 것을 알고 있다.

㉠ 자랑거리처럼 들리게 되어서 미안한 느낌이 든다.

필자가 영성활동 생활에서 나 자신을 소개할 때가 조심스러운 것이 사실이다. 필자는 종종 이러한 이야기를 듣는다. "김 목사님! 불완전한 사람이 어떻게 완전한 감성관리가 가능합니까? 혹은 인간적인 잘못이 종종 나타나는 것이 삶의 맛이 있는 것 아닙니까?"라고 즐거운 항의성 질문을 듣게 되기도 한다. 이러한 질문은 말이나 동작으로 하지 않는다고 할지라도 청중들 마음속에서 이것과 비슷한 가벼운 항변이 있다는 것을 나 자신이 잘 알고 있다. 그래서 필자는 "감성관리는 된다."는 것을 확인하는 방법으로 '모델'인 나 자신을 소개한다. 그리고 사람들은 <구체적인 증거>가 없으면 믿으려고 하지 않는다는 것이 사실이다. 그래서 나 자신을 모델로 하는 '감성실험'에서 있는 그대로 제시해야 할 사명이 있기 때문에 불가불 자랑 아닌 자랑을 할 수 밖에 없다는 점을 이해해 주기 바란다. 이것은 자랑이 아니고 '사실'을 설명하는 것이라는 것을 강조해 둔다. 그러면서도 '송구하고 미안'하게 생각한다. 독자여러분! 너그러운 마음으로 용납해 주기 바란다. 내 증언은 다음과 같다.

㉡ 필자의 감성관리실험 증거는 다음과 같다.

나를 좋아하는 가까운 후배친구가 있다. 언제인가 그는 나에게

"김 목사님! 나는 이런 생각을 해본 일이 있습니다. 하나님께서 김 목사님에게만 특별한 은총을 주셔서 '감성관리가 되도록 했을 가능성이 있다'라는 생각을 했습니다. 이것은 다른 사람은 안 된다는 말이 되지요. 어떻게 생각하십니까?"라고 질문한 일이 있었다. 나는 즉석에서 그것은 참이 아니라고 단호하게 그 친구 말을 부정한 일이 있다. 그 친구의 말은 '자신의 감성관리가 잘 안되는 원인을 김 목사에게만 주신 특별한 은총'으로 생각하게 되었다는 이야기다. 이것은 아니다.

♣ 감성관리가 된다는 이야기는 사실이다. 필자는 공개강의에서 *"여러분! 나는 약1년 전(06년 기준) 언제부터인가 내 마음에서 가벼운 원망 같은 악성감정마저도 나타나지 않는다는 것을 발견하고 나 자신도 신기하게 느끼며 감사하게 생각하고 있습니다."* 라고 말한다. 그리고 또 필자는 학생들이나 수련생들에게 종종 이러한 증언을 하는 때가 있다. *"여러분! 내가 10년이 넘도록 '짜증, 신경질, 분노' 등이 한번도 없었다는 것은 감성관리가 된다는 증거가 될 수 있지요?"* 라고 하기도 한다. 이것은 "사람은 감성관리가 된다."는 것을 '입증'하기 위한 것이다. 사실은 필자가 이러한 증언을 하면서도 "내가 이렇게 까지 해야 하나?" 라는 자책감을 가지는 때도 많다. 이것은 필자가 사실을 증언하는 것이기는 하지만, 주목적은 수강생들에게 '감성관리가 된다는 확신'을 심어주기 위해서라는 점이다. 그리고 이것이 〈예수님의 감성관리 비법〉이라는 점을 인식하게 하는 일에 힘쓴다. 사실은 이 '신비한 비법'을 100% 활용하는 사람은 누구든지 동일한 결과가 나타나리라고 확신하는 것이 필자의 생각이다. 필자는 영성신학에 입문하기전의 생활과 현재의 나 자

신을 비교하면서 내 삶의 철학과 실상이 완전하게 달라진 모습을 나 자신도 느낄 수 있다. 언제인가 집사람이 "나는 요새 살맛이 난다."라는 말을 한 것이 기억된다. 나 자신도 "뜻이 있고 신나는 삶"이라는 것을 스스로 느끼며 살고 있다. 그리고 이것이 예수님이 제시하시는 '순수한 그의 비법'에서만 가능하다는 것을 재삼 강조한다. 이것을 우리가 사랑하는 우리 자녀들에게 전수해야 된다는 생각이 간절하다. 이 예수님의 비법을 전수해 주기만 하면 우리 자녀들이 평생 행복하게 살 수가 있다.

④ 말씀의 체질화가 되면 완성된다.

앞에서도 말한 것처럼 "내가 언제부터 감성관리가 되었을까?라는 것을 찾아내는 일에 정성을 다한 것이 사실이다. 그런데 이것이 예수님의 '감성적 방법론'을 새롭게 그리고 강하게 깨우치고, 말씀에 심취하고 압도를 당하게 하는 '말씀과의 만남의 체험'이 있었던 시기라는 점을 찾아내는데 성공했다. 필자는 이것을 〈말씀의 체질화 혹은 포로〉라는 용어로 설명하고 있다. 필자는 과거 40년 목회생활에서 '말씀의 체질화나 포로운동'을 한 경험이 없었다. 그래서 나는 목회에 성공을 한사람이 될 수가 없었다는 것을 가슴 아프게 생각하고 있다.

♣ 성경말씀 한절을 체질화 하는 것은 대단히 힘이 드는 작업이다. 이것은 〈지옥에서 천국으로 이동하는 작업〉이라는 점을 깨우쳐야 한다. 그래서 어려운 것이 당연하다. 이 점을 철저하게 인식해야 한다고 생각한다. 이것은 철저한 학습과 훈련이 필수라는 점을 인식해야 한다고 생각한다. 예수님의 비법은

'완성하게 함'에 매력이 있다는 것을 알아야 한다.

㉠ 말씀의 체질화가 된 상태는 어떠한 것일까?

이것은 그 말씀이 내 생각과 마음에서 떠나지 않고 머무르고 있는 동시에 이 말씀이 나 자신을 완전히 지배하고 이끌어주고 말씀에 코가 꿰어 있는 상태가 되어 있다는 뜻이다. 필자는 이 상태를 "시골에서 코가 꿰인 큰 황소를 어린소년이 제 마음대로 끌고 다니는 모습을 연상하면서 이것이 '체질화'와 비슷하다"라는 생각을 하게 된 것이다. 필자가 11년 가까운 시간 속에서 자신의 감성관리가 만족할 정도로 이루어지고 있다는 것은 〈신비한 사건〉임에 틀림이 없다. 왜냐하면 이것은 나에게는 하나의 기적 같은 사실이기 때문이다. 이것은 필자에게 있어서는 천지가 바꾸어지는 것과 같은 대 변동인 것이 사실이다. 어느 날 집사람과 함께 영성수련장에 간 일이 있었다. 그때에 한 수련생이 집사람에게 *"사모님! 김 목사님이 정말 신경질 같은 것을 1년 내내 내시지 않으십니까?"*라고 질문을 했었고, 집사람이 *"목사님은 화내시는 일 같은 것 전연 없으십니다."*라고 대답해서 한바탕 웃었던 일이 있었다. 사람들은 1년 내내 신경질 한번 없다는 것을 믿어지지 않는 것 같았다. 더욱 신비한 것은 마음속에서 일어나는 〈잠재력 분노〉도 나타나지 않는다는 것이다.

㉡ 부부간의 감성교환이 시금석이다.

그 사람의 감성이 관리되고 있느냐의 여부는 부부간의 감성교환에서 참과 거짓이 가려진다는 뜻에서 주목해야 할 과제라고 생각한다. 일반적으로 사람들이 집 밖에서는 사람과의 원만한 관계가 유지되지만 집에서는 잘 안 된다는 말을 한다. 이것은 당연하다. 지나가는 사람에게 화를 낼 필요가 없다. 자연스러운 감성교환은 가까운 사람 간에서 이루어진다. 그러기 때문에 부부관계에서 감성관리가 안 되면 그것은 관리가 안 된다고 보는 것이 정설이다. 모 사회사업에 종사하는 젊은 교역자는 나에게 이러한 말을 한 일이 있다. "목사님! 하루 종일 밖에서 여러 사람들로부터 시달림 받다가 집에 들어와서 사랑하고 믿는 집사람에게 한바탕 짜증도 내고 고함도 치고 해서 마음속에 있는 '화 덩어리'를 쏟아내야 시원해서 내일을 준비할 수 있는데 집사람에게마저 신경질을 부리지 말라고 하면 세상을 어떻게 살아가라는 말씀이십니까?"라고 정색해서 질문을 받은 일이 있다. 이런 것이 크게 잘못된 생각이라는 점을 명심해야 한다.

ⓒ 말씀 '한절'을 체질화하는데 3개월의 시간이 필요하다.

필자가 나 자신을 모델로 실험한 결과 다음과 같은 결론을 얻어 냈다. 성경말씀 한절을 체질화 하는데 대충 3개월이 필요하다는 결론을 얻게 된 것이다. 이것을 다른 사람에게 적용해 보아도 비슷한 결과가 나타났다. 가령 요일3장 15절을 매일 10번 이상 암송하고 그리고 매일 틈틈이 이 말씀을 생각하면서 3개월 정도 말씀과 씨름하면서 생활하게 되면 틀림없이 '말씀의 체질화'가 된다고 생각하는 것이다. 그런데 우리의 관심은 체질화냐? 다독주의냐?

♣ 한국교회는 체질화보다는 〈다독주의〉에 더 큰 매력을 느끼고 있다.

그동안 한국교회는 대부분이 '다독주의'에 매력을 느끼고 있었기 때문에 '체질화'와는 정반대의 길을 걸어온 것이다. 우리는 100년이 넘도록 다독주의를 실천해 보았으나 별로 좋은 열매를 얻지 못하고 있는 것이 현실이다. 필자는 강력하게 촉구한다. 이제는 생각을 바꾸어야 한다고 생각한다. 그래서 어린이 주일하교 학생들에게 "한절 말씀 체질화를 적극적으로 그리고 교단적으로 실천하라"고 강조하고 싶은 것이 현재의 내심정이다. 그래야 "말씀의 체질화가 이루어져서 말씀으로 생활하는 신앙인을 길러낼 수가 있다."는 것이 17년 영성운동에서 얻은 결론이다. 필자가 아래항목에서 다루고 있는 "5분 명상훈련"에서 10절의 성경말씀을 제시하고 있다. 이것이 감성관리 기본 성경말씀 2절과 산상보훈 8절을 선별한 것이다. 이 10절 말씀만 체질화가 되기만 해도 예수님이 바라는 성숙한 신앙인이 될 수 있다고 확신하고 있기 때문에 이러한 주장을 하게 되는 것이다.

2. 신앙적인 삶과 묵상, 관상기도는 밀접한 관계가 있다

기도가 무엇인가? 유한적인 인간이 어떻게 '초인간적이고 초월하신 절대자 하나님'과 교류가 가능한가? 그래서 기도가 필요하다. 기도는 하나님과 교류하면서 하나님과 더불어 생활하는 사람이 되기 위한 과정이라고 할 수 있다. 기도는 '성령님과 말씀'이 기도하는 사람과 함께 동원된다. 이것이 유한적인 존재인 인간이 하나님과의 교류가 가능해지고 하나님과의 대화가 가능하게 해 준다. 그래서 하나님의 지배 밑에서 하나님의 뜻을 실천하는 하나님의 동역자가 될수가 있다. 그러기 때문에 기도 없이 신앙적인 생활을 할 수가 없다. 하나님과 교류하기 위한 유일한 방법이 기도뿐이다. 기도는 사람의 일방적인 행동이 아니다. 이것은 '독백'이지 대화가 아니다.

그래서 기도에는 몇 개의 단계가 있을 수밖에 없다. 그리고 가장 중요한 것은 하나님을 대신한 '성령과 말씀'이 인간 세상에 현존하고 있다는 점과 이 성령과 말씀이 기도하는 사람의 마음에 임재해서 하나님과 접근할 수 있도록 도아주시고 있다는 것을 믿어야 한다. 기도학에서 강조하는 것은 기도는 성령과 말씀의 협조를 받아서 하나님과의 교류와 대화가 가능하게 한다는 점을 인식해야 한다는 점이다.

1) 개신교의 역사적 과오는 전통적 기도학의 외면이다.

개신교 500년 역사 속에서 신학교 교육과 교회 프로그램에서 전통적인 기도학에 속하는 '묵상과 관상기도'를 소홀하게 생각하고 처리한 것은 크게 잘못한 것 중 하나다. 우리 개신교의 창시자 루터와 칼빈 할아버지는 전통적 기도학을 전수받은 전문가요 탁월하고 신앙적인 신학자들이신데 왜 이것을 후계자들에게 전수하시는 작업을 하시지 안 하셨을까? 아무리 생각해도 이해가 안 된다. 물론 우리가 상상할 수 없는 이유가 있을 것이다. 전통적인 기도학은 신학적으로 정리가 잘되어 있다는 점을 인식할 필요가 있다.

① 개신교 기도운동에는 문제점이 있다.
필자의 영성수련생 중에 악성감성에서의 해방을 위해 〈40일 금식기도〉를 한 사람이 몇 사람 있다. 40일 금식기도는 생명을 담보로 하는 가장 어려운 초인적인 기도운동이다. 그러나 저들의 고백은 '40일 금식기도로도 악성감성에서의 해방이 되지 않는다.'는 것이다. 왜 그런가? 그 원인을 기도학에서 찾아야 한다. 개신교에서는 구송기도만

고집한다. 그리고 40일 금식기도도 개신교적인 구송기도의 범주에 속하는 〈미완성 기도〉라는 점이다, 그래서 40일 금식기도로도 악성감성에서 해방이 안 되는 것임을 입증해 주는 사건이라고 할 수 있다.

② 기도의 완성은 '묵상과 관상기도'의 단계에서 이루어진다. 이 단계에 들어가야 하나님으로부터「듣고, 얻고, 느끼고, 깨닫고, 만나고 등」의 신앙적 사건이 발생할 수 있고 기도의 완성에 도달할 수 있다. 이것은 지도자들이 반드시 거쳐야 할 필수과정이라고 생각한다. 이것이 없이 기독교 기도운동의 지도자가 될 수 없다. 성경 묵상 기도훈련은 평신도 지도자들에게까지도 전수해야 된다고 생각하는 것이 필자의 생각이다.

2) '감성관리 방법'을 예수님이 새롭게 개척하셨다.

필자가 소개하는 '감성관리 방법'은 '예수님이 개척'한 새로운 것이라는 것을 '관상기도'에서 깨우쳤다는 것은 암시해 주는 의미가 많다. 이것은 필자에게 관상기도의 필요성을 절감하게 해준 것 중의 하나다. 필자가 주장하는 것 중에서 신앙적이고 신학적으로 해석하기 어려운 문제들은 대부분 관상기도에서 응답받은 것이나 체험한 것들이다. 내가 영성신학에 입문하기 전 '수십 년 간'「마태 5정 21-24절」을 100번 가까이 정독했었을 것이라고 예상한다. 그러나 관상기도에서 얻은 '깨우침의 체험'과 비슷한 것이 한 번도 없었다는 것은 관상기도의 필요성을 말해주는 것이 된다. 그리고 특히 예수님이 제시하시는 감성관리를 위한 성서적인 〈새로운 방법〉은 전 기독교교인들에게 전수받도록 해야 한다는 것이 필자가 가지고 있는 확고한 믿음이다. 왜 그런가? 이것이 없이 복음적인 "행복한 신앙인"이 될 수 없다고 확신하고 있기 때문이다. 개신교인들이 익숙하게 생각하는 〈부르짖는 기도〉만 가지고는 하나님의 소리나 뜻이나 생각을 얻어낼 수가 없고 말씀 속에 숨어 있는 하나님의 '마음의 소리'를 찾아낼 수가 없다. 그래서 기도학에서는 부르짖는 구송기도를 한 다음에 조용히 침묵하고 하나님의 응답을 '듣는 기도'인 '묵상과 관상기도'의 과정을 거쳐야 기도가 완성되는 것이라는 것을 강조하는 것이다. 하나님과의 관계에도 단계가 있다는 점을 철저하게 인식해야 한다는 것은 무리한 요구가 아니라고 생각한다. 관상기도의 '맛'을 느끼면 친근감을 느낄 수가 있다고 생각한다.

3) 묵상과 관상기도는 '예수를 닮게' 하는 데 기본 목적이 있다.

현대교회가 '인식과 실천'이 일치하지 않는 것은 '묵상과 관상기도의 빈약함'에 그 원인이 있다고 생각한다. 특히 하나님의 말씀에 압도당하고 포로가 되게 하는 작업은 성경묵상기도 훈련이 필수적인 요건이라는 것을 절실하게 경험하고 있다는 점을 강조한다. 예수님을 닮는다는 것은 지성적인 동화(20%)와 마음(감성과 영성)의 동화(80%)를 뜻한다. 그러기 때문에 감성적인 동화작업은 대단히 중요하고 필요한 신앙적 작업임을 알아야 한다. 교회가 이러한 신앙적 수련운동을 적극적으로 수용해서 감성적인 지옥에서 고통을 당하고 있는 사랑하는 신앙적 가족을 구출해서 복음적인 행복한 생활자가 되도록 한다는 것이 얼마나 감격스러운 기독교운동인가? 이렇게 아름답고 고귀한 신앙운동이 어디에 있는가? 이 세상에는 감성적 지옥에서 신음하는 사람들이 사막의 모래알처럼 많이 있다는 것을 모르는 사람이 없다. 그렇기 때문에 교회가 이 일을 담당해야 한다는 것이 필자가 가지고 있는 신념이다.

3. 감성계발의 구체적인 방법은 다음과 같다

전 세계적으로 감성계발을 위한 훈련자료나 프로그램이 빈약한 것은 모든 사람이 알고 있는 사실이다. 특히 한국에는 백지상태라는 것이 틀림이 없는 사실이라고 생각한다. 우리가 살고 있는 삶의 현장에는 지옥적인 감성세계에서 신음하고 고통을 당하고 있는 사람들이 너무나 많다. 저렇게 많은 영혼들을 방치하고 있다는 것은 역사적인 비극이라고 할 수 있다. 필자가 깨우친 '예수님의 새로운 방법'은 이러한 모든 사탄적인 악성감성에서 완벽하게 해방이 가능하다는 점을 제시하고 있다는 것을 숙지하는 것이 필요하다. 우리는 우선 감성계발에 새로운 관심을 가지기 바란다.

1) '가슴'으로 생활하라, '가슴의 예수화'는 역사적인 요청이다.

한국교회의 문제 중 하나가 '가슴의 예수화'가 미약하다는 점이다. 머리는 예수님 사상으로 가득 채워져 있어서 예수님과 비슷한 상태가 되어 있기 때문에 '지성적 예수화'는 성공하고 있다고 할 수 있다. 그러나 가슴은 예수님의 가슴을 소유하려는 '노력'조차 미약함이 현실이다. 그래서 우리는 가슴의 예수화에 새로운 각성을 촉구해야 한다고 생각한다. 우리는 매일 생활 속에서 가슴으로 생활하는

‘의식적인 노력’이 필요하다고 생각한다. 그 기초적 학습방법은 다음과 같다.

① 찬송가를 가슴으로 부르게 한다.

이것은 찬송가 가사를 가슴으로 ‘느끼며 부르라’는 말이다. 찬송가도 가슴으로 느끼면서 여러 번 반복해서 부르게 되면 우리의 마음이 옥토로 변하는 방법 중 하나가 된다. 이것은 찬송가를 습관적으로 뜻 없이 기계적으로 부르지 말라는 뜻이다. 언제인가 집사람이 “가사를 느끼며 부르면 눈물이 나서 민망할 때가 있다”라고 한 말을 기억한다. 이것이 바로 가슴으로 찬송을 부르는 한 예가 된다. 이것이 기독교적인 ‘감성계발’의 한 방법이 된다는 것이 필자가 경험하고 그리고 강조하는 내용 중 하나다. 우리가 찬송가를 부를 때에 ‘의식적으로’ 가사내용을 음미하면서 그리고 새김질하면서 부르라는 뜻이다. 이것은 뜻 없이 기계적으로 입술로만 부르는 것과는 엄청난 차이가 있다는 것을 부인하는 사람이 하나도 없다.

② 성경을 가슴으로 읽게 한다.

이것은 가슴으로 느끼며 읽으라는 것이다. 이것이 예수님의 가슴을 느끼고 체험하는 방법이 된다. 이 부분은 “제10장 10.성경묵상의 요령과 방법”에서 상세하게 설명하고 있으니 참고하기 바란다. 성경을 ‘가슴과 마음’으로 읽는 습관은 대단히 필요하다.

③ 예배를 가슴으로 드리고, 생활을 가슴으로 하라.

특히 ‘설교’를 가슴으로 듣는 훈련을 해야 한다. 혹 설교자가 적절치 못한 설교를 한다고 해도 그것이 내 ‘가슴을 아프게’ 할 수는 있으나 '시비나 비판'의 대상으로 나타나지 않는다. 설교는 사람의 입을 통해서 전달되기 때문에 여러 가지 인간적인 결함이 동반할 수 있다. 그래서 내 마음에 들지 않는 부분이 있을 수 있다. 그래서 인간적 요소나 동작은 중요시 하지 말고 "성경말씀"만 받아드리는 훈련을 해야 한다. 그렇게 하면 모든 설교를 은혜로운 것으로 수용할 수 있게 된다. 설교를 들어야 하는 이유는 하나님의 말씀을 통한 하나님과의 대화와 관계개선이 가능하기 때문이다. 그리고 또 사람들과의 대화도 가슴으로 하는 습관을 길러내는 것은 대단히 아름다운 인간관계를 형성하는데 도움이 된다. 사실은 대부분의 사람들이 가슴으로 생활하고 있다. 한 예를 들면, 모든 엄마들은 사랑하는 아기를 접할 때에 머리로 사랑하지 않고 가슴으로 사랑한다. 그리고 한 살짜리 아기도 사랑에 대한 이론적 구성은 되어 있지 않으나 그의 가슴은 엄마의 사랑을 느끼고 있다. 이것은 인간이 가슴으로 살도록 되어 있다는 대표적인 증거다. 그런데 신앙생활은 가슴보다는 머리로 하고 있는 것이 현실이다. 왜 그런가? 이것은 습관과 학습 훈련의 문제에서 나타나는 결과라는 점을 인식할 필요가 있다. 다시 말하면 이것은 후천적인 생활 습관이 머리로 신앙생활을 하도록 만들고 있다는 뜻이다. 이 책임은 신학교 교수들과 교역자들에게 있다는 점을 심각하게 생각해야 한다는 것이 내 주장이다.

2) 예수님은 '분노(미움)는 사탄의 속성이다'라고 강조하신다 (마5:21-24).

사탄의 이야기가 왜 필요한가? 필자가 출판한 제3권 제1장에서 "사탄의 신학"을 설명한 글이 있다. 내가 영성신학에 입문해서 느낀 것은 개신교에서는 '사탄의 신학'에 대한 매력이 없다는 것을 강하게 느끼게 되었다는 점이다. 나 자신이 '사탄의 신학'에 관심이 없었다는 것으로도 부분적인 증명이 될 것이다. 그러나 영성신학에 입문해서 '사탄의 신학'이 대단히 중요하다는 것을 감지하게 되었다. 예수님 자신이 마태복음 4장에서 "그때에 예수께서 성령에게 이끌리어 마귀에게 시험을 받으러 광야로 가사"(마4장1절)라고 되어 있다. 이것은 예수님 자신이 광야 40일 금식수련 시에 '성령과 사탄'과 동행했다는 것이고 사탄의 시험을 받았다는 내용이다. 이것은 주님의 추종자들에게 "이 세상에서의 삶은 언제나 '성령과 사탄'이 동행한다."라는 산 교훈을 전해주는 생생한 살아 있는 교훈적인 사건이다. 이것은 또한 '사탄의 신학'이 절실하게 필요하다는 것을 암시하는 말씀이기도 하다. 그래서 '사탄의 신학'을 무시할 수가 없다. 예수님의 교훈도 사탄의 신학을 무시하고 설명할 수가 없다.

① 〈미움은 사탄의 속성〉임을 '체질화'가 되게 하라.

예수님의 감성이 '체질화'가 되었다는 것은 '예수님의 가슴'을 소유하고 있다는 말이 된다. 그 반대로 사탄의 감성이 체질화가 되었다는 것은 '사탄의 가슴'을 가지고 있다는 말이 된다. 예수님은 '악성감정의 악마성'을 지상에서 가장 강하게 역설하신 분이시다. 왜 이렇게까지 심한 말씀을 하시게 되었는가? 그 근본적 이유는 가벼운 악성감성마저도 '사탄의 도구'가 되기 때문이다. "미움은 사탄의 속성"임을 '체질화'가 되게 한다는 것은 무엇을 뜻하나? 체질화가 안 되면 말씀의 지배를 받을 수가 없기 때문이다. 이것은 이 말씀이 내 삶에 아무러한 영향도 미치지 못한다는 말이다. 체질화란 내 마음판에 심어져서 내 생명의 한 부분이 되었다는 말이다. 이렇게 된 후에만 나는 그 말씀에 이끌리어 살게 되고 말씀에 순종하는 하나님의 사람이 되는 것이다. 체질화 문제는 다른 곳에서도 설명하게 될 것이기 때문에 이곳에서는 줄인다.

② 예수님은 이 말씀이 '마음판에 조각' 되기를 원하신다.

그래서 그처럼 강하게 언급하셨다. 감성은 하나님과 사탄이라는 '초 인간적 배후세력'에 의해 조정 지배되고 있다는 것을 수용하고 믿는 것이 중요하다. 이것이 예수님의 생각이시다. 이렇게 교인들 마음 판에 말씀을 조각해서 말씀의 체질화가 되게 하는 것이 목회자의 사명이다. 이것을 못하면 성공한 목회자가 될 수가 없다. 왜냐하면 나 자신이 그렇게 못해서 실패한 목회자가 되었다고 자인하고 있는 것 이 증거다. 필자가 40년 목회생활에서 뼈저리게 반성하고 있는 부 분이 바로 교인들 마음판에 말씀을 조각하는 작업을 알지 못해서 실천하지 못한 것을 크게 깨우치고 있기 때문에 독자들에게 감이 이러한 고언을 하게 되는 것이다. 목회의 가장 큰 사명은 한 절 말 씀이라도 교인들 마음판에 조각해서 〈체질화〉가 되도록 하는 목회 철학에 새로운 변화가 있어야 한다고 생각한다.

③ 이 말씀이 〈체질화〉가 되면 '사탄의 그림자'가 보인다.

필자는 수련생들에게 말씀이 체질화가 되거나 마음판에 조각이 되었다면 그 구체적인 '증거'가 있어야 한다고 강조한다. 그 증거가 무엇인가? 필자는 이렇게 설명한다. 만일 우리가 "그 형제를 미워하 는 자마다 살인하는 자니 살인하는 자마다 영생이 그 속에 거하지 않는다."(요일3:15)라는 말씀이 체질화가 되어 있다고 가정하면 삶 의 현장에서 "미움의 감성"이 나타난다면 그 순간 "미움은 사탄의

도구다" 혹은 "미움은 사탄의 속성이다, 혹은 미움은 살인이다"라는
명패나 인식, 혹은 느낌 등이 나타난다. 이것이 안 되면 아직 그는
'체질화'가 안 된 증거라는 것을 인식해야 한다. 이것을 '사탄의 그
림자'라는 말로 설명할 수도 있는 것이다. 그래서 사탄의 침투를 미
리 차단하고 대비할 수 있기 때문에 사탄과의 싸움에서 승리할 수
있다. 이것은 수련생들과의 수많은 실험을 통해서 입증되고 있는 내
용이다. 그래서 나는 수련생들에게 사탄의 그림자가 보일 때까지 한
절 암송을 계속하라고 권장한다.

3) 〈말씀의 포로가 되라〉 그렇게 되면 악성감정에서 해방이 가능해 진다.

필자는 앞에서 '말씀의 체질화'를 강조한 일이 있다. 이 체질화와
비슷한 결과가 나타나는 것이 '말씀의 포로'가 되는 일이다.
이것은 말씀에 의해 완전히 사로잡힌 상태를 말한다. 그리고 말씀의
지배를 받는다는 말이 된다. 이것이 말씀의 포로가 된 상태다. 이러한
이야기를 반복해서 강조하는 것은 '말씀에 끌려 다니는 생활'이 너무
나도 소중하고 신기하기 때문에 재삼 언급하게 된다는 점을 이해하기
바란다.

① 포로가 되면 말씀이 꿀같이 된다.
성경에 "꿀 같이 달다"(겔3:2-3, 계10:10, 시119:103)라는 내용이
있다. 이것이 '말씀의 포로'가 된 증거요 마음상태다. 이러한 점에서
〈마 5:21-24이나 요일3:15〉이 꿀처럼 달다는 느낌이 있어야 한다.
필자의 경험으로 영성신학 입문 전에는 '요일3:15' 등이 나를 '고통스

럽게, 때로는 슬픔'을 느끼게 해 주었다. 이 말씀에서 한없는 '쓴맛'을 경험했었고 도망가고 싶은 느낌을 받았다. 그렇게 강하게 부정적인 감성이 발동하기도 했다. 나는 때로는 이러한 말씀이 거룩한 성경에 있어서는 안 되는 말씀처럼 생각하고 거부감을 느끼는 때도 있었다. 이것이 말씀에 포로가 안 된 사람의 마음상태다. 그런데 나는 언제부터인가 이 말씀이 '꿀보다도 더 달다'는 느낌을 받으면서 때로는 이 말씀이 존재한다는 자체가 '감사의 눈물'을 나오게 해 주기도 한다.

② '말씀의 포로는 체질화'와 비슷한 결과가 나타난다.

가령「요일3:15」암송할 기간에 악성감정이 나타나게 되면, '사탄의 그림자, 혹은 미움은 살인이다' 등의 명패나 인식 혹은 느낌 등이 나타난다. 이것이 안 되면 그는 아직 말씀의 포로가 되어있지 않다는 증거다. 이것은 훈련을 계속하라는 명령어다.

③ 각종 악성감성의 표출을 훈련기회로 삼으라.

사람에게 각종의 악성감성이 표출하게 되면 이것은 하나님께서 제공해 주시는 <감성계발 훈련기회>라고 생각해야 한다. 그래서 가령<짜증이 나타나면> 즉각 "훈련기회가 왔다"라고 반기면서 훈련을 실시하라는 뜻이다. 이 말은 가령 분노심이 나타나면 즉각 요일3장 15절을 암송하면서 내 마음에서 분노심이 살아질 때까지 찬송을 부르고 기도하면서 마음의 정화를 만드는 작업을 해야 한다는 뜻이다. 이것은 악성감성이 나타날 때마다 반복해서 학습기회로 삼아야 감성계발 능력이 발전해서 <악성감성의 정복자>가 될 수 있다는 말이다. 이것은 꿈이 아니고 사실로 나타날 수 있다는 것을 많은 수련생들이 입증하고 있다는 사실을 믿기를 바란다.

4) 교인들의 감성관리 훈련 경험을 축적하라.

사람이 소중한 것을 가지고 있으면 옆 사람에게 나누어 주려는 것이 아름다운 행동인 것처럼 지옥에서 천국으로 갈 수 있는 비법을 가지고 있다면 사랑하는 친구에게 나누어주는 것이 정상이다. 이러한 차원에서 감성관리 프로그램을 전수 받은 사람은 즉시 옆 친구나 교인들에게 전달하는 행동을 개시하는 것이 정상이다. 그리고 이러한 전달과정에서 가장 큰 혜택을 받는 사람은 전달해 주는 강사 자신이다. 이 말은 강의와 훈련을 거듭할수록 전달하는 강사의 감성계발 능력이 상상이상으로 발전한다는 사실이다. 그래서 "교인들의 감성관리 훈련 경험을 축적하라"고 권장하게 되는 것이다.

① 잘못된 겸손이 있을 수 있다.

필자가 장기간 이 수련프로그램을 집행하면서 경험한 것은 수련생 중에 지나치게 겸손하거나 소극적인 사람은 자신의 교회에서 이 프로그램을 실시하지 않는다는 것을 알게 되었다. 주된 이유가 '내가 아직 부족하다'는 생각 때문이다. 이것은 대단히 잘못된 겸손이다. 그리고 이러한 소극적인 사람은 그자신의 감성관리 능력이 아주 느리게 발전하는 것을 알게 되었다. 이러한 사실은 지도자들이 깊이 있게 고려해야 한다고 생각한다. 그러나 그 반대로 적극적인 사람, 즉 오늘 배운 것을 내일 교인들에게 전수해 주는 사람은 급속도로 발전하는 모습을 발견할 수가 있었다. 하나님께서는 이러한 사람에게 특별한 축복을 해 주시는 것으로 믿게 되었다.

② 교인훈련은 자기 자신의 발전에도 큰 도움이 된다.

필자가 초기 17년 전에 수련생들에게 '영성수련 학습'을 전달해 주는 과정에서 나 자신이 하나님과 말씀의 축복을 받고 있다는 사실을 수 없이 경험하고 있었다. 그리고 감성계발 프로그램도 수련생들에게 전달해 주면서 나 자신이 감성관리 능력이 발전하는 모습이 감지되는 것을 실감할 수가 있었다. 그래서 필자는 나 자신의 경험을 토대로 수련생들에게 "훈련경험을 축적하라"고 권장한다. 이것이 지도자 자신에게도 '감성관리 발전'에 큰 도움이 되기 때문이다. 강사는 말씀을 전하면서 말씀과 친숙해지고 그리고 말씀의 영향을 받는다.

5) 〈5분 명상훈련〉을 활용한다.

5분명상은 필자가 하나님의 사랑과 은총을 체험한 것들 중에서 가장 빛나는 선물이라고 생각한 것이 오래 되었다. 왜냐하면 시간이 흐르고 수련생들에게 전수하면서 그 필요성과 가치성을 절감하고 있기 때문이다. 이것은 누구나 할 수 있는 간편하면서 유용하고 좋은 성과를 기대할 수 있기 때문이기도 하다. 특히 〈말씀의 맛〉을 느끼게 하는 일에 결정적 역할을 할 수 있다. 그 동안 주신 하나님의 축복과 은총 중에서 가장 소중한 것이 "5분 명상훈련"이라는 것을 지금도 감사하고 있다.

① '5분 명상'의 필요성을 깨우친다.

일반 대중을 상대로 하는 신앙운동은 우선 '단순한 것'이 필요하다. 복잡한 이론이 전제가 되면 대중운동이 될 수가 없다. 그리고 누구나 할 수 있는 '간편한 방법'이 되어야 한다. 그 다음에는 동일한 효과가 나타나야 한다고 생각한다. 그런데 〈5분 명상훈련〉은 이 세 가지 요건을 만족하게 할 수 있는 것이라는 점에서 전 교인들에게 보급할 수 있다고 생각한다.

㉠ 이것은 너무나 '단순'하다. 그러나 「단순한 것」이 대중화와 친근감에 큰 도움이 된다. 사실은 성경에 있는 '예수님의 훈련방법'은 대단히 단순하고 소박하다는 점과 맥을 같이 한다.

㉡ 이 방법은 '말씀과 성령과 마음의 만남'을 가능하게 해 준다. 이처럼 선택된 말씀을 주님 앞에서 장기간 반복〈암송〉하는 것은 영성적 사건을 일어나게 하는 중요한 방법이다.

㉢ 5분명상은 〈말씀의 체질화와 포로〉가 되게 하는 것이 주목적이다.

한국교회가 〈성경 다독주의〉(성경 많이 읽기)에 엄청난 관심과 매력을 느끼고 있는 것이 현실이다. 내가 아는 사람은 성경 50번 읽기를 강조하는 사람이 있다. 그러나 그 사람의 신앙생활은 신통하지 않다. 왜 그런가? 이것이 '다독주의'가 가지고 있는 결점이다.

♣ 다독주의는 체질화에 큰 도움이 안 된다는 것을 깨우치기 바란다.

이것은 '성경을 많이 읽는 것을 반대한다.'는 뜻이 아니라는 점을 강조한다. 필자의 장구한 영성수련 운동을 통해서 깨우친 것은 성경 한절을 가지고 3개월 정도 씨름하면 체질화와 말씀의 포로가 된다는 것을 여러 사람을 상대로 적용 실시해서 성공한 경험을 가지고 있다. 이것은 우리가 교인들을 어떻게 교육하고 훈련 시켜야 하는가에 대한 분명하고 확실한 증거가 된다. '말씀의 체질화는 지상명령'

이라고 생각한다. 이것은 '체질화에 역점'을 둔 다음에 성경을 많이 알고 기억하게 하는 정책을 세우라는 말이다. 그러나 다독주의만 고집하면 신앙생활의 완성을 위해서 큰 도움이 되지 못한다. 가장 시급하고 중요한 것은 "말씀의 체질화와 포로"가 되게 해서 그 사람이 말씀에 의해서 완전히 이끌려서 살아가는 사람이 되게 해야 한다는 말이다. 그러면 어떻게 체질화와 포로가 되게 할 수 있을까? 필자가 17년간의 수련경험에서 깨우친 것은 구체적인 수련 방법과 철학이 있어야 한다는 것이다. 필자가 요일3장15절이나 마태 5장 21-24절을 집중적으로 생각하면서 살아가고 있는 동안 자연스럽게 이 말씀이 내 생각과 마음에서 떠나지 않는 느낌을 받았다. 그래서 "아 이것이 체질화로구나!"하는 것을 직감했다. 그리고 이것이 말씀의 포로가 되는 것이라는 것도 깨우치게 된 것이다. 이것을 수련생들에게 적용해 보아도 동일한 성과가 이루어지는 결과가 나타난다. 그래서 필자가 아래에서 제시하는 10절만 체질화가 되고 말씀의 포로가 되게 한다면 예수님이 가르쳐 주신 말씀대로 살아갈 수 있는 예수님의 참 제자가 될 수 있다고 믿게 된 것이다.

② '5분 명상'의 '성경내용'은 다음과 같다.

이것은 '5분기도'를 뜻한다. 그렇기 때문에 기도의 특색을 동원해야한다. 마음을 고요하게 한 다음에 말씀에 정신을 집중한다. 그리고 성령의 협조를 요청한 다음에 말씀을 암송한다. 이것이 '말씀으로 기도하기'라는 점을 인식해야 한다. 성경말씀 내용을 음미하면서 천천히 암송한다. 그리고 10번 이상을 계속해서 매일 암송한다. 이것이 체질화가 될 때까지 암송하는 것이 원칙이다. 앞에서 설명한 대로 '한절을 체질화'하는 되는 3개월 정도의 시간이 소요된다는 것을 기억하고 암송에 임해야 한다고 생각한다.

㉠ 〈요일3:15 〉 *"그 형제를 미워하는 자마다 살인하는 자니* (이 부분을 암송할 때는 왼손에 사람그림을 들고 오른손에는 칼을 들고 칼로 사람 그림을 찌르는 동작을 취한다. - 이 동작은 나약한 여자에게는 하지 않는 것이 좋다) *살인하는 자마다 영생이 그 속에 거하지 아니하는 것을 너희가 아는 바라"* 를 하루에 10 번씩 4주 이상 계속한다. 이곳에서 '4주 이상'이라고 한 것은 우선 4주정도 실시한 다음에 계속할 것인지 다음 것을 암송할 것인지를 결정하라는 뜻이다. 4주해서 특별한 반응이 나타나는 사람이 있기 때문이다. 가장 중요한 것은 '체질화'가 되도록 해야 한다는 점이다. 그래서 암송시간은 각자가 조절할 수 있다.

㉡ 〈마5:21-22〉 간추린 내용 *"형제에게 노하는 자, 라가라 하는 자는 지옥 불에 들어가게 되리라"* 를 동일 방법으로 4주 이상 계속한다.

㉢ 〈마5:3〉 *"심령이 가난한 자는 복이 있나니 천국이 저희 것임이요"* 를 하루 10 번씩 4주 이상 「깨우침」이 있을 때까지 계속한다.

이 깨우침은 「심령의 가난」이라는 단어가 자신의 현실적인 삶과 직결되는 '구체적인 용어나 느낌' 등으로 내 마음에 나타난다. 한 예로 「마음의 비움」, 무아상태」 혹은 「청수나 백지」 같은 상징물로 등장할 수도 있다. 이 깨우침을 하나님의 말씀으로 수용한다.

그리고 '4절 이하'의 모든 부분도 3절과 동일한 방법으로 깨우침이 있을 때까지 암송한다.

㉣ 〈마5:4〉 *"애통하는 자는 복이 있나니 저희가 위로를 받을 것임*

이요"를 동일 방법으로 깨우침이 있을 때까지 지속한다.

㉤ 〈마5:5〉 "온유한 자는 복이 있나니 저희가 땅을 기업으로 받을 것임이요"를 동일 방법으로 지속한다.

㉥ 〈마5:6〉 "의에 주리고 목마른 자는 복이 있나니 저희가 배부를 것임이요"를 동일 방법으로 암송한다.

㉦ 〈마5:7〉 "긍휼히 여기는 자는 복이 있나니 저희가 긍휼히 여김을 받을 것임이요"를 동일하게 암송한다.

㉧ 〈마5:8〉 "마음이 청결한 자는 복이 있나니 저희가 하나님을 볼 것임이요"를 동일하게 암송한다.

㉨ 〈마5:9〉 "화평케 하는 자는 복이 있나니 저희가 하나님의 아들이라 일컬음을 받을 것임이요"를 동일하게 암송한다.

㉩ 〈마5:10〉 "의를 위하여 핍박을 받은 자는 복이 있나니 천국이 저희 것임이라"를 동일하게 암송한다.

㉪ 추가로 적당한 성구로 암송을 지속할 수도 있다.

한 예: "너희는 세상의 소금(빛)이다" (마5:13-14)를 깨우침이 있을 때까지 암송함으로 체험적 신앙을 키운다.

6) 〈사탄의 작전개시 신호〉에 민감해야 사탄과의 싸움에서 승리할 수 있다.

하나님께서는 우리에게 승리하는 비결이나 생활에 필요한 모든 것을 주신다. 특히 사탄에게 승리하는 비결 중 하나는 〈사탄의 작전개시 신호〉를 인식하게 하는 일이다. 필자가 영성신학에 입문해서 영성생활을 사모하면서 살아가는 동안에 아래에서 언급하려는 두 가지가 <사탄의 신호>가 된다는 것을 깨우치게 된 것이다. 이것을 활용해 본 결과 사용가치가 있다는 것을 알게 되었고 그 필요성을 깨우친 것이다. 그 대표적인 두 가지는 다음과 같다.

① '마음의 상처' 가 나타날 때, 이것은 '사탄의 작전개시 신호'다.
'마음의 상처'란 무엇일까? 우리가 세상을 살아가면서 빈번하게 마주치는 것이 '마음의 상처'다. 이것이 있은 다음에 나타나는 것이 '불안, 짜증, 분노' 등으로 발전한다. 그래서 필자가 이 문제를 가지고 관상기도를 통해서 "사탄의 작전개시 신호다"라는 응답을 받은 것이다. 사탄이 작전을 개시했다는 것은 이에 대한 대비를 하라는 뜻이다. 이 말은 참 기도를 통한 성령의 구원의 손길을 간청해야 한다는 말이다. 사탄은 초월적 존재이기에 성령과 말씀의 개입으로만 승리할 수 있다. 다음과 같은 방법으로 대비한다. <찬송가 543장 1절>을 3번 정도 기도찬송으로 부른 후에 다음과 같이 기도한다. "하나님 아버지! 사탄이 종에게 접근하고 있사오니 성령님이 종의 마음에 임재 하셔서 사탄의 작전을 물리쳐 주시옵소서. 이 종의 마음에 있는 '상처'도 깨끗하게 치유해 주시옵소서. 그래서 사탄의 시험에 들지 않게 해 주시옵소서. 예수님 이름으로 기도 드립니다. 아 멘" 기도의 내용은 사람에 따라서 적절하게 수정할 수도 있다. 필자는 이렇게 해서 사탄의 접근을 미리 예방한 경험이 있다. 그래서 이것을 효과적인 방법으로 생각하는 것이다.

② '보기 싫다' 는 느낌이 올 때, 이것도 '사탄의 작전개시 신호' 다.
앞에 ①에 있는 것과 동일한 태도를 취하면서 성령과 말씀의 협조를 간청한다.

7) 〈악성감성 상황일기〉를 작성한다. 이것은 '감성관리 학습'
   에 필요한 항목이다.

우리가 삶의 현장에서 나타나는 악성감정(분노, 미움, 짜증, 신경
질, 질투, 교만, 원망, 등)의 표출 상황을 매일 밤 그 '내용과 처리
기법'을 간단하게 기록한다. 이것이 학습효과가 있다. 이 일기 쓰기
는 책에 있는 "마음상태 점검 표"를 이용할 수도 있다.

8) 하나님의 감성을 반추한다. 이것이 감성계발 비법의 하나다.

인간의 감성세계도 지성세계와 동일하게 〈반복적인 학습〉을 통해
서 계발 발전한다. 이것이 하나님께서 창조하신 인간의 정신세계.
한국교회에서는 "반복적인 학습"이라는 말에 반감을 가지고 있는 신
앙인이 상당수 있다고 생각한다. 이 말은 "성령의 불"을 통해서 "순
간적인 변화"가 가능하다는 신앙이 '반복학습'에 거부감을 가진다는
뜻이다. 사실은 '성령의 은사와 학습문제'는 별개의 문제다. 학습한
다는 것 자체가 성령의 은사에 의존한다. 그러나 하나님께서 창조하
신 인간의 정신적 구조는 '학습으로 기억하게'로 창조하신 것이다.
이 말은 하나님이 창조하신 인간 뇌는 〈학습으로 내 것이 되도록〉
창조하셨다는 말이다. 그런고로 하나님의 감성에 대한 '반복 훈련'
의 필요성이 제기되는 것이다. 이것은 하나님의 감성을 될 수 있는
대로 많이 '소유해 보는 것'이 필요하다는 말이 된다. 그렇게 하면
우리 감성이 하나님의 감성을 닮아갈 수 있게 된다는 것이다.
  ① 하나님 감성을 자신의 '체험사건'을 통해서 접근한다.
  초월자이신 하나님의 감성을 직접 접근할 수가 없다. 이것도 인간

경험사건을 통해서 접근해야 한다. 이것을 한 주에 한번 이상(새벽기도 때나 한가한 시간에)실시하는 것이 좋다. 우선 *"사랑, 기쁨, 화평, 인내, 자비, 양선, 충성, 온유, 절제"*(갈5:22-23)등 하나님의 감성 하나를 선택한다. 그리고 성경말씀과 비슷한 내용이 있는 "자신의 생활체험 사건" 하나를 선택해서 기록한 다음에 이것을 반추하는 기도를 하면 된다. 다음에 제시하는 내용이 필자가 주로 하는 방법이다.

♣ 요일4장12절 "하나님의 사랑" 반추하기는 다음과 같이 한다. 우선 내 삶 중에서 가장 강도가 높은 "사랑의 사건"을 선택해서 기록한다. 그리고 상상력을 통해서 옛날 그 사건 현장으로 들어간다. 그리고 그 사건을 반추하면서 그 때 그 감격스러운 감성이 되살아나게 한다. 그리고 그 때 그 감성을 새김질 하면서 30분 정도 그 상태를 유지하면서 머물러 있게 되면 "하나님의 사랑"을 체험하게 된다. 그러나 나타나는 체험의 형태는 여러 가지가 있다는 사실을 알아두는 것이 필요하다. 이것을 주기적으로 교인들과도 함께 실시하는 것이 좋다. 이 훈련은 하나님 감성을 느끼고 소유하는 사람이 되게 하는데 큰 도움을 준다. 하나님의 감성을 반추하는 훈련은 하나님의 감성이 내 것이 되게 한다는 점에서 영성적인 목적이 있다. 반복적인 학습은 내 것이 되게 한다.

② 한 주에 한번이상 30분 정도(점심식사 후) '즐거운 노래'를 부르면서, 혹은 '아름다운 추억'을 상상하면서 한적한 장소를 산책한다. 이것도 하나님의 감성을 느끼고 소유하는 훈련이다. 이런 것들이 반복하게 되면 나 자신도 모르는 사이에 '하나님의 감성'으로 생활하는 사람이 된다.

9) 〈악성감성을 입으로 확인하라〉 이것이 '감성 관리학습'이
   되기 때문에 필요하다.

　가령, 짜증이 표출했을 때 본인이나 옆 사람이 "짜증은 사탄의 도
구다" 라고 〈큰소리로 말하라〉는 것이다. 이것은 부부가 협의하면,
옆 사람이 말해 줄 수도 있다. 이러한 것을 반복하게 되면 효과적 감
성계발을 위한 중요한 학습이 된다는 것을 인식할 필요가 있다.

제 7 장

세속적 감성개념과 기독교 감성개념은 다르다

한국교회는 일반적으로 보수적인 경향이 있다고 한다. 그런데 감성개념에 대한 문제에 한해서는 대단히 반 보수적인 경향이 뚜렷하다. 한 걸음 더나가서 세속적 범주를 탈피하지 못하고 있는 느낌을 받는다. 필자가 다른 항목에서도 언급하고 있지만 '두란노'에서 출판한 "분노"라는 작은 책에서 한국교회 대가들이 쓴 글에서 모든 사람이 '세속적 감성개념'에 기초한 감성문제를 서술하고 있다는 점을 발견하고 가슴이 답답했다. 대가들도 이 정도라면 일반적인 사람들의 상식은 짐작할 수가 있다. 이렇게 된 이유가 무엇일까? 이 답은 간단하다. 우리에게 "기독교 감성개념"이 없어서 나타난 결과라고 생각한다. 우리는 이제부터라도 정신을 차리고 성서적인 감성개념을 찾아내서 정리해야 한다. 그리고 필자가 이곳에서 설명하는 감성문

하시되" (창1:27)라고 되어있다. 이것은 〈하나님과 닮은 꼴〉로 사람을 창조하셨다는 뜻이다. 사람이 하나님의 형상대로 창조되었다는 것은 외형적인 모형이 동일하다거나 존재의 질적인 내용이 동일하다는 뜻이 아니다. 이것은 오리겐의 말처럼 하나님이 〈지성적, 감성적, 영성적〉인 존재인 것처럼 사람도 〈지성, 감성, 영성〉적인 존재로 창조하셨다는 말이다. 이것은 정신적인 구조와 기능의 형태가 동일하다는 뜻이다. 이렇게 인간의 정신적문제가 하나님의 형상과 깊은 관계가 있다는 것은 이것이 신학적으로 대단히 중요한 연구과제가 된다는 말이 된다. 그래서 지성적인 이론신학은 넘칠 정도로 풍부하다. 그리고 영성신학도 시간이 갈수록 풍부해 지고 있다. 그러나 감성적 숙제에 대한 연구의욕은 미미하다. 이것이 현재 우리의 가장 큰 결함이다. 현재 개신교에는 아직도 성경에 기초한 〈예수님의 감성론〉에 해당되는 논문이나 서적이 있음을 발견하지 못하고 있다. 그러나 이것이 전 세계의 연구서적에 대한 필자의 정보력 부족 때문이라면 이것을 부인할 생각은 없다.

1. 세속적 감성개념

'세속적 감성개념'은 통속적으로 일반적인 사람들이 생각하는 것을 근거로 한다. 이것은 인간은 <감성적 동물>이라는 상식에 바탕을 두고 있다. 사람이 〈감성적 동물〉이라는 것은 감성은 인간 자체라는 뜻인 동시에 이것이 인간의 〈대표적 요소〉가 된다는 것을 강하게 암시한다. 그리고 또 인간 감성은 〈고유한 특색과 우월성〉을 가지고 있다는 뜻도 된다. 그래서 감성은 가장 소중한 존재가 되기 때문에 감성표현에는 완전한 자유가 보장되어야 한다고 생각한다. 한 예로 사람이 격분할 수 있는 상황에서는 〈격분을 표출〉하는 것이 지극히 정상적이며 자연스러운 현상이라고 주장하며, 미움과 분노 등 부정적 감성도 그 자체는 악한 것도, 나쁜 것도 아니라고 생각한다. 더욱이 감성의 〈신성과 악마성〉의 존재를 인정하지 않는다. 그러나 감성에도 유익하고 선한 것과 불필요하고 악한 것이 존재한다는 것을 모르는 사람이 없다. 이것이 세속적 감성세계가 가지고 있는 숙제가 되고 있는 것 같다. 문제는 교회 지도자들 중 상당수가 이러한 세속적 감정관을 자연스럽게 수용하고 있다는 점이다. 그 근본적 이유는 신학적으로 정리된 〈기독교 감성관〉이 존재하지 않기 때문에 나타나는 현상이다. 그래서 대부분의 지도자들도 무의식적으로 세속적 감성 개념에 동조하고 있다. 하지만 이것은 하나의 비극적 현상이다. 필자가 97년도에 두란노에서 출판한 "분노"라는 책에서 저명한 기독교 지도자들이 <세속적 감성관>을 수용하고 있다는 점을 발견하고 〈기독교 감성관〉 정립의 필요성을 깨우치면서 제3의 책, <성경적 EQ의 신바람 행복 찾기>(진흥출판, 1998)를 출판하게 된 동기의 하나가 된 것이다. 현시점에서 우리가 각성할 것은 세속적 감성관을 수용하고 있으면서도 이것이 세속적 감성관이라는 것을 인식 못하고 있다는 점이다. 이것은 세계에서 앞장서가는 한국교회의 어두운 한 장면이다. 위에서 언급한 책 "분노" (손안에 책⑥, 두란노,1993) 중에서 〈세속적 감성관〉과 관계있는 문장 일부를 아래에 소개하려고 한다. 그래서 이것이 성경의 감성개념과 상반되는 것임을 알아야 한다고 생각한다.

"인간의 분노는 정상적이며 죄가 아니다. 하나님의 형상대로 지

어진 인간이 분노하는 것은 예수님에게서처럼 자연스러운 것이며 그 자체로는 죄가 아니다"(p.10). "분노, 시기, 질투, 증오와 같은 정서가 사람 됨됨이를 결정하는 것은 아니다……예수님도 분노하고, 증오하고, 저주하셨다. 오히려 분노해야 할 때에 분노를 느낄 수 없는 것은 분노할 까닭이 없을 때 화를 내는 것과 같이 성격적 결함을 나타내는 것이라고 하겠다."(p.41) "분노도 하나님께서 인간에게 허락해 주신 생활 감정의 일부이다"(p.87). "그러므로 분노의 감정을 무조건 죄악시하거나 그 존재를 인정하기를 거부하며 억누르는 것은 건강한 사고자의 정서를 도리어 가로막는 계기가 될 수도 있음을 알아야 한다."(p.88). "분을 낼 수 없는 사람은 자기 개선에 필요한 힘이 결핍되어 있다. 그에게는 불꽃같은 강한 의지와 사역의 능력이 없다"(p.90). "분노가 있다함은 살아 있다는 증거며 발전과 정의의 표상일 수 있다"(p.63) "인간이 모든 분노를 성공적으로 처리한다는 것은 불가능에 가깝다. 분노는 강력한 본능적인 동기를 갖고 있다. 인간이 본능적 욕구와 자신의 성격 결합을 극복한다는 것은 그에게 있어서는 마치 우주가 변하는 것과 같다"(p.132).

이상에서, 여러 사람의 견해를 소개했는데, 사실상 이 내용은 한국 교회 지도자 대부분의 가슴에 흐르고 있는 감성에 관한 생각을 대변하고 있다고 할 수 있다. 그러기에 이러한 생각은 개인적인 잘못이 아니고, 교회사적인 〈실책의 하나〉인 동시에 어두운 그림자의 하나에 불과하다는 점을 인정하면서 앞날을 새롭게 정리해야 한다고 생각한다.

이들의 분노에 대한 잘못된 견해의 공통점을 정리하면 다음과 같다.

① 이들은 대부분 '세속적 감정관'을 의식적이든 무의식적이든 수

용하고 있다.

② 분노의 뿌리는 하나님이 주신 본능적 감성이라고 생각한다.

③ 하나님의 분노와 인간의 분노를 엄격하게 구분하지 않는다.

④ 인간의 잠재적 분노와 폭발적 분노에 대한 구분을 하지 않는다.

⑤ 사탄과의 관계성에 대한 언급이 전혀 없다. 분노의 악마적 요소를 부인한다.

왜 이러한 현상이 나타나는가? 사실은 필자 자신도 하나님이 주시는 영감을 통해서 '예수님의 분노개념'의 깨우침을 받기 전에는 이 책에서 주장하는 이들과 똑같은 생각을 가지고 있었음을 솔직하게 고백하면서, 하루 속히 성경적인 감성관이 정립되기를 바란다. 이것은 엄밀히 말해서 이러한 잘못의 원천이 〈신학교 교육〉에 있다는 점을 강력하게 촉구한다. 예수님의 핵심사상 중의 하나가 "감성적 교훈"이다. 이 감성적 교훈은 예수님 사상의 바탕이 되는 기본적 사상 중 하나다. 그럼에도 불구하고 감성이나 감정에 대한 개념 정립조차 되어 있지 않다는 것은 문제가 크다. 필자의 기억으로는 '기독교 감성관'을 이야기한 학자가 있다는 것을 들어 보지 못했다. 일부 목회상담학에서 부분적으로 감성에 관한 문제를 심리학적 차원에서 언급하는 정도가 전부다.

2. 기독교 감성개념

기독교 감정관은 성경에 기초한 감성개념을 정리한 것으로 성서적 감성관이다. 성경에는 실질적으로 〈감성〉과 직결된 내용이 많다. 그리고 〈언어〉도 대부분 감성의 파도를 타고 나타나기 때문에 언어도 감성을 떠나서 이야기할 수 없다. 이처럼 인간감성은 중요한 정신적 기능이다. 그래서 현대 심리학자들이 〈분노학〉에 열을 올리고 있는 이유가 우연이 아니다. 특히 예수님을 통해서 보여주고 있는 감성세계에 대한 '독특한 교훈'은 다른 종교나 사상가들을 통해서 들어볼 수 없는 내용이 있기 때문에 기독교 감성문제 이야기는 특별한 의미가 있다고 생각한다. 기독교 감성개념의 독특한 것은 기독교에서는 '감성세계의 원천'을 인간의 마음이나 감성세계에 두고 있지 않다는 점이다. 그리고 이러한 초인간적인 감성세계의 양면성을 주장한다. 이것이 세속적 감성개념과 본질적인 차이가 있는 내용이다.

① 감성의 대표성을 〈하나님의 감성과 사탄의 감성〉에서 찾는다.

이것이 기독교 감성관의 특색이다. 하나님의 감성은 긍정적인 것이요 천국적인 감성임에 반해서 사탄의 감성은 부정적이요 지옥적인 감성이다. 하나님의 대표적인 감성이 "사랑"이고, 사탄의 대표적인 감성은 "미움"이다. 하나님의 감성은 행복한 삶으로 이끌어주고 사탄의 감성은 지옥 같은 삶으로 인도한다. 이 두 감성은 그 내용과 작용과 목적하는 방향이 정반대다. 그런데 이 〈미움의 감성〉이 현실적인 생활현장에서 엄청난 영향을 미치고 있다. 이 '미움과 분노'가 인간들의 삶을 송두리째 파괴하고 있다는 말이다. 이러한 말은 '사탄의 무기' 중에서 가장 효과적이고 쓸모 있는 무기가 '미움과 분노'라는 것이 사실로 입증되고 있다는 뜻이 된다. 이처럼 미움과 분노가 사탄의 애용무기라는 말은 이것은 인간적인 이론이나 심리학의 방법으로는 처리할 수 있는 것이 아니라는 것이 된다. 이

말은 성경에서 제시하고 있는 '예수님의 방법'으로만 근본적인 처리
와 치유가 가능하다는 뜻이다.

② '미움과 분노'의 악마성을 아무리 강조해도 부족하다.

이것이 기독교 감성관의 두 번째 특색이다. 사실상 이 세상에서
악성감성의 '악마적 요소'를 가장 강하게 주장하신 분이 바로 '예수
님이라는 점'을 자각해야 한다.(마 5:21-24) 이러한 예수님의 말씀
에 강력한 동조를 표시하는 이가 사도 요한이다(요일3:15). 사도 요
한은 〈미움과 분노〉가 살인의 원천이요 뿌리가 됨을 강조한다. 그리
고 또 사도 요한도 〈사탄의 속성은 미움이다〉라는 예수님의 주장에
전적인 동의를 표시한다. 이처럼 예수님이나 사도 요한이 '미움과
분노'라는 "감성색깔"을 통해서 사탄의 실존을 식별할 수 있다는 것
은 특별한 뜻이 있는 교훈이다. 이 말은 매일 생활현장에서 '사탄'
의 감성색깔을 식별하는 〈생활습관〉을 강요하시는 하나님의 뜻이
이 말씀에 숨어 있다는 점을 자각해야 한다. 이것은 하나님의 감성
인 사랑과 사탄의 감성인 미움이 공존 할 수 없다는 점을 강조하는
것이 되기도 한다. 그리고 사랑을 이야기하는 '요일4장12절' 말씀을
반대편에서 설명하면 다음과 같은 말이 된다. "*사탄을 본 사람이 없
으되 만일 우리가 서로 미워하면 사탄이 우리 안에 거함을 알리라*"는
말이 된다는 점을 참고로 제시한다.

③ '사랑과 미움의 원천'이 다르다.

이것이 기독교 감성관의 세 번째 특색이다. 사랑은 하나님이 그
원천이요, 미움과 분노는 사탄이 그 원천이다. 이 세상에서 하나님
운동을 한다는 것은 〈사랑의 운동〉이요, 그 반대로 〈미움의 운동〉은

사탄의 운동이 된다. 그러나 하나님의 감성에는 〈미움〉과 같은 악성 감성이 존재하지 않는다. 왜냐하면 하나님의 감성은 〈절대사랑〉이기 때문이다. 따라서 하나님의 사람에게는 사랑만 존재해야 한다. '사랑은 미움과 공존할 수 없다.' 만일 사람이 미움의 감성을 소유하고 있는 순간은 〈사탄의 시민〉이 된다. 이러한 생각은 기독교인이 가지고 있어야 하는 하나의 "신앙고백"이 되어야 한다. 이러한 신앙고백이 체질화가 되면 우리로 하여금 미움의 감성에서 해방되게 해 준다.

3. 에베소서 4장 26-27절 해석

"분을 내어도 죄를 짓지 말며 해가 지도록 분을 품지 말고 마귀(사탄)로 틈을 타지 못하게 하라." 이 성경은 기독교 분노개념을 이해하는 데 중요한 요절 중 하나이다. 왜냐하면 이 성경을 어떻게 해석하느냐에 따라 분노에 대한 개념이 전혀 달라질 수 있기 때문이다. 이에 대한 두 가지 해석을 소개한다. 이 해석이 예수님의 기본사상과 배치되는 해석을 하지 않는 것이 올바른 해석이라고 할 수 있다. 인간 중심의 해석은 정답이 될 수 없다.

① 잘못된 해석은 다음과 같다.

성경에는 '통일된 사상'이 흐르고 있다. 성경 전체 속에서 흐르고 있는 통일된 사상에 반대되는 해석은 잘못된 해석으로 보아야 한다는 것이 상식이다. 신앙적인 해석도 상식에 배치되는 해석은 정답이 아닌 경우가 많다. 이러한 점에서 아래해석은 주목해야 한다.

㉠ '범죄성 분노' 만 아니면 있어도 무방한 분노다. "*분을 내어도 죄를 짓지 말며*" – 라는 것은 '분노에도 죄가 되는 것과 죄가 안 되는 것이 있다는 것으로 생각한다. 그래서 본문말씀은 살인, 강도 등 범죄성과 연결된 분노만을 범죄성이 있는 분노로 규정한다는 것이다. 그러나 이러한 범죄성과 연결되지 않는 분노는 하나님이 허용한 분노라고 해석한다. 이러한 해석이 일반화 되어 있다는 것을 필자도 잘 알고 있다. 나도 옛날에는 이 성경이 얼마나 감사한지 눈물이 나도록 신나게 하는 말씀으로 인식했다. 그래서 매일 생활 속에서 일어나는 '미움과 분노'의 감성을 합리화 시키는 일에 큰 역할을 했던 기억이 생생하다.

㉡ 생활상 필요한 분노는 문제가 되지 않는다. "*해가 지도록 분을 품지 말고*" – 라고 한 것은 사람은 주로 '해가 지기'전에 활동하는데 이러한 활동상에서 나타나는 불가피한 분노는 허락된 분노라고 생각한다. 혹자는 이것을 "사람에게는 허락된 분노가 있다"는 식으로 해석을 해서 자신들의 '분노생활'을 합리화하려는 사람도 있다.

♣ 한 장로와 그 부인과의 대화를 참고로 제시한다.

부인이 남편에게 말했다. "당신! 장로가 되어서 그렇게 자주 화를 내면 교인들에게 미안하지 않아요?" 그러자 장로가 대답 한다 "당신! 장로 부인이 되어서 그것도 몰라? 성경에 '해가 지도록 분을 품지 말고'라고 했잖아? 아직도 해가 중천에 있는데 무슨 잔소리야? 에이-참." 이것은 공상이 아니다. 많은 크리스천들, 특히 성경에 충실하려는 신앙적인 사람들 마음속에 도사리고 있는 생각을 이야기한 것뿐이다. 필자도 신앙 초기에는 그렇게 생각했었다. 분을 내어도 오래 지속되지 않는 분노 즉, 순간적인 분노는 성경이 허락한 분노처럼 생각했다. 그래서 화가 날 때마다 이 성경 말씀이 얼마나 고마운지 몰랐다. 그래서 10분, 20분 동안 분을 내는 것에 점점 습관화가 되고 마침내는 순간적인 분에 대한 죄의식마저 사라진 경험을 가지고 있다. 당신의 실상은 어떠한가? 마귀(사탄)에게 이용(틈을 줌)당하지 않는 분노는 악한 것이 아니라고 생각하나? 아무리 맹렬한 분노도 사탄에게 틈(이용)만주지 않는다면 성경(하나님)이 허락한 분노라고 생각한다. '틈을 주지 않는다.'는 것이 무엇인가? 살인, 강도 등 범죄성 행동에 가담하지 않는다는 것으로 생각한다. 그래서 '강력한 분노'도 사실적인 범죄사건만 없으면 신앙적인 가책을 면할 수 있다고 생각한다. 이러한 것은 우리에게 '성경의 잘못된 해석'이 얼마나 큰 결과를 가져오게 한다는 것을 각성하게 해 준다.

♣ 장로 후보자 이야기: 장로 후보자가 된 한 권사가 다방에서 담배를 피우다가 같은 교회에 다니는 집사에게 발각되었다. 그 권사는 그 후 잠을 잘 수가 없고 입맛이 없어졌다. 불안해서 사무실에 가서도 일이 손에 잡히지 않았다. "소문나면 어떡하나?" 하는 생각 때문에 노심초사 하며 근심걱정이 태산 같았다. 그런데 이 권사는 "화를 내는 일"에는 아주 익숙한 사람이었다. 그 부인은 권사가 집에 들어오는 것을 무서워할 지경이었고, 회사 부하직원들은 그가 화가 났는가? 눈치를 살펴야 할 정도였다. '분을 잘 내는 부장'으로 유명한 이 권사에게 있어서 종교는 무엇일까? 왜 '분 냄'에 대해 그렇게 무감각할까? 이렇게 된 원인은 무엇일까? "담배 한 개와 분노" 중에 무엇이 크고 반 크리스천의 색깔일가를 깊이 생각 하게 해 준다. 여기서 강조해 둘 것은, 담배 피우는 것보다 분노가 더 종교적 문제가 된다는 비유다. 이것은 담배 피우는 것을 권장하는 것이 아

니라는 뜻이다. 필자는 크리스천이 아니라도 건강상 담배 피우는 것을 반대한다. 더욱이 크리스천이 신앙에 걸림돌이 된다면 더더욱 피워서는 안 된다. 이것이 구원과 관계가 있어서가 아니라 신앙적인 삶에 도움이 안 되기 때문이다. 그러나 '분노는 그 상황이 다르다'. 따라서 이 분노를 나약한 인간의 결함 때문에 나타나는 일종의 약점이라고 생각하는 그 자체가 잘못이다. 성경을 잘못 해석하는 것이 얼마나 엄청난 결과를 초래하는가를 심사숙고해야 한다.

② 바른 해석

26절 "분을 내어도"의 분은 '잠재적 분나 혹은 의분'을 뜻한다.

만일 본문에 있는 "분을 내어도"가 범죄성만 없는 '분'이라면 허락된 분노라고 한다면 예수님이 말씀하신 "형제에게 노하는 자마다—지옥 불에 들어가게 되리라"(마5:22) 하는 말씀과 배치가 된다. 그래서 이것이 허락된 분이 될 수가 없다. 잠재적 분노는 마음속에 품고 있는 내면적 분노를 말한다. "죄를 짓지 말며"의 죄는 모든 죄를 포함하지만 주로 '내면적인 죄'에 중점을 두고 있는 것으로 생각하는 것이 타당하다고 생각한다. 그래서 이 성경을 의역하면 "의분이나 잠재적 분을 내어도 악마로 변하는 폭발적 분노를 짓지 말며"라는 내용으로 해석하는 것도 가능하다. "해가 지도록 분을 품지 말고"는 아침부터 저녁까지의 뜻이 아니고 '긴 시간'을 뜻한다. 그리고 이곳의 '분'도 '잠재적 분노나 의분'으로 해석하는 것이 예수님의 분노사상과 배치가 안 되는 해석이 되게 할 수 있다. 그래서 이 성경을 합리적으로 해석하면 '잠재적 분노나 의분도 오랫동안 품지 않는 것이 좋다'는 내용이다. 이 성경 내용이 실생활에 미치는 결과는 아래와 같다.

㉠ 잠재적 분노나 의분도 장시간 지니고 있으면 폭발적 분노로 발전할 가능성이 있다.

㉡ 때로는 잠재적 분노나 의분도 사탄에게 이용될 수 있다.

㉢ 이것이 장시간 지속되면 우울증, 무력감 등 정신적 질환자가 될 수도 있다.

㉣ 의분도 시간과 함께 변질한다. 필자의 경험으로 의로운 감성으로 아이들에게 종아리를 때리는데 처음에는 정숙하고 어버이의 사랑의 마음으로 시작하나 2, 3분 지나가면 내 마음 속에 분노의 감성이 발생하는 것을 경험했다. 이러한 점에서 의분이나 잠재적 분노도 인간의 삶에 대단히 큰 부정적 영향을 끼친다는 사실을 알게 된다. 이것이 대부분 외부로 표출되지 않는 상태라고 해도, 신앙인에게 한 점의 가치가 없는 것이 명백하다.

"마귀로 틈을 타지 못하게 하라"(27절) 이 말씀에는 세 가지 뜻이 있다.

㉠ 분노는 사탄과 유기적 관계가 있다는 말이다

이것은 예수님이 마태5장에서 언급하신 "분노는 사탄의 도구다"라는 말씀과 동일한 뜻을 가지고 있는 내용이다. 그래서 성경은 모든 부분에서 미움과 분노가 사탄의 속성임을 일관되게 강조하고 있는 것이다.

㉡ 의분과 잠재적 분노도 폭발하는 분노로 발전할 수 있다는 '경각심 경고장'이다.

사실상 잠재적 분노는 외부로 나타나지 않기 때문에 죄의식을 느끼지 못하는 경우가 많다. 그러나 이것이 가지고 있는 파괴력은 상

상이상이다. 그 때문에 잠재적 분노가 싹트기 시작할 때에 청소해야
된다는 말이다. 그리고 의분은 선한 감성이라는 점에서 별다른 경각
심을 가지지 못한다. 그러나 "인간적 의분"은 선한 분노임에도 불구
하고 악성감성으로 발전할 가능성이 강하다는 점을 철저하게 인식
할 필요가 있다.

　ⓒ 분노는 사탄의 제1 첨단무기다

　'인간분노'는 사탄이 가장 사랑하고 애용하는 첨단무기라는 점을
인식해야 한다. 그리고 이 미움과 분노는 사탄이 가장 효과적으로 성
공하고 있는 무기라는 것을 자각하고 철저하게 인식해야 한다. '미
움과 분노'에 대한 새로운 자각심이 사탄과의 전쟁에서 승리할 수
있는 비책이 된다. 우리는 금세기에 '독일의 폭군 히틀러'의 이야기
를 알고 있다. 그가 죄 없는 600만 유대인을 학살했다는 사건은 유
명하다. 이 사건의 근본적 원인이 무엇일까? 왜 똑같은 사람이 똑같
은 사람을 무자비하게 학살할 수 있는가? 그 이유는 간단하다. 히틀
러 마음속의 '악마적인 분노'가 근본원인이다. 그의 악성감성은 그
사람 전체를 역사적인 '악마'(사탄)가 되게 했던 것이다. 사람이 '악
마' 되기 이전에는 이러한 끔찍한 사건의 주동자가 될 수 없다. 이
것은 사람은 누구나 폭발적 분노의 노예가 되면 사람의 탈을 쓴 악
마가 될 수 있다는 것을 입증해 주는 것이 된다. 이것은 종교인이
라고 해서 면책되는 것이 아니다.

　'악마로 변질된 인간'은 더 이상 사람이 아니다. 종교인이라고 예
외가 될 수가 없다.

제 2 부

감성과 영성 계발프로그램

제2부는〈예수님의 감성학〉과 밀접한 관계가 있는 '감성과 영성'의 실천프로그램이다. "예닮 영성수련"은 예수님의 '감성과 영성'을 닮게 하는데 필요한 수련프로그램이라는 점에서 특별한 의미가 있다. '예닮 영성수련'은 〈감성계발 내용〉이 중심을 이루고 있으나 〈영성프로그램〉도 포함하고 있다. 이것은 '영성과 감성'은 서로 밀접한 관계가 있기 때문에 이것을 통합한 '훈련프로그램'으로 하는 것이 효과적이라는 점이다. 그리고 한 가지 참고할 것은 성경에 "마음"이라는 말이 있는데 이것은 "감성과 영성"을 뜻하는 말이다. 이러한 점에서 "예닮 영성수련은 마음수련" 프로그램이라고 말할 수도 있다.

예닮 영성수련 프로그램

머 리 말

1) 〈예닮 영성수련〉이라고 한 이유는 다음과 같다.

현재 한국에서는 '영성수련'이라는 말이 너무나 폭넓게 사용되고 있기 때문에 때로는 혼선을 하게 되는 경우가 있다. 대부분의 '신앙적 집회'를 '영성수련'이라는 이름을 사용하고 있기 때문이다. 언제부터인가 갑자기 '영성'이라는 글자가 두드러지게 나타나기 시작하였다. 아마도 이것은 현재 한국에서 '영성'에 대한 관심과 매력이 확산되고 있어서 그런 것으로 짐작할 수 있다. 사실은 이 '영성' 문제가 한국교회를 살게도 하고 죽게도 할 수 있는 '핵심과제'라고 하는 것을 하나님께서 뜻있는 사람들의 마음에 심어주신 것으로 믿어진다. 우리 하나님은 망가지는 교회를 그대로 내버려두시지 않으시고 때가 오면 직접 관여하셔서 고쳐주기도 하시고 개혁해 주시는 것을 생각하면서 한국교회 지도자의 한 사람으로서 한편 송구한 마음을 가지게 된다. "주여! 한국교회가 더 이상 이러한 병상에 오래 머물러 있지 않도록 정확한 처방을 허락해 주시고 살길을 열어주시옵소서 아 멘"

① '예닮' 이란 〈예수님 닮음〉을 뜻한다

필자가 주관하는 '신앙 생활훈련'을 '예닮 영성수련'이라고 한 것은 수련 목적이 '예수님 닮음'에 있기 때문이다. 예수님을 닮는다는 것은 그분의 '지성과 감성과 영성' 을 닮음을 뜻한다. 그러나 우리 모두가 잘 알고 있는 것처럼 예수님의 감성세계에 대한 교과서가 없기 때문에 현재로써는 감성적 예수님을 학습하고 훈련하는 일은 생각조차 할 수 없는 형편이 되고 있다는 것이 현실이다. 그래서 필자가 미약하지만 이 프로그램이 '감성계발 교과서' 가 될 수 있다고 생각하고 출판하기로 결정한 것이다.

② 가벼운 목적은 다른 영성수련과 구분할 필요성이다.

"예닮 영성수련"은 이름도 색다른 특색이 있지만 그 내용이 다른 프로그램과 동일하지 않다는 것을 주목해야 한다. 이 "예닮 영성수련"은 이론에 치중하는 것을 가급적 피하고 현실적인 삶에 필요한 '실용적인 내용' 이 될 수 있도록 노력한 흔적이 있다. 그리고 '예닮'이라는 이름을 필자의 후계자들이 지속적으로 그 이름을 애용하고 유지하는 사람이 있을 것이라고 생각도 해본다. 이 책이 이 세상에 있는 한 사람들이 '예닮 프로그램'을 참고해서 사랑해 주고 그리고 "지성, 감성,

영성의 균형계발"이 현실화되는 그날이 찾아오리라고 기대한다.

③ '예닮 영성수련'은 영성계발과 감성계발로 구분되어 있다

세상에 나와 있는 영성수련프로그램은 대부분 "감성계발"이 포함되어 있지 않은 것이 일반적이다. 그러나 이곳에서는 영성적인 과제보다는 〈감성적인 과제〉가 두드러지게 강조되고 있다는 점이 그 특색이다. 그래서 '영성과 감성' 두 가지를 한 프로그램 속에서 다루고 있다는 것은 다른 수련프로그램과는 색다른 점이 있을 것이라고 생각한다.

④ 필자의 홈페이지가 yeidam(예닮)으로 되어있기 때문이기도 하다

내 홈페이지는 "기독교영성수련원"으로 되어 있으나 등록은 "yeidam"(예닮)으로 했다는 것은 홈페이지 작성 목적이 "예수 닮음"에 있었기 때문이다. 이것이 앞으로 필자의 후계자들도 이 이름이 자기고 있는 목적에 부합되는 '영성운동'을 지속하게 될 것이라고 생각한다.

2) 필자가 추구해 온 프로그램은 아래와 같다

모든 것이 그러하듯이 신앙운동도 '추구해온 방향과 목적'이 중요하다고 생각한다. 왜냐하면 모든 운동은 '방향과 목적'을 향해서 달려가도록 되어 있기 때문이다. 그래서 필자가 영성신학에 입문하면서 깊은 기도에서 깨우친 것은 아래에서 설명한 내용들이다.

① 개신교 고유한 프로그램이 필요했다

필자가 17년(2006년 기준) 간 영성신학에 기초한 영성수련 운동

에 전념하면서 깨우친 것은 <개신교 고유 프로그램>개발의 필요성을 강하게 느끼게 되었다. 그 당시에는 개신교 안에 "영성수련"이라는 말을 쓰는 사람도 없었다. 그 당시 천주교 사람들과 접촉하면서 저들이 수십가지 영성수련 프로그램을 가지고 있다는 것을 발견하고 일종의 부러운 마음까지 가지고 있었다. 그때부터 필자는 "개신교의 고유한 프로그램" 개발에 엄청난 관심을 가지게 되었고 이를 위해 내가 할 수 있는 모든 정성과 노력을 다 했다는 것을 말할 수 있다.

② 성경에 기초한 새로운 프로그램 계발에 주력했다

필자가 장구한 시간 기도한 주제는 '개신교 정서에 적합한 프로그램'이요 이것이 '성경에 기초한 프로그램'이여야 한다고 생각했다. 그래서 모든 문제를 성경에 기초한 것이 되도록 노력했다. 필자는 처음부터 '성경이 영성수련의 교과서'가 되어야 한다고 생각했다. 그래서 필자의 수련방법은 지루할 정도로 성경에 바탕을 두고 있다. 그래서 모든 프로그램 내용과 계발을 성경 속에서 찾으려고 주력한 것이 사실이다. 그리고 성경말씀에서 좋은 내용을 찾아내는데 상당한 성과도 있었다는 점을 미리 말해두면서 하나님께 감사하고 있다.

③ 순수한 '예수님 자신의 방법'을 찾는데 주력했다

필자는 상당기간 특히 '예수님의 마음속'에 있는 '순수한 예수님의 수련방법'을 찾아내는 일에 주력한 것이 사실이다. 예수님의 마음속에 있는 방법은 성경말씀에서 "예수님의 마음의 소리"를 찾아내면 되는 것이라고 생각하기도 했다. 예수님은 완전한 하나님이시고 또한 완전한 사람이시기 때문에 사람에게 적합한 수련방법이 그분의 마음속에 있을 것이라는 확신을 가지고 있었던 것이다. 나는 지금도 이런 생각을 가지게 하신분이 하나님이라고 생각하고 있다. 이것은 참으로 하나님이 필자에게 베풀어주신 거대하고 '독특한 축복'이라고 느끼면서 감사하고 있다. 어떻게 나 같은 부족한 사람에게 이러한 큰 '축복된 마음'을 주셨을까? 아무리 생각해도 꿈만 같은 느낌을 가지게 하는 것이 현재의 내 생각이다. 하나님은 약한 자를 들어서 쓰시기를 좋아하신다는 사실을 실감하게 된다.

3) 예닮 프로그램의 구체적인 〈방향과 목적〉은 다음과 같다

영성수련운동에서 가장 큰 문제가 되는 것은 "영적이고 정신적인 것"은 모든 종교단체나 정신적인 운동을 하는 사람들이 〈동일용어〉를 사용하고 있다는 점이다. 그래서 세상에서나 타종교에서 사용하는 동일용어를 우리도 사용할 수밖에 없을 때 일어나는 혼선이다. 한 예로 "명상"이라는 용어를 사용하고 있는 정신운동 단체가 수십 종이 있다. 이중에서 반기독교적인 단체도 있다. 그래서 "명상"이라는 말에 거부감을 가지는 사람이 있기 마련이다. 그러나 "명상"이라는 용어가 가지고 있는 특색 때문에 사용할 수밖에 없다는 것이 내 경험이다. 그래서 깨우친 것이 "기독교적인 이론정립"이 필요하다고 생각한 것이다. 이러한 점에서 필자의 프로그램은 완전하게 "기독교적인 이론과 신학"에 기초하고 있다는 점을 강조해 둔다.

(1) 첫째가 올바른 기독교 〈명상운동〉이다

미국에서 신학교 교수로 있는 친구의 이야기로는 *"미국에서는 불교의 Zen(선 명상운동)을 교회 명상운동에 그대로 적용하고 있는 교회가 있고 "Zen Christian Church"라는 이름을 좋아하는 사람도 있으며 이*

Zen이라는 말이 자연스럽게 사용된다."는 말을 듣고 야단났구나 하는 느낌을 받았다. 특히 세계교회의 기둥이요 지도교회가 이렇게 기독교 정체성을 망각해서는 안 된다는 느낌을 받았다. 그래서 기독교 고유한 명상에 대한 글을 정리하기도 했다. 역사적으로 기독교 명상기도운동은 기도의 선각자들이 저들의 기도생활의 체험에서 그 필요성을 깨우치고 터득한 고유한 기독교적인 묵상기도운동이다. 이것을 불교나 다른 명상사상에서 얻어온 것이 아니라는 점을 자각해야 한다. 형식이 비슷하다고 해서 동일한 것이 아니다. 우리 명상운동은 독특한 기독교적인 특색이 있는 명상기도운동이라는 점을 강조한다. 이 말은 우리의 것은 '단순한 명상'이 아니고 '명상기도운동'이라는 점에 유의해야 한다. 이 문제는 앞으로 세밀한 설명이 있게 될 것이다.

(2) 둘째가 새로운 〈성경묵상기도〉수련이다

'성경묵상'기도수련은 성경연구에 관심이 있는 크리스천은 누구나 참여할 수 있도록 하는 '성경묵상의 보편화'에 큰 도움을 줄 수 있는 시급한 과제라고 생각한다. 그렇게 하려면 여러 '계층 프로그램'이 있어야 한다는 구상을 하면서 '이냐시오 프로그램'에 두 번 참석해 보았다. 필자가 이 성경묵상기도운동을 17년 간 집행하면서 깨우친 것은 이냐시오식의 것이 전부가 아니라는 것을 알게 되었다. 그리고 "성경으로 기도하기"는 반드시 성경연구 과정의 하나로 정착해야 한다는 것이 내가 경험한 내용이다. 그리고 이것은 성경을 생동적인 "하나님의 말씀"이 되게 하는 일에 엄청난 가치가 있는 프로그램이라는 점을 강조해 둔다.

① 1차 이냐시오 프로그램 참가:
필자가 17년(06년 기준)전에 천주교 〈고난회 계통의 수도원〉인 서

울 우이동 "명상의 집"에서 "The Spiritual Exercises of St. Ignatius of Loyola"(이냐시오 영성수련)을 1989년 7월 3일 아침 10시부터 8일 밤 오후8시까지 <1주 프로그램>을 미국인 '원장인 Thomson 신부'의 지도 하에서 절대 <침묵과 독방>에서 완전 홀로의 환경 속에서 하나님과 성경만 생각하는 영성수련에 참가하게 되었다. 그런데 그 때에 만 3일이 지나는 날밤에 성경묵상 중에서 〈하나님 체험〉을 처음으로 경험한 것이다. 그래서 그날 밤에 밤새도록 <황홀한 기쁨>에 취해서 찬송을 부르다가 기도하고 또 기도하다가 찬송을 부르면서 밤을 새웠다. 그때 그 〈영성의 맛〉이 기초가 되어서 그 후에 계속적으로 <영성수련 운동>을 꾸준하게 지속한 것이다. 이것이 필자를 '영성신학의 세계'에서 살다가 죽게 하는 동기가 된 것이다.

② 2차 이냐시오 프로그램 참가:

그리고 '2003년 2월25일 오전10시부터－3월6일' 낮까지 이냐시오 영성수련운동의 총본부인 서울 서강대학교 안에 있는 예수회(JESUIT) 본부에서 주관하는 이냐시오 영성연구소에서 실시하고 있는 <10일 프로그램>에 참가한바 있다.

♣ 필자가 이 동일 프로그램(주관기관은 다르지만)에 재차 참가한 주목적은 다음과 같다.

㉠ '이냐시오 묵상수련'의 순수한 본질을 정확하게 재점검하고 정리하는 일이다

필자가 제1차 이냐시오 영성수련을 받은 이후에 지속적으로 성경묵상영성수련을 주관해 왔기 때문에 <성경으로 기도하기>는 꾸준하

게 지속되고 있었다고 할 수 있다. 그런데 문제는 그 기도내용이 동일하지 않다는 점이다. 그래서 깨우친 것이 이냐시오의 본질을 정확하게 확인한 다음에 개신교식의 성경묵상기도운동의 틀을 정리해야 한다는 일종의 사명의식을 가지게 되었다. 필자가 묵상과 관상기도 생활에서 깨우치고 얻은 것이 너무나 크고 많았기 때문에 이에 보답하는 열매가 있어야 한다는 일종의 신앙적 의무감에 있었던 것이 사실이다.

ⓒ 〈내 것과 천주교 것〉을 정확하게 분리확인 할 필요성을 느끼고 있었기 때문이다

필자가 15년(04년 기준)간 성경묵상 생활과 훈련에서 느끼고 경험하고 정리한 성경묵상 내용들이 조금씩 변하고 있다는 느낌을 받았다. 왜냐하면 내 성경묵상 생활에서 초창기에 있었던 것과 후기에 있었던 것과는 차이가 있다는 것을 발견했기 때문이다. 이러한 과정에서 필자는 "성경묵상기도"는 여러 가지 방법으로 개발할 수 있다는 영감을 받은 것이다.

③ 김양환 식의 고유한 프로그램 개발은 불가능한가?

필자가 2차 이냐시오 프로그램 참가를 통해서 얻고 그리고 깨우치게 된 것은 이냐시오 식 성경묵상을 개신교의 mind를 가지고 새롭게 재 정리해서 나름대로 우리에게 적합한 프로그램으로 개편하는 작업에 큰 도움이 되었다고 생각한다. 그리고 이것을 수강생들에게 적용도 해 보면서 적절하게 수정 정리한 것이 필자가 주관하는 '성경묵상 프로그램'이다.

(3) 셋째가 〈관상기도〉수련이다

관상기도는 이론만 가지고는 접근할 수 없는 기도라는 점에 강조점을 두고 싶다. 왜냐하면 기도운동은 언어의 작용이 아니고 '체험의 작용'이기 때문이다. 그리고 가장 중요한 것은 관상기도는 3박4일이나 4박5일 프로그램으로 완성되는 것이 아니라는 점이다. 이것은 상당한 시간과 정력과 정성을 드려도 간만하게 "내 것"이 되기가 힘이 든다는 문제점을 가지고 있다. 그래서 깨우친 것이 단시일에 '완성'하려는 생각을 버리고 관상기도에 관심과 매력을 느끼고 지속성을 유지하도록 지도해야 된다는 새로운 깨우침을 받은 것이다. 이렇게 하기 위해서는 다음과 같은 새로운 방법을 선택할 수밖에 없다.

① 〈관상기도의 맛〉을 느끼고 깨우치게 하는 것이 급선무다

가장 중요한 것은 '관상기도의 맛'을 느끼고 깨우치고 체험하게 하는 일이라고 생각한다. 이 맛을 모르면 앞으로 나아갈 수가 없기 때문이다. 그래서 이에 대한 기초훈련을 통해서 관상기도에 대한 〈흥미를 느끼고 맛을 경험〉하는 것이 일차적인 목표가 되어야 한다고 생각한다. 사람이 '맛'을 모르면 지속성을 유지하기가 대단히 힘이 든다는 것을 수 없이 경험하고 있기 때문에 이것은 대단히 중요하다고 생각한다. 관상기도의 '맛'을 안다는 것을 글자로 설명하기가 대단히 어렵다고 느끼고 있다. 그 '맛'이 무엇일까? '맛이란 체험이다' 이것은 각자가 개인적으로 그리고 주관적이고 내면적인 과제에 속한 비밀스러운 신비한 느낌이다. 그렇기 때문에 신학적으로 정리가 된 지도자의 지도를 받아야 한다는 원칙을 준수할 필요가 있다. 지도자를 선택하는 기준이 무엇일까? '기도는 삶이다'. 그래서 지도

자의 삶의 실상을 보고 그리고 지도자를 선택해야 한다는 원칙을 준수하는 것이 중요하다.

② '관상기도의 생활화'가 필요하다

관상에 대한 '친근감'을 가지고 지속적인 〈자기수련〉에 정성을 다하는 의지가 필요하고 이 계속성을 통해서 '관상의 생활화'가 가능하도록 하는 것이 궁극적 목적이다. 관상기도에 대한 "이론적인 설명"은 기도학을 전수하는 신학대학원을 나온 사람이면 누구나 설명할 수가 있다. 그러나 이러한 이론적인 설명으로는 관상기도의 참맛을 느끼기가 대단히 힘이 든다고 생각한다. 기도는 생활이기 때문에 생활에서 관상기도의 맛을 깨우치도록 하는 노력이 필요하다. 관상기도는 생활을 떠나서는 그 참 맛을 느낄 수가 없다는 점을 인식해야 한다. '관상기도의 생활화'란 무엇일까? 이것은 관상기도에서 체험한 내용이 '자신의 생활철학'으로 정착하는 것을 뜻한다고 말하는 것이 구체성이 있는 설명이라고 생각해 본다.

③ 관상기도란 "문을 두드리는 기도"(마7:7)다

이것이 예수님이 말씀하신 기도내용이다. 우리가 문을 두드려야 저편에서 기다리고 계신 하나님이 문을 여시고 맞이해 주시기 때문이다. 필자는 전통적인 기도학을 접하면서 기도학의 성경본문(text)은 무엇일까? 기도학의 성경본문을 설명한 신학자나 영성가가 내가 읽는 책에서는 발견을 하지 못했다. 그래서 늘 궁금하게 생각하고 있었다. 그런데 기도 중에 마태 7장 7절 "문을 두드리는 것"이 관상기도라는 영감을 받은 것이다.(체험이야기는 후에 설명할 것이다.) 그래서 나의 두 번째 책 "하나님 체험의 길잡이, 제10장 예수님의 기도론"(김양환저, 진흥출판, 1996, P.194-228)을 쓰게 된 것이다. 이 책에서 상세하게 설명하고 있어서 참고가 될 것이라고 생각한다.

(4) 넷째가 〈감성관리 영성수련〉이다

필자가 개발한 예닮 영성수련 프로그램은 <영성계발과 감성계발>을 한 프로그램 속에 들어 있게 했으나 그 내용은 완전히 분리해서 처리할 수 있도록 했다는 특색이 있다. 대부분의 영성수련자들이 <감성계발 문제>를 독립적으로 처리하지 않고 <영성계발>항목에 포함 시키고 있다는 점에서 필자의 것은 완전한 새로운 시도라고 할 수 있다. 감성문제는 EQ심리학에서 강조한 것처럼 인간의 '삶에 엄청난 영향력'을 가지고 있기 때문에 교회생활에서도 무시할 수 없는 과제가 되고 있다. 그래서 필자의 프로그램은 <영성계발프로그램>에서 독립된 것으로 〈감성관리 훈련〉을 할 수 있도록 되어 있다는 점을 거듭 강조해 둔다. 이 프로그램은 감성관리 능력계발에 필요한 수련을 통해서 일상생활에서 〈예수님의 가슴〉을 가지고 '천국의 행복감'을 소유하고 생활하는 실천자가 되게 하는데 목적이 있다. 그 동안 수많은 프로그램이 등장했으나 감성관리 비법을 완성한 프로그램이 없었다는 점에서 필자의 프로그램은 신비할 정도로 완벽에 가까운 효과가 있다는 점을 강조한다. 이것이 바로 예수님 자신이 제시하신 방법이라는 점에 특별한 의미가 있다. '악성감성의 소멸' 없이 인간행복은 불가능하다. 이것이 예수님의 복음이요 교회가 지상에 존재해야할 중요한 이유들 중의 하나가 된다. 이것이 지상에서 지옥을 몰아내고 행복한 세상을 만드는 비결인 주님의 복음이다.

1. 영성신학의 기초적 과제

영성신학의 기초는 '인간의 실존과 생명의 원천'을 구체적이고 정확하게 인식하고 체험함에 있다. 영성신학이나 영성수련문제도 현존하는 사람과의 관계에서 이루어지는 신학적이고 신앙적인 과제가되기 때문에 정확하고 합리적인 '인간이해'가 우선적인 과제인 것이사실이다. "인간의 실존과 생명의 원천은 무엇일까?" 그 정답을 설명하려고 생각한다.

1) 인간실존(Reality)이 무엇인가?

인간 실존에 대한 설명은 여러 가지 해답이 가능하다고 생각한다. 이 말은 그 사람의 인생철학에 근거한 색다른 설명이 가능하기 때문이다. 그러나 이곳에서 언급하려는 것은 분명 기독교적인 인생관을 기초로 하는 "인간실존론"을 언급하려는 것이다. 그리고 인간의 '참 존재' 혹은 '참나'를 인식하는 것은 모든 것에 우선해야한다. 이곳에서는 미국 근대사에서 높은 호평을 받고 있는 유명한 영성가인토마스 머틴(merton)의 사상을 소개하려고 생각한다. 그는 주장하기를 *"영성신학의 기초에서 중요한 것은 인간의 영성과 거룩성은- 후천적 덕목이 아니라 존재론적으로 하나님의 신성과 거룩성에- 참여할 수있도록-(선천적으로)지음 받았다- 거룩한 삶은 인위적인 종교적 노력과 도덕적 공적으로 쌓아지는 덕목이 아니다. 그래서 인간의 영성적 삶은 행위(doing)의 문제이기 전에 존재(being)의 문제가 우선 한다"* (김경재 저, 그리스도인의 영성훈련, 기독교서회, 1988, P.187)라고 주장한다. 머틴의 주장에서 얻을 수 있는 것은 "인간실존은 선천적으로 하나님의 신성과 거룩성에 동참할 때만" 자신의 참 존재성을 확인할 수 있다는 것이다. 그래서 신학계에서 하나님을 떠난 인간은 non-being(무 존재)이라는 용어를 사용하기도 한다. 사실상 '참 나의 실상'(實像)을 찾기 전에는 언제나 '허상(虛像)적 나'가 내 주인이 된다는 점을 인식할 필요가 있다.

2) 인간생명의 원천은 무엇인가? '창세기2장7절'에서 생명의 원천을 찾는다

우리는 생명의 원천에 대한 인식을 새롭게 할 필요가 있다. 히브리 사상의 골격은 모든 존재의 "제1원천은 하나님이시다" 라는 기본적인 사상의 틀을 가지고 있다. 그래서 구약성경에서 가장 많이 등장하는 사건인 <전쟁 이야기>에서 "승리의 제1차적인 원인은 하나님의 협조"라고 기록하고 있다. 그리고 "전술이나, 군인의 수나, 무기 등"은 제2차적인 승리의 원인이 될 수 있다고 믿고 있는 것이 히브리 사상이다.

이러한 차원에서 '창2장7절'을 해석해야 한다. 창세기에서 "여호와 하나님이 흙으로 사람을 지으시고 생기를 그 코에 불어넣으시니 사람이 생령이 된지라" (창2:7)라고 되어 있다. 이것은 하나님께서 인간을 창조하실 때에 사람의 형상을 만드신 다음에 '공기 속에 하나님의 기운(생기)'을 혼합해서 창조하신 다음에 사람의 코에 불어넣어서 살아서 움직이는 생명체가 되게 하신 것이다. 필자는 이 말씀을 사람으로 하여금 공기를 들어 마시면서 공기 배후에 존재하는 "하나님의 기운"을 인식할 것을 명령하신 말씀으로 수용해야 된다고 생각한다. 이것은 효과적인 하나님 임재훈련이 될 수 있다고 생각하고 있다.

♣ 창2장7절을 '하나님 임재인식' 훈련으로 활용한다.

필자는 산에 올라가서 두 시간 정도 묵상기도 상태에서 신선한 공기를 들어 마시고 내 뱉는 동작을 지속하면서 공기 배후에 숨어 있는 '하나님의 기운'을 인식하는 훈련을 하면서 이상한 현상이 나타나는 체험을 한 일이 있었다. 그렇게 두 시간정도 반복하고 있을 때에 갑자기 내 몸에서 이상한 사건이 일어난다. *"하나님의 생기가 내 몸을 풍선처럼 부풀어 커지게 하는 느낌을 받게 된다. 그리고 황홀한 기쁨이 내 마음을 사로잡는 체험을 하게 된 것이다."* 이것을 언어로 표현하기는 미급한 점이 너무나 많다는 생각을 하고 있다. 필자가 이러한 '하나님의 기운'에 대한 체험을 한 다음에 수강생들에게 '하나님의 기운'을 인식하는 훈련을 실시하고 있다. 그리고 필자는 유치원 꼬마에게 '창2장7절'을 적용해서 실험해 본 결과 '내 생명 속에 하나님의 기운이 존재한다.'는 것을 인식하게 할 수 있다는 믿음을 가지게 되었다. 내 경험으로 보아서 어린이 기독교교육에서 저들 가슴 속에 "내 몸에 하나님의 기운이 존재한다."라는 믿음을 심어주는 것 이상으로 효과적인 방법은 없다고 생각한다.

♣ 욥의 창세기2장7절에 대한 신앙적인 증언은 깊은 뜻이 있다.

성경에 등장하는 사람 중에 '생명과 죽음'에 관한한 '욥' 이상의 경험자가 없다고 생각한다. 그러한 욥이 '창2장7절'을 그대로 믿고 애용한 사람이라고 생각한다. 욥이 창세기2장7절 말씀을 '자신의 생명개념'으로 생각하고 살아온 신앙고백적인 내용을 아래에 소개한다.

욥27:3 *"하나님의 기운(the spirit of God)이 오히려 내 코에 있느니라."*

욥32:8 *"사람의 속에는 심령이 있고 전능자의 기운이 사람에게 총명을 주시나니"*

욥33:4 *"하나님의 신이 나를 지으셨고 전능자의 기운이 나를 살리시느니라."*

필자는 수련생들에게 〈욥27장3절〉을 "암송훈련 본문"으로 사용하도록 권한다. 그 방법은 기도하는 자세로 공기를 길게 들어 마시면서 "하나님의 기운이 내 코(호흡)에 있느니라."를 열 번 이상 반복해서 암송한다. 이것은 매일 아침기도 시간에 하는 것이 좋다고 생각한다. 그래서 '내 생명의 원천은 하나님의 기운이다'라고 확신하게 하는 것이 필자가 강조하는 '하나님 임재인식훈련'의 하나다.

2. 영성신학의 정의

1) 그리스도의 지성, 감성, 영성을 깨우치고 체험하고 본받게 하는 신앙적 노력이다.

영성신학은 철저하게 성경에 기초한다. 왜냐하면 성경은 영성신학적 체험기록이기 때문이다. 그래서 성경을 통해서 보여주는 '그리스도의 지성, 감성, 영성'을 학습하고 깨우치고 소유하기 위한 '전인적으로 수련하는 학문'이다. 그리고 영성신학은 '생활신학'이라고 할 수 있다. 왜냐하면 영성신학의 출발점이 '영성적인 삶'에 갈증을 느끼는 사람들이 시작한 영성적인 생활이론에 기초하고 있기 때문이다. 이것은 영성생활에 필요한 내용을 신학적으로 정리한 것이라고 할 수도 있다. 영성신학에서 문제가 되는 것은 "어떻게 예수님처럼 살 수가 있느냐?"라는 점이다. 그래서 '예수님의 생활철학'에 관심을 가지게 되는 것이다.

2) 영성신학은 '영성, 지성, 감성'의 균형발전을 전제로 한다

현실적으로 우리가 고민하고 있는 신앙적 과제는 영성, 지성, 감성의 '불균형 상태'가 심각한 지경까지 와 있다는 점이다. 이것은 모든 사람이 공인하고 있는 현실이다. 현재 우리의 고민은 기독교인의 정신적 기능에 대한 관심이 대단히 미약하다는 점이다. 특히 기독교 감성세계에 대한 신학적인 관심이 백지에 가깝다는 것은 우리 교계가 얼마나 일반사회에 뒤떨어져 있는가하는 것을 말해준다. 현 시점에서 우리는 낙후된 기독교감성적인 과제에 대해서 새로운 불씨를 지펴야 된다고 생각한다. 이것이 없이 한국교회는 어두운 밤이 지속된다는 점을 자각해야 한다.

3) 영성신학은 체험적 신학이다

인간자신의 심연 깊은 곳에서 자신의 '참 실재와 하나님의 형상'을 발견하고, 그곳에서 말씀하시는 하나님의 '내면적 음성과 빛'을 직관하는 방법을 깨우치고, 거룩한 하나님과의 '만남'을 가능하게 하고, 자신의 존재 근원이 되시는 궁극적 실재이신 '하나님 체험'을 가능하게 하는 등의 방법을 배우고, 깨우치고, 느끼게 하는 체험적 신학이다. '체험적 신앙'이 없는 기독교는 일종의 "그림자"와 같이 실체가 없는 허상적인 존재라는 점에 각별한 관심을 가져야 한다. 체험적인 신앙은 기독교를 내 가슴과 마음속에 간직한 "내 소유"가 되게 한다. 그러나 체험이 없는 신앙은 상상 속에 있는 기독교를 가지고 있다고 할 수 있다. 그래서 영성신학을 통한 체험적 신앙을 확립하는 교회가 되어야 한다고 생각한다.

3. 영성의 단계(길)

영성의 길은 <정화의 단계, 조명의 단계, 일치, 완성의 단계>로 구분한다. 성 어거스틴은 "The City of God"에서 우리가 살고 있는 지상에는 '하나님의 도성과 사탄의 도성'이 존재한다고 강조한다. 이것은 인간이 이 세상 삶의 현장에서 두 도성 중 하나를 선택할 것을 강요하고 있다고 할 수 있다. 이 선택은 모든 문제에 우선한다. 이 말은 "사탄의 도성시민"에게는 하나님과의 관계성조차 가질 수가 없다는 말이 되기 때문이다. 그래서 이것은 대단히 시급하고 최우선적인 과제가 될 수밖에 없다. 인간은 하나님의 축복을 떠나서 하루도 살아갈 수가 없다. 그러나 사탄의 시민에게는 하나님의 축복의 대상이 될 수가 없게 된다는 것이 문제가 된다. 그래서 우리가 추구하는 '영성의 길'이란, 캄캄한 지옥의 길을 거부하고 밝고 행복한 '하나님의 길', 하나님의 도성 시민의 길을 선택하는 생활이라고 할 수 있다. 우리 기독교 신학과 신앙의 조상인 어거스틴 할아버지는 "하나님의 도성"이라는 책에서 1100페이지가 넘는 긴 글을 통해서 "하나님과 사탄의 세계의 차이점"을 설명하고 있다. 이것은 이 작업이 얼마나 힘이 드는 작업이라는 것을 말해준다. 그러나 예수님은 이것을 간편하고 분명한 방법으로 〈식별〉할 수 있는 길을 열어주시고 있다는 것은 대단히 중요한 뉴스다.

1) 정화의 단계(The Purification)

영성의 길에서 첫 번째로 등장하는 것이 정화의 단계다. 정화란 사람의 마음상태가 하나님이 창조하신 본래의 마음상태로 회복하는 것을 뜻한다. 그러나 이에 대한 학자들의 해석은 하나가 아니다. 사람마다 생각하는 초점이 동일하지 않기 때문에 여러 가지 설명이 가능하다. 그래서 이것을 〈일반적인 해석〉과 필자가 생각하는 〈새로운 개념〉을 소개하려는 것이다.

(1) 정화에 대한 일반적인 견해는 다음과 같다

① 정화란 하나님이 창조한 "하나님의 형상"으로 돌아감이다
정화란 하나님께서 창조하신 본래의 상태를 말한다. 이것은 죄악으로 오염되고 더러워진 상태이전을 지목하는 말이다. 그러나 이것을 구체적이고 선명하게 인식한다는 것이 대단히 어렵다. "범죄이전의 아담의 모습은 어떠한 것일까?" 그러나 범죄 이전의 아담의 모습을 구체적으로 소개한 사람도 글도 없다는 것이 문제가 된다고 생각한다.

② 정화란 〈비움, 고요함, 단순함, 순수함, 참마음〉 등 그리스도의 성품을 소유함이다
정화가 "마음의 비움, 고요한 상태, 단순함, 순수함, 참마음" 등을

뜻한다는 것은 틀린 설명이 아니다. 이것은 인간의 마음이 하나님이 창조하신 마음의 모습을 설명하는 말이 되기 때문이다. 그러나 이것은 약간 복잡하고 기억하기 힘들고 긴말로 설명을 해야 되는 내용이다.

③ 정화란 〈5종의 침묵〉이 되어있는 상태다

영성학자 중에서 5종의 침묵을 이야기하는 사람이 있다. 5종의 침묵이란 "말, 동작, 감성, 욕망, 상상력의 침묵"을 뜻한다. 이것은 하나님이 창조한 활동기능의 타락한 모습을 침묵시키고 긍정적인 기능만 활성화하게 하라는 말이다. 이것을 구체적으로 설명하면 "말, 동작, 감성, 욕망, 상상력의 타락성(부정적인 요소)을 침묵하게 하는 것"이 정화라는 뜻이다.

(2) 정화의 정답은 〈지성과 감성의 정화〉다

정화의 '일반적 견해'는 맞는 말이다. 이것은 잘못된 말이 하나도 없다는 뜻이다. 그러나 이것은 약간 '추상적이고 복잡하고 구체성'이 약하다는 약점을 가지고 있다. 그래서 이것을 간편하고도 구체성이 있는 말로 정리하면 "지성과 감성의 정화"라고 하면 된다. 이것을 다른 말로하면 "내면적인 삶의 정화"라는 말로 설명할 수 있다. 그리고 가장 중요한 것은 이 정화는 '80%가 마음의 정화'를 뜻한다는 점에 유의해야 한다고 생각한다. 이것은 또한 마음의 문제가 얼마나 중요하고 각별한 관심을 가져야 하는 과제가 되고 있다는 것을 자각하라는 말도 된다. 이것은 영성세계에서도 마음의 문제에서 실패하면 끝장이 난다는 것을 말해준다. 마음의 문제는 모든 면에서 중요한 과제라는 점을 심각하게 생각해야 한다.

(3) 조명의 단계(The Illumination)

십자기의 성 요한은 이 단계는 *"영의 길을 걷기 시작하는 단계요, 체험의 단계"* 라고 주장한다. 조명의 단계는 '진리의 빛에 조명된 삶'을 뜻한다. 그래서 그 삶은 밝고, 맑고, 자유롭고, 감사와 기쁨의 삶이 이루어진다. 그리고 교인들이 가장 큰 관심을 가지고 있는 "체험적 신앙"은 이 단계에서 이루어진다는 점을 인식할 필요가 있다.

조명의 단계에는 '두 자지 특색'이 있다.

① 〈진리의 빛〉에 의해서 그 삶이 이끌어진다

'진리의 빛'이 작동하면 그 사람이 나 중심의 삶에서 '하나님 중심의 삶'으로, 세속에서 '성서적인 삶'으로, 육 중심의 삶에서 '영 중심의 삶'으로 바꾸어진다. 이것은 "진리의 빛"이 그 사람의 생활을 이끌고나간다는 말이다.

② 영성적 〈깨우침과 체험〉이 찾아온다

영적인 '깨우침과 체험'은 이 단계에서 시작된다. 그리고 세상이 달라지게 보인다. 우주만상과 모든 사건 속에는 〈신적인 의미〉가 존재함을 느낀다. '꽃' 한 송이에서도 '하나님의 솜씨와 기운'(손길)을 느끼게 된다. 그리고 모든 사건에서는 〈특별한 의미〉를 조명해 준다. 그래서 뜻 없는 고통의 삶, 지루한 삶, 답답한 삶이 얼마나 비신앙적인 삶이라는 것을 실감하게 된다. 필자가 옛날 감옥에 있을 때에 영성적인 체험이야기를 하면서 창 밖에 있는 나뭇가지들이 바람에 흔들리는 모습이 마치 "천사들이 춤을 추는 모습으로 보였다" 는 이야기가 바로 이 단계에서 얻어진 체험이다.

(4) 일치, 완성의 단계(The Unity, Perfection)

이것은 하나님과의 〈영적 일치〉를 뜻한다. 이의 대표적인 성경은 아래와 같다. *"그러므로 하늘에 계신 너희 아버지의 온전하심과 같이 너희도 온전하라"* (마5:48) *"너희 하나님을 본받는 자가 되고"* (엡 5:1) *"너희가 내 안에 내가 너희 안에 있는 것을 너희가 알리라"* (요 14:20) 이상의 성경말씀처럼 〈하나님과 내가 하나〉되는 신비한 체험이 가능해진다. 이 단계에서는 〈천국적 삶〉이 이루어진다. 천국의 삶은 하나님 나라의 기쁨과 평화와 행복이 지배하는 삶을 뜻한다. 주기도문에 있는 것처럼 "뜻이 하늘에서 이루어진 것같이 땅에서도 이루어지다"의 삶이 실현된다.

4. Everlyn Underhill이 이해하는 〈영성의 길〉

이 글은 내 친구 류기종 박사(전 미국 감신대 총장)의 강의노트를 참고한 것임을 부언해 둔다. 그러나 류 박사가 복사해 준 강의노트의 출처(모 잡지라고 말함)를 알 수가 없어서 원저자 이름을 드러낼 수가 없는 것을 유감으로 생각한다. 이곳에서 소개하는 영국의 여성 영성신학자 언더힐의 <영성의 길>은 영성의 단계를 이해하는데 도움이 된다고 생각해서 소개하는 것이다. 그리고 일반적인 영성가들의 주장에 추가하고 있는 부분이 있다는 것이 특색이라고 생각한다.

1) 자아의 각성 (The Awakening of the Self)

① 이것은 자아의 〈마음의 눈 열림〉을 말한다

마음의 눈이 열린다. 혹은 영적인 눈이 열린다는 것은 대단히 중요하다고 생각한다. 왜냐하면 마음의 눈이나 영적인 눈이 열리지 않는다는 말은 "미완성 신앙인"이 되고 있다는 것이 되기 때문이다. 이것은 일종의 영적인 불구자가 되고 있다는 증거다.

㉠ 〈눈 열림〉이란 바울의 눈에 붙어 있던 "비늘 같은 것이 떨어 졌다"는 것이다

이 "비늘"은 <고도의 학문과 지식>일 수도 있고, 그가 몸담고 자라온 <율법>일 수도 있고, 그의 사물을 보고 해석하는 <일상적 지식, 판단, 경험체계>일 수 있다. 성경의 "비늘"은 그의 사상적인 '세계관 등과 유기적 관계가 있는 것이 분명하다.

㉡ 그리고 "떨어졌다"는 것은 이것이 일대 '변화가 왔다'는 것을 뜻한다

이것은 보이지 않던 것이 보이게 되었다는 일종의 큰 변화가 일어나고 있다는 것이 이 사건의 핵심이다.

② 〈자아각성〉을 조개의 삶과 껍질로 비유 설명한다

㉠ '조개의 껍질'은 〈생명의 방패 막〉이다

Underhill이 "자아각성"을 조개의 생명과 껍질로 설명하고 있다는 것은 특별한 의미기 있다. 이 두꺼운 껍질은 적의 공격으로부터 자

신을 보호해 주는 방패의 역할을 한다. 이것이 얼마나 아름다운 모습인가? 그런데 인간자신에게 친근감을 주는 이러한 "보호 막"이 자신의 자유를 속박하는 하나의 〈감옥〉이 되고 있다는 것은 인간 보호막에 대한 새로운 생각을 하게 해 준다. 이 '방패 막'은 무조건 환영만 할 문제가 아니라는 새로운 인식을 강요한다.

 ⓒ 자신의 〈활동을 속박하는 감옥〉임을 깨우치고 탈출한다
 조개의 삶은 완전히 조개껍질 안에 갇혀 있는 자유도, 초월도 없는 속박뿐이다. 자아의 영적 눈 뜨임(영적 각성)이란, 조개처럼 제한된 체험한계 안에 갇혀 있던 인간의 영혼(심령)이 불현듯 또는 점진적으로 실재의 초월적 차원을 의식하면서 홀연히 '속눈이 뜨게 되는 것'을 말한다. 이것은 '탈출과 대변화'를 뜻하는 실천성을 강요한다.

 ③ 이것은 심리적으로 '회심(거듭남, 중생)의 체험'을 동반하게 된다
 인간의 도덕적인 변화보다 더 근원적인 〈존재의 변화〉에 역점을 둔다. 그리고 이러한 것은 점진보다는 갑작스런 체험 형태로 나타나는 경우가 많다.

 ④ '초월적 자각의 눈뜸'(the awakening of the transcendental consciousness)은 모든 종교체험의 핵심이다. 그리고 이것은 모든 건전한 종교적 신앙생활의 첫 번째 체험에 해당되는 단계이기도 하다. 이러한 체험이 동반되지 않는 종교생활은 기껏해야 '도덕주의, 주지주의, 심미적 정서의 감상주의'를 넘어서지 못 한다.

⑤ 영적 각성의 대표적 범례:

♣ 아씨시의 성 프란시스는 *"프란시스야, 네가 보는바와 같이 내 집이 허물어져 가고 있다. 너는 내 집을 수리하라"* 는 영음을 듣는 체험을 했다. 프란시스는 실재로 자기가 살던 마을 산모퉁이에 있던 허물어져가던 버려져 있는 한 성당을 수리했고, 그 수리과정을 통해 이것이 '허물어져 가는 전체 중세 교회를 갱신하라'는 주님의 소명으로 깨닫게 되었다. 이것이 자아의 각성이요 마음의 눈 열림의 사건이다.

2) 자아의 정화(The Purification of the Self)(정화의 단계)

① '중생, 거듭남'은 필연적 결과로서 '마음의 정화'를 체험하고 새사람으로 살아간다.

마음의 정화는 신비체험의 필수적 과제인 동시에 당연한 결과다. 그리고 앞에 있는 "정화의 단계"에서 설명한 부분은 이곳에서는 중복해서 설명하지 않는다.

② 정화의 정의를 성 리차드의 주장을 예로 들고 있다.

성 빅토르의 리챠드(Richard of St.)는 *"정화의 본질은 자아를 단순화시키는 데 있다"*라고 주장한다. 정화된 정결한 심령은 모든 것을 비우고 버림으로써 참으로 가벼워지고 단순해지는 것이다. 정화체험은 "부분"을 완전히 놓아버림으로 "우주전체"를 얻음이요, '작은 자아'를 버림으로 참 실재이신 '하나님의 생명'으로 살게 함이다.

3) 자아의 밝아짐(The illumination of the Self)(조명의 단계)

신앙인이 정화의 단계에서 승리하면 심령은 밝아지고 초월적인 빛의 조명으로 둘러싸이게 된다. "illumination"은 본래 빛의 "조명"을 뜻한다.

① 조명은 '심령 안'에서 비춰오는 〈내면의 빛〉이다.

조명은 밖으로부터 안쪽으로 향하여 비춰오는 타율적 빛이 아니라는 것이다. 이것은 사람의 마음속에서 비춰지는 내면적인 빛이라는 점에 특별한 관심을 가져야 한다. 이것은 "마음의 눈"이 사물을 식별할 수 있도록 빛을 밝혀주는 작용임을 인식해야 한다.

② 신적 현존체험은 맑은 공기를 마시듯이 가깝게 느껴진다.

하나님 현존체험은 저 높은 곳에 계시는 하나님 체험이 아니라는 점을 인식하는 것이 중요하다. 이것은 아주 가까이에 계시는 하나님으로 느껴지는 것이 특색이라는 점을 자각할 필요가 있다. 하나님은 언제나 가장 가까운 거리에 계신다는 것을 인식하기 위해서 매일 드리는 〈기도생활〉에서 이 느낌을 학습하고 훈련할 필요가 있다.

③ 〈하나님, 실재중심〉(God, Reality-centeredness)으로 변한다.

조명의 단계에 들어가면 그 특색이 〈자기중심〉(self-centeredness)에서 〈하나님 중심〉으로 의식변화가 일어난다. 모든 것, 내 생활도, 사업도, 학문도, 교회 생활도 나 중심에서 하나님 중심으로 변화 된다는 뜻이다.

④ 〈황홀감〉(Ecstatic experience)이 그 특징으로 체험된다.

황홀감이란 황홀한 기쁨의 감성이 자신의 존재 전체를 휘감아서 그 '황홀감'에 매몰되는 모습을 뜻하는 말이다. 이것은 언어로 표시할 수 있는 내용이 아니고 그 자신만이 느낄 수 있는 상태라는 것이 체험자의 고백이다. 하나님 체험과 같은 고도의 신앙적 체험사건은 언제나 황홀한 기쁨의 체험이 자신의 마음을 사로잡아서 천국의 감성에 취하게 해 준다.

⑤ 밝음의 체험은 감각적, 심리적 체험과 구분한다.

영적 빛에 조명된 사람은 "영원한 존재 안에 있는 보이지 않는 통일성"(the Hidden Unity in the Eternal Being)을 현실적 체험으로 느낀다. 그리고 만물이 하나님 안에 있고 하나님이 만물 안에 현존하심을 느낀다. 이런 사람은 <삶의 질>이 천국 적인 색깔로 개선되고 존재론적 변화가 나타난다.

4) 영혼의 어두운 밤(The Dark Night of the Soul)

이것이 언더힐이 제시하는 특색 있는 부분이다. 그는 이렇게 영성인의 "어두운 밤"에 대해서 관심을 가지고 있다.

이것은 영성 가들이 체험했던 온갖 밝은 은혜의 축복들이 사라지고 "암흑, 절망, 무의미, 무력감, 도덕적 타락의 유혹, 회의와 불신앙 등 부정적인 힘"에 의해 영혼이 압도를 당하게 되고 은총의 줄에서 이탈하게 됨을 말한다. 그리고 그 느끼는 강도가 천차만별로 동일하지 않다는 점이 그 특색이다. 왜 이러한 현상이 발생하나? 이에 대한 해석은 다음과 같다.

① 첫째가 심리학적 고찰이다.

이것을 심적 '에너지의 탕진'에서 오는 무력감이요, 긴장의 극한 상황에서 긴장된 기관들이 완전 이완상태에 빠진 것을 뜻한다는 것이다. 사람의 정신적 에너지도 그 기능의 변화가 있을 수밖에 없다는 것이 이들의 주장이다.

② 둘째가 종교철학적(형이상학적) 해석이다.

만물의 근원자체가 '밝음과 어두움, 음과 양, 선과 악', 이 두 원리의 '교차적 표출'이라고 해석할 수도 있다는 것이다. 그래서 '영성적인 어두운 밤'도 철학적인 원리에 의한 순환적인 변화의 한 순간으로 해석한다. 낮이 있으면 밤이 오는 것처럼 영적인 낮이 있으면 밤이 찾아오는 것이 우주의 원리라고 생각한다.

③ 셋째가 영성신학 자체의 해석이다.

㉠ 영성인의 영혼의 '어두운 밤'은 인간의 마지막 단계다.

이것은 <자아의 부정, 포기, 죽음>에서 나타나는 부정적 현상이라고 해석한다. 이것은 완성을 위한 하나의 '마지막 단계'라는 점에 초점을 맞추려는 주장이다. 이곳에서 저 섬에 가려면 이 다리를 지나가야 하는 것과 같이 '이 어두운 밤'을 거쳐 가야 한다는 말이다.

㉡ 실재와의 완전한 합일(Union)을 위한 마지막 '준비과정'이라고 해석한다.

'존재의 밑바닥에 귀의'하여, 신적 심연에서 영혼의 '어두운 밤'을 지난 후에 새롭게 완전한 <합일의 삶>이 이루어진다. 이것은 <하나님

과의 합일>을 위해서 필요한 "준비과정"이라는 점에 역점을 두고 있
다. 캄캄한 밤은 밝은 낮을 위한 준비과정이라고 해석하는 것과 같다.

5) 신적 생명과의 일치와 합일의 삶(The Unitive Life)

① 신적 생명과의 일치경험, 영혼이 신성의 가슴에 몰입되고 변
   화한다.

이것은 '내 생명이 하나님의 생명과 일치'함을 의미한다. 이것은
구체적으로 언급하면 인간의 '지성, 감성, 영성'이 하나님의 '지성,
감성, 영성'과 일치한다는 말이다. 또한 이것은 본질적인 변화를 의
미한다고 말할 수 있다.

② 이것은 〈불 속에 달구어진 쇠〉처럼 불과 쇠는 하나다.

우리는 불 속에 있는 쇠뭉치를 잘 알고 있다. 그 속에 있는 '쇠뭉
치'는 불 자체는 아니다. <불과 쇠>는 엄격하게 구분된다. 그러나
〈불 속에 있는 쇠〉는 '다르면서도 구별할 수 없다'는 것이 현실이
다. 이처럼 <하나님 속에 있는 영혼>은 구분하기가 어려울 정도로
신적인 경지의 삶을 공유할 수 있다는 뜻이다.

♣ 자아가 신성 안에 있다는 것을 "Deification, 혹 Spiritual
   Marriage"라 부른다. 이 삶은 신적 사랑에 합일 된 삶이다.
   그 상태는 〈거룩한 수동성〉(a holy passivity)의 삶이 이루
   어진다. 이 말은 내 심령은 이제 "내가 사는 것이 아니요 내
   안에 그리스도가 산다"는 삶의 경지에 들어감을 뜻한다. 이
   삶에서는 영혼의 '어두운 밤'이 반복하지 않는다.

5. 인간의 정신적 기능(제3장을 참고한다)

1) 정신세계에 대한 이론적 해석

(1) 동양철학의 정신세계
(2) 기독교 전통의 내면세계:
　① 지성적 기능(IQ):
　② 감성적 기능(EQ):
　③ 영성적 기능:

2) 지성(IQ)과 감성(EQ)에 대한 새로운 각성:

(1) 1995년 이전100년을 〈IQ왕국 시대〉라고 부른다.
　① IQ왕국이란 인간의 발전, 성공, 행복의 비결은 '지능지수 (IQ)계발'에 있다는 것이다.
　② 특히 '감성문제' 연구를 100 년이나 도외시하고 있었다는 것은 심각한 문제다.
(2) IQ왕국에 반기를 들고 등장한 것이 EQ심리학이다.
　① IQ(지능지수)가 삶에 제공할 수 있는 〈기여도는 불과 20%〉 에 불과하다는 것이다.
　② 그리고 IQ와 EQ는 완전 '별개의 계발 학습'이 필요하다는 것이다.
(3) EQ의 주장은 이미 성경에서 제시하고 있었다.
　마15:8-10　*겔33:31*　*렘12:2 *

① 이 성경은 입술(IQ)보다는 마음(EQ)이 월등히 소중하고 중요하다는 것이다.

② 특히 성경은 예언적 차원에서 정신적 기능을 설명하고 있다는 점에서 뜻이 있다.

(4) 감성에 대한 현대의학계의 반응:

(5) 감성문제에 대한 잘못된 생각이 있다.

① 감성문제와 감정적 신앙:

② 감정적 신앙의 상처:

③ 감성의 긍정적이고 실용적 신비성:

(6) 예수님을 학습한다는 것이 무엇인가?

① 예수님 학습은 <예수님의 지성, 감성, 영성>을 균형 있게 학습함을 뜻한다.

② 현재 우리는 균형 있는 학습이 이루어지고 있는가?

③ 그래서 지성적 신앙화는 잘 되어 있으나 '감성적 신앙화'는 백지에 가깝다.

6. 예수님의 순수 제자 육성법을 깨우친다 (제4장을 참고한다)

1) 예수님은 <행복한 감성>을 체험, 소유함을 첫 번째 제자 육성 비결로 제시하신다.

(1) 그의 복음운동은 <행복한 삶>에 1차적인 목적이 있음을 강조하신다.

① 이것이 유명한 <산상보훈 8복강의> 내용이다.(마5:1-12)

② 복음이 있는 곳에는 자동적으로 <행복>이 수반한다는 뜻이다.

(2) 예수님 행복관은 전연 새로운 것이다.

① <행복>이란 세속적인 감성을 <천국인의 감성>으로 바꾸는 작업이다.

② 이곳에서 행복에는 <진짜와 가짜>가 존재한다는 말을 암시한다.

(3) 성경 본문에 있는 내용(마5:1-12)

2) 예수님은 〈감성의 원천과 뿌리〉를 깨우침이 제자육성의 비결임을 언급하신다.

(1) 감성에는 〈하나님의 감성과 사탄의 감성〉이 존재한다.

① 예수님은 살인죄 강의에서 미움과 분노는 사탄의 속성임을 역설하신다.

② 이것을 사도 요한이 <미움은 지옥 간다>라고 복창한다.(요일3:15)

(2) 성경 본문에 있는 내용:

(3) 감성문제에 잘못된 인식과 해석:

① 미움은 유한성, 불완전성, 원죄성의 산물이다.

② 미움은 평범한 결함이기 때문에 '특별한 의미'를 부여하지 말라.

③ 본문은 '성 프랜시스 같은 성자'에게나 해당된 내용이지 평범한 사람과는 무관하다.

④ 이것은 <성화>와 직결된 것으로 높은 단계에 도달해서 얻

어지는 모습이다.

(4) 합리적인 인식과 해석:

① 본문은 악성감성의 <악마성 선포문>이다.

② 본문은 <기초적인 신앙고백서>다.

③ 본문은 <하나님의 축복>과 밀접한 관계가 있다.

④ 본문은 <감성색깔을 점검하는 삶>을 강요한다.

3) 예수님은 하나님과 사탄의 〈활동무대〉를 깨우침이 제자육성 필요조건임을 역설하신다.

(1) 하나님과 사탄의 활동무대는 사람의 〈마음 밭〉이다.

(2) 사람의 마음 밭은 〈하나님의 밭도, 사탄의 밭〉도 될 수 있다.

(3) 〈옥토〉가 암시하는 기본적 교훈은 무엇인가?

① 제자들은 마음 밭에 '구체적인 관심'을 가지라는 명령어다.

② 옥토 만들기 '학습 훈련'의 필요성을 강권하심이다.

(4) 성경 본문 내용 (마13:1-23)

① 마음 밭은 하나가 아니고 여러 개가 있다.

② "악한 자"와 밀접한 관계가 있는 밭도 있다는 것이다.

③ 옥토는 '삶의 열매'로 그 존재성을 입증한다.

4) 성경은 '새로운 차원'의 체험적 신앙을 제자육성 비결로 제시한다.

(1) 성경은 〈새로운 체험관〉수용을 강요하신다.(요일4:12, 요1:18, 마5:8)

(2) 감성색깔은 하나님 체험의 도구다.

(3) 〈체험 론〉에 대한 신학적인 정리는 다음과 같다

① 특수체험이 있다.

② 일반적 체험이 있다.

㉠ 이것은 보편적인 체험이어야 한다.

㉡ 이 체험은 '하나님 감성'(사랑, 기쁨, 청결 등)을 통해서 가능하다.

5) 성경은 〈성령의 열매〉를 맺게 하는 것이 제자육성의 비결임을 강조한다.

(1) 예수님의 제자가 된다는 것은 '성령의 열매'가 있다는 말이 된다.

(2) 성령의 열매는 감성색깔이다

(3) 이 말씀은 '본질적 변화의 필요성'을 강조한다.

(4) 우리 자신이 감성색깔의 검증을 통해서 '성령은사 여부'를 식별할 수 있다.

7. 분노에 관한 해석(성경의 분노학)
(제5장을 참고한다)

1) 「분노학의 서론적 설명」

① 분노(미움)의 존재는 '감정의 탐색과 연구'를 강요한다.

② 감성관에는 '세속적 감성관과 기독교 감성관'으로 대별한다.

③ 「성경의 분노학」은 신학적으로 정리되어야 한다.

④ 심리학에서 <분노>가 인간불행의 대표적 원천으로 주장한다.

⑤ '하나님 분노와 인간적 분노'를 동일한 차원에서 해석함은 큰 잘못이다.

2) 분노(미움)는 차원이 다른 세 종류로 분류한다.

(1) 하나님의 분노

　가) 하나님 분노와 하나님 언어:

　나) 하나님 언어에 대한 신앙적 자세:

　다) (성 요한의 글)

　라) 이 글이 주는 '그 의미'를 정리해 본다

　　① 인간언어로는 '하나님의 실존'을 정확하게 설명할 수 없다.

　　② 하나님 분노는 인간의 최고선(最高善)보다도 '선한 감성'이다.

　　③ 하나님 진노는 그의 사랑의 또 다른 표현이며, 사랑의 파도요, 함성이며, 진동이다.

(2) 인간적 의분

　가) 인간적 의분은 정의감에 기초한 원칙적으로 <선한 분노>다.

　　① 이 의분 자체는 인간 사회에 있어야 할 <필요한 분노>다.

　　② 이 의분은 <생산적인 분노>다

　나) 이 의분도 <하나님의 분노와는 그 차원이 다르다.

　　① 의분은 인간의 <상대적 감성>에 기초하기 때문에 <변

질의 가능성>이 상존한다.

② 인간적 의분은 악성 감성으로 '변질되기 전까지만' 의
로운 것이다.

다) 이 의분은 <인간적 분노>와도 엄격하게 구분한다.

(3) 인간적 분노

가) <인간적 분노>는 <하나님의 분노>와 그 차원이 다르다.

나) 인간적 분노는 대단히 복잡하나 두 가지로 대별한다.

① 첫째가 <잠재적 분노>다.

② 둘째가 <폭발적 분노>이다.

8. 명상기도운동의 필요성을 깨우친다.

제8장 "머리말" 중에서 "올바른 기독교 <명상운동>이다"라는 항목에서 간단한 설명이 있었으나 '명상'이라는 용어가 다양하게 사용되고 있기 때문에 혼선을 가져올 수가 있다는 점을 명심해야 한다. 그러나 '기독교 명상기도운동'은 특색이 있는 고유한 내용임을 강조한다.

1) 인간의 정신세계를 정확하게 인식해야 한다.

인간론이나 인간의 정신적 기능에 대한 정확한 학설과 이해는 인간문제를 다루고 연구하는 일에 중요한 기초적 역할을 한다는 것이 <IQ와 EQ의 논쟁>에서 알 수가 있었다. 이러한 심리학자들의 인간

의 정신적 기능에 대한 잘못된 이론이 되고 있는 "IQ유일사상"과 같은 것이 역사적으로 엄청난 혼선을 가져오게 하는 결과가 되고 있다는 것을 알고 있다. 그래서 기도운동에서도 인간의 정신세계나 그 기능을 정확하게 인식하는 것이 정상적이고 생산적인 기도운동에 도움이 된다고 생각한다.

(1) 심리학자들이 언급하는 〈정신적 에너지〉는 2종류로 구분한다.

1995년 이전 IQ왕국시절에도 "정신적인 에너지"는 하나가 아니고 '두 개'라는 것이 공인되고 있었다는 것을 학자들의 기록문서로 알 수가 있다. 그리고 종교적인 체험이나 영감 등을 창출하는 정신에너지를 정확하게 확인하고 인식하는 것이 대단히 중요하다. 그리고 '정신적 에너지'에는 다음과 같은 것이 있다는 것을 알아둘 필요가 있다.

① 첫째가 〈의식적 정신에너지〉다.

이것을 칼 융은 "신체적 혹은 주관적 에너지"라고 부르고 있다. (p.75, Calvin S. Hall, 융 심리학 입문, 최 현 번역, 범우사, 1985) 이것이 사람의 생활 활동에 필요한 정신에너지다. 이러한 에너지가 있어서 '사람이 말하고 듣고 생각하고 기억하고 활동하고 사랑하고 미워하고 춥고 아프고 등등'을 할 수 있게 되는 것이다. 이 말은 인간의 모든 현실적 생활 활동을 가능하게 하는 동력은 이 에너지가 있어서 가능하다는 뜻이다. 그러나 이것만이 있는 것이 아니다.

② 둘째가 〈꿈을 생산하는 무의식정신에너지〉가 존재한다.

사람이 <깊이 잠들어 있을 때> 꿈이 생산된다는 점에 주목해야 한다. '*이것은 의식적 에너지가 전부 다 올 스톱했을 때에 무의식 정신에너지가 활동 한다*' 는 말이 된다. 우리는 일상생활에서 의식적 에너지가 작동하고 있을 때에는 꿈같은 것이 나타나지 않는다는 것을 경험하며 살아가고 있다. 이것은 꿈을 생산하는 에너지는 무의식 에너지라는 것을 입증하는 것이 된다. 그리고 우리에게 관심이 있는 것은 이러한 무의식에너지가 '종교적인 체험이나 영감' 등을 있게 한다는 것이 심리학자들의 학설이라는 점이다. 이것은 기도하는 사람은 반드시 정확하게 인식해야 할 대단히 중요한 내용이라고 생각한다.

③ 여기에서 〈명상운동의 필요성〉을 깨우치게 한다.
「기독교 명상」은 구름 잡는 '공상'과 구분한다. 이것은 꿈을 생산하는 무의식정신에너지의 협조를 받아야 신앙적인 체험이 가능하다는 말이다. 이것은 의식적인 모든 활동을 잠재우고 꿈속으로 들어가야 무의식 에너지의 협조를 받을 수 있게 된다. 이것이 명상운동과 맥을 같이하는 부분이다. 그래서 '신앙체험을 위한 명상운동이 필요하다' 는 말이 된다. 그러면 그 체험의 형태는 어떻게 나타나는가? 이것은 여러 가지로 나타난다. 그러나 때로는 종교적 체험도 '꿈과 비슷한 모습'으로 신앙체험이 나타날 수도 있다. 그러나 체험은 다양한 형식이 동원된다는 점을 이해하는 것이 좋다. 하여튼 명상운동은 신앙적 체험을 유발하기 위해서 '실용적 작업'이라는 점을 인식하는 것이 대단히 중요하다.

(2) 현대인과 하나님 체험문제는 심각한 상태에 와있다.
한국교회는 체험적인 신앙에 대한 기독교적이고 신학적인 이론이 정립되어 있지 않은 것으로 짐작하고 있다. 이 말은 한국교회는 아직 합리적이고 '신학적인 체험개념'을 교단적인 차원에서 공인된 이론이 없는 것으로 알고 있다는 말이다. 현재 한국에도 신앙적 체험에 관한 문서들이 나와 있는 것을 볼 수 있다. 그러나 대부분이 '개인적인 체험사건'을 중심으로 체험적인 이론을 펴고 있다는 인상을 받고 있다. 이 말은 신학적으로 정리된 체험관이 미약하다는 말이다. 그래서 많은 기독교인들이 잘못된 체험관이나 사상을 가지고 있거나 때로는 전연 <기독교신앙 체험개념>에 관심이 없는 사람들이 되어있다.

① 하나님 체험은 '무의식' 정신에너지의 산물이다.

칼 융은 현대인이 하나님을 체험할 수 없는 중요한 이유가 사람들이 *"주관적인 의식세계에 사로잡혀서 옛날부터 '진리의 신'은 오로지(때로는) '꿈이나 환상'을 통해 말을 걸어온다고 하는 것을 잊고 있기"* 때문이라고 주장 한다 (p.347, 칼 융 저, 무의식 분석, 설 영환 번역, 선영사, 1992) 이 말은 하나님과의 관계성이나 체험은 "꿈이나 환상" 등을 생산하는 '무의식 정신 에너지'의 작용인데 이것을 무시하고 오로지 '현실적 생활 의식작용'에 필요한 <의식적 정신에너지>에만 의존하고 또 이것이 인간 '정신세계의 전부'인 것처럼 생각하고 살아오고 있기 때문에 '종교적인 체험'세계와는 점점 멀어져 가고 있다는 뜻이다.

② 인간보물인 '영감'도 무의식 에너지의 산물이다.

칼 융은 *"수많은 예술가, 철학자, 과학자들의 최고의 업적은 무의식으로부터 돌연히 솟아오르는 「영감」에 의해 이룩되는 것이다"*(융 p.267)라고 강조하고 그의 책 여러 곳에서 '종교적 체험'도 이러한 무의식

'정신에너지의 산물'임을 언급하거나 암시한다. 인간 역사에 나타나 있는 "미술, 음악, 문학, 철학, 종교 등"의 기념비적인 대작들은 모두가 "영감"이라는 초인간적인 어떠한 힘에 의해서 작동되고 이루어진 작품이라는 것이 사실로 공인되고 있는 것이다. 이러한 초인간적인 능력이 작동되는 이 '영감'은 하나님이 주시는 선물로 믿어야 한다고 생각한다. 그런데 이 '영감'은 "하나님의 필요성"에 의한 하나님의 일방적인 선물이라는 점이다. 이 영감에 한해서는 신앙적인 기도의 결과에서만 나타나는 것이 아니고 불신자의 작품에서도 나타나는 경우가 있는 것이 사실이다. 왜 이런 것이 발생하는가? 영감은 "영감의 원칙"을 지키는 사람에게는 누구에게나 주시기로 하신 하나님의 선물이 되기 때문이다. 그러나 이러한 "삶의 원칙"을 지키는 사람에게 주시는 하나님의 선물은 영감이외에도 태산같이 많은 것들이 존재한다는 것을 알아야 한다. 그리고 중요한 것은 '영감과 체험적 신앙'과는 구분해야 한다는 점이다. '하나님 체험'은 깊은 '명상기도'에서만 가능하다는 점을 인식해야 한다. 이것이 필자가 깨우친 내용이다.

2) 기독교 고유한 〈명상기도운동〉의 정립이 필요하다.

(1) 성경에 '명상기도운동의 원리'가 존재한다.

마태5장3절 *"심령이 가난한 자는 복이 있나니 천국이 저희 것임이요"* 라는 말씀에는 여러 가지 해석이 가능하다. 그러나 필자는 *"심령이 가난한 자"*라는 말씀에서 두 가지 〈핵심 진리〉를 발견한다. 이것이 〈대표성이 있는 내용〉이기도 하다. 이 '대표성'이라는 말은 '다른 교훈'이 추가될 수 없다는 뜻이 아니라는 점을 분명하게 말해 둔다. 하나님의 말씀에는 대단히 폭이 넓은 의미가 숨어 있기 때문에 색다른 다양한 교훈을 찾아낼 수 있다는 말이다. 그러나 본문의 <근본정신>을 이탈하지 않는 범위 안에서만 다양한 해석이 허용된다. 본문에서 "심령이 가난한 자"라는 말씀이 "기독교 명상기도의 원문(text)"이 될 수 있다는 것은 다음에서 설명하는 내용 때문이다. 이것은 필자의 명상기도에서 깨우친 신앙고백이기도 하다.

① 첫째로 이 말씀은 <마음의 비움>을 뜻한다.

이것은 모든 정신적 소유물을 버린 <마음의 백지상태>를 뜻하는 것이다. 그래야 하나님이 그에게 주시고자 하시는 <당신의 설계도>를 그 '사람 마음판'에 그리실 수 있다는 말이다. "마음의 비움"이나 "마음의 백지상태"라는 말은 명상의 원리인 "의식작용의 정지"와 맥을 같이하는 동일한 의미가 있다고 생각한다. 그리고 본문에 있는 "심령이 가난하다"와 "마음이 비우다"라는 말은 동일한 내용이다. 이러한 점에서 본문은 명상기도의 원문이 될 수가 있다고 생각한다. 기독교 명상기도운동의 핵심이 무엇일까? 사실상 기독교 명상기도는 이처럼 내 심령을 가난하게 만들고, 그리고 내 것이 아무것도 없는 백지상태에서 "하나님의 소리"를 얻으려는 기도운동이라는 점을 깨우쳐야 한다.

② 둘째로 "*마음(심령)이 가난함*" 이란 <무아의 세계>를 뜻한다.

"마음의 가난"과 "무아"(의식작용이 없는 것)라는 말은 맥을 같이한다. 왜냐하면 <무아와 가난>은 똑같이 내 마음에 "아무것도 없다"라는 뜻이 되기 때문이다. 그리고 이 '무아'는 기독교명상의 원리와도 통하는 내용이다. 기독교 명상이란 의식적 작용을 철저히 사라지게 하고 '깊은 잠' 속으로 들어가서 꿈을 생산하는 정신에너지의 협조를 받아 '하나님 체험'을 가능하게 하는 기도운동이라는 점에서 "무아의 세계"와는 불가분의 관계가 있다. 사실상 "천국을 소유한 행복자"가 되려면 '하나님 체험'이 있어야 하고, 이 체험은 무의식 세계로 들어가야 가능하다는 점에서 이 깨우침은 특별한 뜻이 있다.

(2) 지성적 인식과 체험적 신앙의 조화가 요구된다.

① 인간 생활에서 '지성적 인식'과 '체험적 신앙'의 조화가 필요하다. 인간이 무엇을 안다고 할 때에 '지성적 인식'만으로는 '완전한 앎'이 될 수 없는 경우가 허다하다. 가령 우리가 누구를 〈사랑 한다〉고 할 때에 머리로 인식하는 것은 '미완성'에 불과하고 가슴으로 느끼고 '체험에서 완성' 된다. 우리가 <행복에 대한 이론적 박사>가 되었다고 해서 <행복한 사람>이 되는 것이 아니다. 이것이 지성적 인식의 '한계점'이다.

② 체험이 없는 신앙은 생명력이 없기 때문에 그의 삶과 행동에 영향을 주지 못한다. 하나님이나 신앙세계도 인식만으로는 '미완성 신앙'에 불과하고 '가슴으로 느끼고 체험'이 있을 때에 완성된다는 뜻이다. <하나님과 그 말씀>도 <가슴과 마음>으로 느끼고 체험할 수 있을 때에 '주님을 본받는 실천자'가 될 수 있다는 말이다. 그래서 〈꿈속〉으로 들어가는 〈명상기도운동〉이 필요하다.

3) 영상화 명상기도방법은 계발할 여지가 있다.

(1) 영상화 명상기도 방법은 상상력을 동원한 실용적인 방법이다.
성경에서 사건화 된 내용을 선택함이 좋다. 한 예로 <예수님의 광야

40일 금식수련 사건>(마:4장 1-11절)은 영상화의 좋은 내용이다. 처음에는 생소하나 반복적인 훈련을 통해서 '내 것'이 되게 할 수 있다.

(2) TV 화면과 시청자의 반응에서 '영상화의 가능성'을 발견한다.

TV의 뉴스나 드라마는 인간생활의 한 부분이 되고 있다는 것은 어제 오늘의 이야기가 아니다. 벌써 오래전부터 인간생활과 불가분의 관계가 되고 있는 것이 현실이다. 왜 그럴까? 이것이 주는 신앙적인 의미는 무엇일까? 기독교 운동의 영상화는 가능한가? 이러한 문제를 긍정적으로 탐색하고 기도하면서 연구할 필요가 있다고 생각한다.

① TV 드라마가 주는 교훈이 무엇일까?

♣ 오래 전에 유치원생 손녀와 함께 TV의 한 드라마를 보고 있었다. 그런데 내 등 뒤에서 훌쩍거리며 우는 소리가 나서 뒤를 돌아보았다. 그런데 뜻밖에 우리 꼬마가 눈물을 펑펑 흘리면서 슬퍼하고 있었다. 그가 TV화면을 바라보고 울고 있는 드라마 내용은 간단하다.

한 할머니가 큰며느리에게 구박을 받고 견디지 못해서 둘째 며느리 집에서 살게 되었는데, 또 그 둘째 며느리도 구박이 점점 심해져서 도저히 계속 그 집에서 살아갈 수 없다고 생각한다. 그래서 집안에 아무도 없는 틈을 타서 할머니가 행방 없이 아들집을 나가기로 결심한다. 그래서 어느 날 할머니는 옷 보따리를 들고 집을 나가서, 눈물을 흘리면서 길을 걸어가고 있는 장면이다

② TV 드라마의 반응을 통한 새로운 교훈을 찾아라.

우리 집 꼬마가 이 장면을 바라보면서 울고 있는 것은 무엇을 의미하는 것일까? 이것은 며느리 집을 등지고 가고 있는 '할머니의 슬픈 감성'과 똑같은 감성이 우리 '꼬마의 가슴속'에 나타나 있다는 점이다. 이것은 화면을 통해서도 동일한 감성교환이 가능하다는 것을 말해주는 것이다. 이 '드라마는 사실도 아니고' 배우가 연출하는 가상극이다. 그런데 이 연극에 등장하는 한 할머니의 감성을 '시청자가 동일한 감성을 공유'할 수 있다는 것은 주목해야 한다. 그런데 왜 '성경 사건'을 읽으면서 성경의 감성과 똑같은 감성을 느낄 수 없는가? 성경을 읽으면서 '감성이입'이 잘 안 되는 이유가 무엇일까? 심사숙고할 필요가 있다고 생각한다. 그래서 성경을 읽을 때에 TV화면을 보는 것처럼 '영상화하자'는 것이다. 이것이 '성경묵상 영상화' 프로그램이다. 그러면 성경 속의 사도들이나 예수님의 감성과 똑같은 감성을 인식, 체험, 그리고 내 것이 되게 할 수 있을 것이라는 말이다.

9. 기독교 전통적 '기도학'이 정착되어야 한다.

'전통적 기도학' 이야기를 하기 전에 기도문제의 서론적인 내용을 설명함으로 전통적 기도학의 필요성을 높이는 일에 도움을 주고 싶은 마음이 간절하다. 기도의 문제는 가능하면 완전하게 정리해서 성경과 기독교전통이 제시하는 기도의 틀이 정착하기를 바란다.

1) 한국교회는 '기도에 관한한 세계1등 교회'로 생각할 수 있다.

한국교회는 기도에서는 '결사적이고 열정적'이다. 기도에 '절대적인 가치'를 부여한다. 전 세계가 한국교회 기도운동을 부러워한다. 그렇게 많은 사람들이 40일 금식기도를 수행하는 나라는 한국만이 가지고 있는 특색이라고 할 수 있다. 새벽기도나 철야기도 운동도 한국에서만 찾아볼 수 있는 자랑거리가 되고 있다. 그런데 왜 한국교회는 캄캄한 밤에서 허우적거리고 있는 것일까? 한국교인의 기도생활과 현실생활은 완전한 별개의 생활이 되고 있는 것은 아주 오래된 이야기가 되고 있다. 우리는 그 근본원인을 찾아내야 한다. 그리고 근본적인 치유작업과 해결방법을 찾아내야 한다. 이것이 우리에게 부여된 하나님이 주신 시대적 사명이다. 이 사명을 완수하지 못하면 한국교회는 어두운 함정에 몰락되고 말 것이다. 우리에게는 여러 가지 문제점들이 있다고 생각한다. 그러나 이곳에서는 주로 기도의 문제를 이야기 하는 장소이기에 그 잘못을 찾는 일에 주력해야한다. 그런데 한국교회 '기도학은 뿌리와 원칙'이 약하다. 이 말은 우리 기도학은 <전통적 기도학>에서 상당부분 이탈하고 있다는 뜻이다.

2) 전통적 기도학은 일반적으로 <구송기도, 묵상기도, 관상기도>로 구분한다.

기도학에서 강조하는 것은 기도에는 단계가 있다는 것이다. 기도의 완성은 세 단계를 거쳐야 이루어진다는 말이다. 그리고 기도가 하나님과의 대화라는 것이 일반적인 정론이다. 대화는 말을 주고받는 것을 말한다. 그러한 의미에서 사람 편에서 하나님께 말씀을 드리고 그리고 하나님께서 기도하는 사람에게 주시는 말씀을 들어야 한다. 이렇게 말의 왕래가 있어야 대화라고 할 수 있다. 한 쪽에서 일방적인 통보하는 식으로 하는 기도는 대화가 아니다. 전통적 기도학은 우선 '두 종류'로 구분해서 생각해야 한다.

① 첫째가 〈드리는 기도〉다. 구송기도가 이에 속한다.

이 기도는 사람 편에서 하나님께 드리는 기도다. 이것은 하나님의 뜻과 섭리에 부합되는 내용 이여야 한다는 전제가 있는 것도 아니다. 다만 소박한 하나님의 동의와 축복을 전제한 기도다. 개신교에서 '드리는 기도'는 익숙하게 정착한 구송기도라고 할 수가 있다. 그러나 문제는 이것만이 기도라고 생각한다는 것이 문제가 된다. 이 문제는 앞으로 상세한 설명이 있을 것이다.

② 둘째가 〈듣는 기도〉다. 묵상과 관상기도가 이에 속한다.

그런데 문제는 개신교 기도운동은 하나님의 말씀을 듣는 이론과 훈련이 없다는 것이 현실이다. 그래서 듣는 기도를 각 사람에게 일임하고 있는 상태가 되고 있어서 원칙이 없는 기도생활을 할 수밖에 없다. 이러한 결과로 기도의 응답에 대한 불미스러운 혼선이 일어나고 있는 것도 사실이다. 그래서 필자는 두 가지를 제안한다.

㉠ 하루속히 "듣는 기도신학"을 문서화해야 한다.

이것은 「평범한 과제」가 아니다. 이러한 것은 시급한 숙제인 동시에 합리적이고 실용적인 이론과 프로그램이 문서화해야 한다고 생각한다. '인간적 소리'에 숙달된 사람들이 침묵하고 차원 높은 '하나님의 생각, 뜻, 말씀을 듣는 일에 몰두한다'는 것은 어려운 과제에 속한다. 특단의 방법과 노력이 요구된다는 말이다.

ⓒ '듣는 기도'는 상당한 훈련이 필요하다.

상대의 말을 듣기 위해서는 「침묵」하는 것이 상식이다. 그러나 영성신학에서 말하는 '침묵의 철학'은 심오한 뜻이 있다. 그리고 '침묵과 듣는 기도'는 강도 높은 '훈련이 필요'하다. 그러기 때문에 각 교단본부와 신학교 그리고 각 교회가 <듣는 기도훈련>프로그램을 만들어서 효과적으로 실천하는 것이 대단히 필요하다고 생각한다. 전통적 기독학은 세 종류로 구분한다. 이 기도의 세 단계는 다음과 같다.

1) 첫째가 구송기도 (vocal prayer)다.

이것은 주로 사람의 입과 소리로 하는 기도가 주종을 이루고 있기 때문에 "구송기도"라고 부르고 있는 것으로 생각한다. 그러나 입과 소리가 없는 기도도 하나님에게 바치는 기도는 구송기도에 속한다는 점을 알아 두는 것이 좋다. 사실은 '구송기도'란 말은 '묵상기도'와 구분하기 위한 용어라는 점에 유의할 필요가 있다. 구송기도는 첫 단계의 기도라는 점에 강조점을 둘 필요가 있다.

(1) 이것은 사람 편에서 하나님께 드리는 것이요, 바치는 기도다.

이 기도는 사람 편에서 하나님께 '일방적 드림'에 속하는 기도다. 그러나 기도학에서 <구송기도>는 소리를 내지 않고 마음으로 드리는 기도도 하나님에게 드리는 기도는 구송기도에 속한다. 어린학생들이 <글로 써서 하는 기도>도 구송기도의 범주에 속한다. 이것은 소리가 없어도 하나님에게 '드리는 기도'는 전부 다 구송기도에 속한다는 말이다.

(2) 구송기도에도 다양한 내용이 있다.

「청원(소원)기도. 찬양과 감사기도, 고백과 속죄기도, 중보기도」 등이 있다. 이것을 마음의 소리로 드린다고 해서 묵상기도가 되는 것이 아니다. 침묵 속에서 드리는 기도도 사람 편에서 하나님께 드리는 기도는 구송기도에 속한다. 개신교에서 말하는 '기도학은 대부분 구송기도'에 속하는 내용이다. 개신교 기도운동은 구송기도에 국한되어 있다는 뜻이다. 여기에 개신교 <기도운동의 불완전성>의 원인이 되고 있는 것이다.

2) 두 번째가 묵상기도 (meditation)다.

묵상기도는 하나님의 '생각과 뜻을 찾고, 듣고, 얻는' 기도다. 이것은 마태 7장7절의 "찾으라"의 기도다. 하나님의 마음, 생각, 뜻, 의도 등을 찾아가서 얻어내는 기도다.

(1) 묵상기도는 침묵에 기초한 명상기도다.

묵상기도는 소리 없는 기도라는 것이 중심요소가 아니다. 묵상기도 수련은 '침묵과 명상'의 수련이다. 묵상기도는 두 번째 기도단계라는 점에 유의해야 한다. 이 단계에서도 기도의 완성이 이루어지지 않는다는 점에 주목할 필요가 있다. 기도수련은 기도의 완성에 초점을 두고 있다는 것을 인식하는 것이 중요하다.

(2) 침묵에는 5종의 침묵이 존재한다.

① 말의 침묵과 ② 표시의 침묵 즉 동작의 침묵이다. 사람은 감성이나 생각을 표시를 통해서 전달한다. ③ 내적 침묵 혹은 감성의 침묵이 있다. ④욕망의 침묵과 ⑤상상력의 침묵은 주로 부정적인 욕망과 상상력의 침묵을 뜻한다. 왜냐하면 선한(신앙적)욕망과 상상력은 적극 활성화해야 되기 때문이다. 묵상기도는 이 5종의 침묵에 숙달되어 있어야 참 묵상기도가 가능해 진다. 여기에서도 학습과 수련의 필요성을 강조하게 된다.

(3) 개신교에는 〈침묵문화의 체질화〉가 필요하다. 새로운 ‘영성문화’를 만들어보자.

침묵기도를 장기간 실천하면서 깨우친 것은 ‘침묵문화’의 좋은 점을 우리 기독교 생활현장에 도입할 필요성을 생각하게 된 것이다. 이것은 새로운 과제로 영성생활에 필요한 내용이다.

① ‘침묵문화’라는 용어를 개신교회에 도입하고 싶다.

필자는 지금 ‘침묵문화’의 필요성을 이야기하고 있다. 침묵문화가 무엇일까? 이것은 묵상기도 문제와는 별도의 과제로 생각하고 제시하는 내용이다. 개신교 지도자들이 숙달하기 힘이 드는 부분이 바로 〈침묵문화의 체질화〉다. 그리고 대부분이 그 필요성조차 느끼지 못한다. 이 침묵문화의 체질화가 안 되면 바람직한 영성생활에 엄청난 장해가 된다는 것을 인식할 필요가 있다. 개신교 교역자들이 이 ‘침묵문화’에 대해서 일종의 거부감을 느끼고 그리고 이것을 얼마나 힘들게 생각하고 있나 하는 것을 경험 이야기를 통해서 소개하려고 생각한다.

♣ 오래전에 조용한 산 속에 있는 기도원에서 영성수련회를 개최한 일이 있었다. 그 때 필자는 총무와 협의해서 "침묵"이라고 쓴 글자를 복사해서 기도원 입구에서부터 본건물이 있는데 까지 양편에 20장 정도를 부착했었다. 그래서 기도원에 들어오는 사람은 누구나 어렵지 않게 "침묵"이라는 글자를 목격하도록 만들었다. 그런데 문제가 발생했다. 그것은 총무의 친구 중 한사람이 이 〈침묵〉이라는 글자에 압도를 당해서 마음에 갈등을 느끼게 되었다는 것이다. 그래서 그 친구는 고민 끝에 총무를 만나서 "정 총무! 저 '침묵'이라는 글자가 내 마음을 불안하게 하고 그리고 일종의 압박을 주고 있어서 집으로 돌아가려고 했으니 양해해 주기 바라 네"라고 전하고 집으로 돌아갔다는 것이다. 나는 그때에 약간 당황하고 실망하기도 했었다. 그래서 그 이후의 수련회에서는 "침묵"이라는 글자 부착을 조심스럽게 다루고 있다. 이러한 이야기는 이 침묵이라는 것이 개신교 지도자들에게 얼마나 생소하고 실천하기 힘들게 생각하는 것 중 하나라는 것을 말해준다. 그런데 '침묵의 체질화'는 생각조차 할 수 있는 것이 되지못하고 있다. 그래서 이것을 개신교회의 '인격문화'의 문제와 연결해서 새로운 인격문화를 창출해 보자는 것이다. 종교인은 종교인에 해당되는 생활문화를 만들어가야 한다고 생각한다. 인간의 생활문화는 시간과 함께 낡아지기 마련이다.

② '침묵문화의 체질화'는 인격문화형성을 뜻하는 말이다.

필자가 장기간 침묵생활을 실천하면서 생각하고 얻어낸 결론이 침묵문화의 체질화 문제다. 침묵문화의 체질화는 '순수하고 조용한 인품'을 전제하는 것으로 '인격적인 품성'을 표시하는 모습을 뜻하는 말이다.

♣ '5종의 침묵'을 '업그레이드'(한 단계 발전)해본다. 그래서 이것이 암시하는 깊은 뜻에서 다음과 같은 생활문화를 창출한다. 〈①필요한 말만하기 ②인품이 있는 동작하기 ③선한 감성 선택하기 ④선한 욕망선호하기 ⑤선한 상상력선호하기〉가 체질화가 되면 영성적인 품성이 있는 사람으로 인정받을 수가 있게 된다는 뜻이다. 이것이 '영성생활문화'가 될 수 있는 새로운 '신앙문화'로 정착하게 할 수가 있다고 생각해 본다.

3) 세 번째가 관상기도 (contemplation)다.

필자가 머리말 중, "3.예닮 프로그램의 구체적인<방향과 목적>"에서 '관상기도' 문제를 언급한 내용이 있다. 그곳에서 관상기도의 완성은 긴 시간이 필요하다는 것을 말하고 우선 '맛'을 느끼는데 힘쓰는 것이 바람직하다는 말을 했다. 그 글 내용을 다시금 참고하기 바란다. 그리고 그곳에서 설명한 내용이 이곳에서 중복이 안 되게 할 것이다.

(1) 이것은 신비적 묵상기도 혹은 합일의 기도라고도 한다.
필자가 영성신학에 입문해서 '기도학'을 연구하면서 느낀 것은 "기도학의 원문(text)이 무엇일까?" 하는 생각을 여러 번 했었다. 어느 날 <마태7장7-11절>을 가지고 성경묵상기도를 하고 있었는데 갑작스럽게 "구하라 – 찾으라 – 문을 두드리라"는 글자들이 하늘의 별

같은 빛을 발산하면서 내 눈앞에 번적거리고 있는 모습으로 나타나는 것을 체험했다. 그리고 내 마음의 소리로 "이것이 기도학의 원문이다"라는 소리가 들린다. 이러한 말씀의 체험이 있었던 시기에서 한 달간 마태7장7절을 가지고 성경묵상기도를 여러 번 반복기도를 지속한 후에 문서로 발표했다. 예수님이 말씀하신"*구하라, 찾으라, 문을 두드리라*"(마7:7)고 하신 것은 기도의 방법론을 제시하신 것이다. ① '구하라'가 구송기도요 ② '찾으라'가 묵상기도이며 ③ '문을 두드리라'가 관상기도다. 그래서 관상기도는 찾아가는 정도를 넘어서 하나님계신 문을 두드리고 들어가서 '하나님과의 만남'을 뜻한다. 어떤 영성신학자는 관상은 세 살짜리 아기가 '엄마 품에서 엄마 얼굴을 바라보는 모습'이라고 언급하기도 한다.

(2) 관상은 '참 사랑'에 대한 자연스러운 '반응'이다

아기가 엄마 품에서 엄마 얼굴을 바라보는 모습 속에서「엄마의 참 사랑에 대한 자연스러운 반응」이 나타난다. 그리고 아기는 '엄마 품안'에서 엄마의 체온을 느낄 때에만 '자신의 존재성'을 인식하게 된다.

♣ 한 영성가는 "*관상은 하나님의 따뜻한 사랑의 가슴에 안겨서 하나님의 체온을 느끼고 체험하는 기도다*"라고 말했다. 이것이 중세기 교부들을 비롯해서 수많은 영성가들이 관상기도의 필요성을 강조한 이유다. 관상기도는 체험적 신앙의 필수과목이라는 점에 깊은 뜻이 있다.

(3) 관상기도는 하나님의 실존 한 점에 '정신통일'된 상태다.

'관상과 묵상기도'가 다른 점은 묵상은 '사유의 작용'이 가능하지

만 관상기도는 사유의 작용이 배제된 하나님의 실존 한 점에 내 존재(인간)전체가 총 집중된 '정신통일' 상태를 뜻한다. 하나님의 실존 한 점에 '정신을 통일 한다'는 것은 내 <머리와 가슴과 마음>이 하나님이라는 <한 점>에 총집중된 상태를 말한다. 이러한 것은 반복적인 훈련을 통해서만 가능하다는 점을 인식할 필요가 있다. 처음에는 성경책에 손을 얹어놓고 기도하는 방법으로 "정신통일"을 학습하는 것도 바람직하고 긍정적인 것이라고 생각한다.

(4) 관상기도는 내 마음과 하나님의 마음이 하나가 된다.

그래서 합일의 기도라고 한다. 이는 하나님 안에서만 내 존재성이 인정된다는 뜻이다.

성경에 *"그 날에는 내가 아버지 안에 너희가 내 안에 내가 너희 안에 있는 것을 너희가 알리라"* (요14:20)고 하신 것이 바로 관상기도의 상태를 뜻한다. 이것은 인간적인 내 마음이 하나님의 마음으로 변화가 되어서 자연스럽게 내 마음과 하나님의 마음이 하나가 되는 것을 말한다. 이러한 뜻에서 관상기도는 인간적인 마음을 하나님의 마음으로 '본질적인 개혁'을 이끌어내는 기도운동이라고 할 수도 있다. 결국 기도운동의 핵심은 '마음 만들기'라는 결론을 얻게 된다는 점을 인식할 필요가 있다.

10. 성경묵상의 요령과 방법은 다음과 같다

이것은 '성경으로 기도하기'다. 예수님의 신학에서 '성경과 성령'이 동원되지 않는 인간의 동작은 하나님과는 무관한 것으로 되어있다. 이러한 뜻에서 '성경묵상기도'는 '말씀과 성령'의 동참을 전제한다. 그리고 '사람의 마음'이 이에 동참할 수 있는 '상태 만들기'가 필수다.

1) 성경묵상과 영성적 사건은 어떠한 관계가 있는가?

기독교 신앙인들이 관심을 가지고 있는 것들 중에서 영성적인 사건에 대해서 폭 넓은 관심을 가지고 있는 것이 사실이다. 그런데 대부분의 사람들은 "성령의 역사나 작용"으로만 생각하는 경향이 너무나 강하다. 그래서 "성령의 불"만 받으면 모든 문제가 해결되는 것으로 생각하고 믿는 사람이 많다. 이것이 한국교회를 주름잡고 있는 부흥운동과 은사운동을 이끌고 있는 지도자들의 생각이다. 이것은 〈비슷한 말〉 같으면서도 정확하게 말하면 '틀린 말'이다. 이러한 문제점을 아래 글에서 설명하려고 생각한다. 더욱이 영성적인 문제는 '정확한 인식과 설명'이 필요하다. 이것이 성령과 관계가 되는 문제는 더욱 그러하다.

(1) 영성적 사건에 대한 새로운 인식이 필요하다.

기독교운동은 성경에 기초한 합리적이고 사실에 충실한 운동이다. 한국의 민속신앙이나 민속적인 신비신앙과는 엄격하게 구분된 신앙운동이 기독교운동이여야 한다는 것은 너무나 당연하다. 그래서 〈영성적 사건〉에 대한 신학적이고 성서적인 이론정리가 필요하다.

① '말씀과 성령의 활동'은 언제나 동일하다.

신앙운동은 '말씀과 성령의 활동'이 삶의 현장에서 '필요한 사실'

로 나타나게 하는 일이다. 그런데 '시대와 장소'에 따라서 나타나는 결과는 '동일하지 않다'는 점이 문제가 된다. 왜 동일한 성경과 동일한 성령님이 개입하고 있는데 시간과 정소에 따라서 달라지는 결과가 나타나는가? 하는 것이 문제가 된다는 말이다.

② 왜 그런가? 그것은 사람의 〈마음상태 탓〉이다.

이 말은 말씀과 성령도 '마음의 동참 없이 사건화'가 되지 않는다는 말이 된다. <신앙적 사건>에서 문제가 되는 것은 언제나 '인간의 마음'이라는 뜻이다. 그래서 예수님께서 마태 13장에서 사람의 마음의 문제를 강하게 강론하시는 것이다. 그런데 그동안 신앙운동가들이 자신의 〈마음의 문제〉를 "믿음"이라는 용어의 보자기로 감싸서 적당하게 넘어가게 하고 있다. 이 말은 그렇게 중요한 〈마음의 문제〉를 거론조차 하지 못하도록 하고 있다는 말이다. 사람의 마음의 문제가 엄청나게 중요하고 그리고 영성적 사건과 직접적인 관계가 있다는 것을 역사에 등장하는 영성적 선각자들을 통해서 입증되고 있다. 사실은 영성적 사건에서 마음의 역할이 중요하다는 것을 새롭게 깨우쳐야 한다.

③ 〈말씀＋마음＋성령＝영성적 사건〉은 필자가 깨우친 공식이다.

역사 속에 나타난 신앙사건들은 전부 다 '말씀과 성령과 마음의 합작품'이라는 점에 유의해야 한다. 이 말은 앞에서 언급한 것처럼 '성령님'의 단독적 작용으로 영적사건이 이루어지지 않는다는 뜻이다. 영성적인 사건은 사람의 마음의 협조가 필수적이라는 의미에서 새로운 자각운동이 필요하다고 생각한다. 그러한 점에서 예수님이 강조하신 마태 13장의 "옥토 만들기"는 기독교운동의 가장 '핵심적인 문제점'을 제시하시는 것으로 인식할 필요가 있다.

④ 〈옥토 만들기〉는 영성수련의 중요한 과제 중 하나다.

역사적으로 선각자나, 종교지도자들이 한결같이 '마음 만들기'에 관심을 가지는 것은 그 중요성 때문이다. 성경묵상 수련에서도 '옥토 만들기'는 중요한 과제 중 하나다. 예수님께서 〈마음 밭〉과 "씨 뿌리는 비유"는 비교적 아주 길게 설명하시고 또한 해석까지 하셨다는 것은 그분이 이것을 중요시 하셨다는 것을 말해주는 내용이 되기도 한다. 왜 이렇게 '옥토 만들기'가 중요한가? 이 옥토가 없으면 〈성령과 말씀〉의 초인간적인 능력도 가동될 수가 없기 때문이다. 그런데 한국교회는 그동안 이 '옥토 만들기'에 너무나 소홀하게 다루고 있다. 특히 신학교의 교육적인 차원에서 이 방면의 연구와 프로그램이 대단히 빈약하다. 이것은 하나의 슬픈 역사적 사건이라고 생각할 정도라는 점을 자각해야 한다. 필자의 경험으로 이 '옥토 만들기'는 목회자들이 조금만 신경을 쓰면 얼마든지 활발한 발전과 기대이상의 성과를 거둘 수 있는 여지가 있다는 점을 인식할 필요가 있다는 점을 강조해 둔다. 왜냐하면 이 '옥토 만들기'는 〈신앙적인 발전과 행복한 삶〉과 직결되는 문제가 되고 있기 때문이다.

(2) 성경묵상 수련의 필요성을 깨우친다.

루터 할아버지가 강조하는 "성경으로 돌아가자"라는 구호는 현재에서도 필요한 것이다. 우리 개신교 지도자들이 '성경을 생명'처럼 소중하게 생각하고 있다. 그런데 "성경으로 기도하기"는 아주 초보적인 수준에 머물고 있다는 것이 사실이다. 성경을 머리로 읽는 기능수준은 세계적이다. 그러나 "가슴과 마음으로 읽기"는 생각조차 하지 않고 있다는 것이 문제다. 필자의 글 중에 "성경을 몸으로 읽어라"는 문서가 있다. 이것은 성경연구가가 필수적으로 준수해야 할 요건이다. 그래야 성경이 하나님의 말씀이 되게 할 수 있기 때문이다.

① 인간변화는 '말씀'으로만 이루어진다.

필자가 부러워하는 사람 중의 하나가 〈웅변적인 언어구사능력〉이 있는 사람이다. 이런 사람은 '은반에 구슬'이 흘러가듯이 우아하고 아름다운 말소리로 사람의 마음을 사로잡는다. 하나님의 축복 중에서 큰 축복중의 하나가 '언어구사능력'인 것이 사실이다. 그러나 사람의 〈웅변이나 설득력〉등 '사람의 말소리'에 의해서 사람마음의 본질적인 변화사건이 발생하지 않는다는 점이다. 물론 때로는 일시적인 변화가 일어날 수 있으나, '존재론적 변화'는 나타나지 않는다는 것이다. 그래서 하나님 말씀의 필요성이 거론되고 말씀에 의해서만 인간의 본질적인 변화가 이루어진다는 것이다. 이것은 긴 역사가 입증하고 있기 때문에 긴 설명이 필요 없다. 이러한 말씀의 능력을 히브리서에서 증언하고 있다. "*하나님의 말씀은 살았고 운동력이 있어 좌우에 날선 어떤 검보다도 예리하여 혼과 영과 및 관절과 골수를 찔러 쪼개기까지 하며 또 마음의 생각과 뜻을 감찰하나니*"(*히4장12절*)라고 되어있다. 이러한 말씀을 어떻게 활용하느냐의 문제는 말씀을 전하는 사람이 담당해야 할 사명이다. 그래서 성경묵상기도운동의 필요성이 이야기 되는 것이다.

② 바람직한 설교자가 되기 위해 필요하다.

필자의 40년 목회경험에서 솔직한 고백은 설교문제는 참으로 힘이 드는 일이라고 생각한다. 대부분의 교역자들이 한 주일 내내 설교문제로 마음을 쓰고 있는 것이 사실이다. 그런데 필자가 성경묵상기도에서 깨우친 것은 설교로 고민하는 사람은 반드시 〈성경으로 기도하기)를 해야 된다고 권하고 싶다. 왜야하면 성경묵상기도는 설교준비에 엄청난 도움을 주기 때문이다. 〈성경묵상〉은 '말씀이 하나님 말씀'이 되게 함과 동시에 말씀에서 '감동과 깨우침'을 받게 한다. 이러한 '깨우침이나 감동'을 받은 내용을 가지고 설교하게 되면 교인들도 깨우침이나 감동에 동참하게 된다. 그뿐만이 아니다. 시간상으로도 상당한 절약이 된다. 90분 성경묵상을 하면 한번이상의 설교 자료가 나온다. 때로는 2-3번 설교할 수 있는 자료를 얻을 수도 있다. 그래서 성경묵상기도는 설교자에게 필요하다고 생각한다.

③ '말씀과 마음의 만남'을 가능케 하며 감동의 세계로 이끌어 준다.

성경묵상은 말씀에서 새로운 감동을 느끼게 한다. 성경에"내 말은 정녕 불같이 타 오른다" (렘23:29)라고 한 말씀처럼 '마음의 감동'이 일어나게 한다. 설교자가 명심할 것은 머리로 짜집기한 설교는 감동을 주기가 힘이 든다. 왜냐하면 감동은 머리의 작용이 아니고 마음의 작용이기 때문이다. 그리고 성경묵상은 〈말씀과 마음의 만남〉을 이끌어준다. 그래서 내 마음에서 스파크(불꽃)가 일어나게 된다. 이것은 '자동차 키'처럼 키를 돌리면 '스파크(불꽃)'가 발생하고, 동시적으로 '기름'(성령)의 가세로 '동력화'가 이루어진다는 것과 비슷하다. 이 감동은 '성경묵상 기도운동'의 핵심이다. 이렇게 성경묵상에서 감동받은 내용을 가지고 설교하는 것이 원칙이다.

2) 성경독서방법을 새로운 차원에서 개발해야 한다.

성경읽기에서 '말씀의 맛'을 느끼라는 것은 독특한 교훈이다. 말씀에서 '맛을 느낄 수 있다'는 내용이 몇 곳에 있다. 두 곳에 있는 말씀만 소개한다. "*그 두루마리를 내게 먹이시며 내게 이르시되 인자야 내가 네게 주는 이 두루마리로 네 배에 넣으며 네 창자에 채우라 하시기에 내가 먹으니 그것이 내 입에서 달기가 꿀 같더라*" (겔3:2-3) "*내가 천사의 손에서 작은 책을 갖다 먹어버리니 내 입에는 꿀 같이 다나 먹은 후에 내 배에서는 쓰게 되더라*" (계10장10절) 이 말씀에서 "달다, 쓰다"라는 느낌을 가진다는 것은 말씀을 감각적으로 새김질하면서 읽으라는 뜻이다. 이러한 것은 의식적이고 반복적인 훈련을 통해서 각자가 고유한 방법을 습득해야 한다. 말씀의 맛을 느낀다는 것은 개인적이고 주관적인 과제다. 그러나 이러한 것은 '원칙을 준수'하면서 '피나는 노력'을 통해서만 얻어질 수 있는 것이다.

성경독서법은 다음과 같이 세 단계로 구분한다. 성경을 어떻게 읽느냐 하는 것은 중요하다고 생각한다. 성경은 하나님의 말씀인데 '인간용어'로 기록이 되어 있기 때문이다. 그러나 이것을 문학서처럼 읽으면 안 된다. 사람의 용어로 기록이 되어있는 성경을 하나님의 말씀이 되게 하는 색다른 독서방법이 필요하다.

(1) 첫째가 '지성적 독서'다.

이것은 <눈과 입으로 읽는다.>라는 뜻이다. 이 부분은 한국교회에서 '완전에 가깝다'고 할 정도로 성숙한 차원까지 올라와 있다. 그런데 문제는 지성적 독서, '이것이 전부다.'라고 생각한다는 점에 문제가 있다. 그리고 이 단계에 태평하게 머물고 있다는 점이다. 대개는 이 단계에 있으면서 아무러한 부족감을 느끼지 않는다. 이것이 결정적 문제점이고 우리가 개선해야 할 시급한 과제다. 이것은 'IQ 왕국의 교육철학'의 과오가 가져다준 결과다.

(2) 두 번째가 ‘감성적 독서’다.

우리에게 ‘감성적 독서’라는 것이 생소한 것이 사실이다. 이에 대한 교육이 전무해서다.

사실은 삶의 현장에서는 모든 것을 가슴으로 읽고 가슴으로 생활하고 있다. 한 예로 ‘사랑’이라는 단어는 말이나 머리의 작용이 아니다. 이 단어는 가슴의 작용이요 가슴의 용어이며 가슴의 산물이다. 표면에 나타나는 ‘말이나 동작’도 사실은 ‘감성의 파도’를 타고 나타난다. 이처럼 ‘가슴의 작용’은 일상생활에서 ‘삶의 중심’이 되고 있는 것을 경험하고 있다.

① 성경을 가슴으로 읽는 훈련과 습관이 필요하다.

그동안 ‘감성적 독서’는 대부분 ‘무의식적’으로 해 온 것이 사실이다. 그래서 가슴으로 읽는 훈련은 의식적이고 반복적이며 개인적인 훈련을 통해서 숙달해야 된다는 점을 강조하고 싶다. 이 말은 ‘독서습관’에 새로운 방법을 도입해야 한다는 말도 된다. 눈과 머리로만 읽는 기존 습관을 과감하게 청산하고 새로운 독서법인 〈가슴〉으로 읽는 습관을 교인들에게도 전수해야 한다.

② “성경묵상기도”에서 감성적 반추훈련이 가능하다.

이것은 성경 속에 있는 “사랑, 분노, 용서”등 성경의 〈감성세계〉를 체험하게 하는 프로그램이다. 사람이 경험한 ‘감성적 사건’은 성경의 감성세계를 체감하는데 ‘필요한 도구’가 된다는 점을 인식해야 한다. 가령. 〈요일 3장 15절〉을 가슴으로 체험하게 하는 방법은 다음과 같이 하면 된다. 이 성경은 *미움의 감성은 사탄의 작용이다*란 뜻이 되기 때문에 이 성경을 가슴으로 반추하는 것은 ‘미움에서 사탄의 실존을 느끼고 체험'하게 하는 일이다.

어떻게 할 수 있나? 이것은 본인이 체험한 대표적인 '미움의 사건' 하나를 선택한 다음에 이것을 생생하게 '반추'해서 그 당시의 '미움의 감성'을 새김질하면서 '그 상태에 30분 정도 머물러' 있게 되면 〈사탄의 실존〉을 체감할 수 있게 된다. 이것이 사탄과의 싸움에서 승리하는 원동력이 된다.

(3) 셋째가 '영성적 독서'다.

영성적인 독서는 '마음으로 성경을 읽으라.'는 뜻이다. 이것은 음식을 눈으로만 먹으면 생명의 영양소가 될 수 없는 것처럼 말씀도 눈으로만 읽으면 영적 영양소가 없다는 뜻이다. 이 방법은 성경의 독서법에 변화가 있어야 한다는 것을 강하게 암시한다.

마음으로 읽는 훈련은 가슴으로 읽는 것과 비슷하다. 마음으로 읽는 것도 <의식적이고 반복적이며 개인적인 훈련>을 통해서 숙달하게 된다는 점을 인식해야 한다. 이 말은 '독서습관'에 새로운 방법을 도입해야 한다는 말이 된다. 이것은 눈과 머리로만 읽는 기존 습관을 과감하게 청산하고 새로운 독서법인 〈마음〉으로 읽는 습관을 새로이 만들어야 한다는 말이다. 이것도 역시 '기독교 교육'의 중요한 프로그램 중의 하나가 되도록 해야 한다.

3) 성경묵상의 구체적인 요령과 방법은 다음과 같다.

성경묵상기도는 <준비기도 15분, 묵상기도 60분, 정리기록 15분>을 원칙으로 한다. 준비기도가 성경묵상기도의 성패를 좌우한다. 그래서 준비기도가 중요하다. 이 말은 준비기도가 부실하면 참기도가 이루어지지 않기 때문이다. 준비기도란 〈마음 만들기〉를 뜻한다.

(1) 준비기도는 마음의 고요함과 정신통일 형성을 이루는 시간이다.

사람의 마음이 고요하고 잔잔한 상태라는 것은 "잡념이 없다"라는 뜻이다. 이것은 기도자의 정신과 마음이 성경말씀에만 집중된 상태가 되어있다는 말이다. 이러한 마음상태가 형성되지 않으면 참기도의 성공을 기대할 수 없다는 것이 통일된 경험자들의 고백이다. 그래서 준비기도는 대단히 중요하고 구체적인 방법이 요구되기도 한다. 다음의 방법이 사용가능하다.

① 묵상찬송을 통해 마음의 고요함과 정신통일을 형성 한다

.심리학자들이 정신통일 방법을 여러 가지로 설명한다. 그러나 필자는 언제나 어디에서나 손쉽게 활용할 수 있는 것을 선호한다. 그래서 필자가 일관되게 주장하는 것이 "묵상찬송"이다. 이것이 효과적이고 누구나 친근감으로 사용할 수 있는 방법이라는 것을 수많은 실험에서 얻은 결론이다. 필자가 애용하는 찬송가가 몇 개 있는 것이 사실이다. 그러나 이것만을 고집할 생각은 없다. 그러나 가사내용이 '고요한 마음 만들기'에 도움이 안 되는 찬송가는 피하는 것이 좋다. 그 본인이 은혜 받은 찬송가 한절을 외운 다음에 기도하는 자세로 10번 이상 반복해서 부르면 된다. 그렇게 하면 고요하고 잔잔한 마음이 형성된다. 그런 다음에 '말씀으로 기도하기'에 들어간다. 이것은 각자가 스스로 반복적인 훈련을 통해서 〈고유한 내 방법〉을 찾아내야 한다. 필자가 애용하는 방법을 소개한 일이 있으나 다시 말하는 것은 독자들의 참고가 되기를 바라는 생각에서다. 나는 묵상찬송을 '기도찬송'이라고 부르기도 한다. 정좌한 다음에 눈을 감고

기도의 자세로 찬송가 "저 높은 곳 을 향하여"(543장) 1절만 작은 소리로 반복해서 10 내지 20번 부른다. (마음이 고요해지고 정신통일이 이루어 질 때까지 부를 수 있다) 마음이 고요해진 다음에 <성경으로 기도하기>를 시작한다. 이러한 '마음 만들기'는 사회생활에서 사람과의 만남이나 중요한 문제를 결정 직전이나 설교나 강의 직전에도 활용할 수 있다. 이러한 '마음 만들기'는 인간의 행복한 삶과 성공적인 생활과 밀접한 관계가 있다는 점을 인식하고 기독교 교육과 가정교육에서 활용해야 한다.

② 창2장7절 명상훈련을 통해서 '임재 인식과 정신통일'이 이루어지게 한다.

이것을 앞에서 '임재인식'용으로 설명한 일이 있는데 다시 인용함은 '정신통일'에도 큰 효과가 있기 때문이다. 창세기에 *"생기를 그 코에 불어넣으시니 사람이 생령이 된지라"* (창2:7)라는 말씀은 하나님의 '임재인식과 정신통일'에 도움이 되는 말씀으로 활용할 수 있다. 기도하는 자세로 정좌한 다음에 눈을 감고 공기를 깊이 들어 마시면서 "하나님의 기운이 내 호흡에 있느니라."를 암송한다. 이것을 수없이 반복하게 되면 "내 생명 속에 하나님의 기운이 존재 한다"는 것을 깨우치게 된다. 이 훈련은 공기 배후에 숨어있는 '하나님의 기운'을 감지하고 이것을 <마음 판에 조각>하기위해서다. 이것을 반복하게 되면 어느 순간 자신의 몸속에 하나님의 기운이 충만함을 느끼게 되고 '통일된 고요한 마음'이 형성된다. 그래서 이것을 '준비기도'에서 활용하는 습관을 가지는 것도 필요하다고 생각한다. 그러나 이러한 것은 반복훈련을 통해서 <내 것으로 확정>된 후에나 효과가 있다는 점을 인식해야 한다. 이 말은 이것이 '체질화'가 되기 전까지는 큰 도움이 안 된다는 것이다.

③ 마음에 와 닿는 단어나 구절을 기록한다.

준비기도시간에 해야 할 중요한 일 중 하나는 성경을 여러 번 마음으로 정독하면서 특별한 감동을 주는 단어나 구절을 가려내서 기록하는 일이다. 이것은 60분 간<성경으로 기도하기>를 할 때에 추려내서 기록한 것을 중심축으로 해서 기도를 진행하기 위해서 필요한 것이다.

(2) 성경의 '영상화'는 바람직한 방법이다.

앞에서도 이 문제를 설명한바 있으나 우리는 TV에 등장하는 '화면의 동작'과 함께 울고, 웃고, 기뻐한다. 이처럼 화면에 등장하는 사람의 '감성에 동화'될 수 있다는 것은 사람의 상상력이 있어서 가능하다. 그런데 왜 성경에 있는 '주님의 감성'에는 '동화의 체험'을 할 수 없는가? 이것은 인간의 상상력을 100% 활용하지 못해서 일어나는 현상이다. 만일 영상화 상상력을 '100% 활용한 말씀묵상'을 할 수 있다면 성경의 주님 감성을 '느끼고, 깨우치고, 체험'할 수 있게 된다. 이런 것은 상당기간 반복훈련을 통해서만 가능하다는 점을 인식할 필요가 있다.

(3) 성경의 사건 속으로 들어가서 직접 〈참여하는 사건의 주역〉
이 된다.

<성경으로 기도하기>에서 가장 명심할 것은 기도하는 사람이 "사건 속으로 들어갔느냐"하는 것이 대단히 중요하다. 이 말은 영상화된 성경사건에 등장하는 사람 중의 한 사람으로 기도하는 본인이

참여해야 한다는 말이다. 그가 옆에서 '바라보고, 평가하고, 관찰하고, 연구'하는 한 〈방관자〉가 되지 말라는 뜻이다. 그래서 묵상기도자가 <사건의 어느 장소>에 있었느냐 하는 것이 중요하다.

(4) 기도 중에 하나님과 두 가지 〈대화법〉을 선택할 수 있다.

① 성경본문으로 '대화기도'를 진행할 수 있다.
서술적인 긴 성경 내용을 가지고 〈주님과의 대화기도〉가 되게 할 수 있다. 한 예로 시편139편 한 부분을 가지고 <묵상기도>를 한다고 할 때에 본문으로 대화기도가 되게 할 수 있다. 이 말은 성경말씀 내용을 가지고 하나님과 대화하는 '내용'이 되게 진행할 수 있다는 말이다. 이것은 필자가 "성경묵상 체험기록"에서 실시한 내용을 참고할 필요가 있다고 생각한다. 그래서 이곳에서는 긴 설명을 하지 않기로 한다.

② 하나님께 '말을 걸어보거나 질문'을 할 수 있다.
기도 중에 때로는 하나님께 말을 걸어 본다. 그러나 하나님이 말씀하실 여백을 제공해야 한다. 그리고 기도 중에 알고 싶은 것은 하나님에게 질문도 할 수 있다. 그리고 '주님의 응답'을 기다리는 마음 자세는 기도의 중요한 내용 중 하나다. 그래서 대화가 이루어지는 기도가 되도록 노력한다.

(5) 묵상 중에 〈감동〉이 나타날 때는 당분간 그 장소에 머물러 있으라.
기도 중에 마음에 감동이 일어날 때에는 그 상황에 그대로 멈춰 있어야한다. 그래서 하나님의 의도하심을 기다리는 자세를 유지하고 있어야 한다는 말이다. 기도에서 〈감동〉이 있다는 것은 하나님이 관여하고 있다는 증거가 되기 때문이다. 이러한 것은 하나님께서 이 기도를 통해서 당신의 목적을 이루려고 하시는 방법 중 하나가 되기도 한다. 그래서 대부분의 영성가들이 기도 중에 이러나는 '감동'을 중요시하는 이유가 '하나님의 관심표시'로 생각해서다. 그러나 〈감동〉이 전부 다 '하나님의 관심표시'가 아닌 경우도 있다는 점을 명심해야 한다. 왜냐하면 하나님과는 무관한 경우에도 '감동'은 이러나기 때문이다. 그래서 "신앙적 식별력"이 지도자에게 주어진 사명 중 하나가 된다는 것을 강조하게 되는 것이다.

(6) 기도에서 만난 하나님이 어떠한 분이심을 구체적으로 정리한다.

성경묵상에서 중요시 하는 것 중 하나가 기도 중에 만난 "하나님에 대한 인상"이다. 그 분이 어떠한 분인가? '친근감이 있었나, 냉철한 분이었나, 조용하셨나, 포근했나, 무엇을 요청하셨나, 무슨 부탁이 있었나, 명령에 속한 내용이 있었나, 강압 적이었나, 무서운 분으로 느낌이 있었나? 등'을 있는 그대로 기록한다. 이것은 기도자가 일평생 살아가면서 느끼는 〈하나님 개념〉에 중요한 역할을 한다는 점에서 중요하다. 이것도 성경묵상의 요령의 하나다.

(7) 기도 중에 마음에 떠오르는 느낌들을 구체적으로 기록한다.

사람이 60분 이상 기도하게 되면 여러 가지 느낌이나 생각들이 남아 있게 된다. 그래서 기도하면서 일어났던 것들을 있는 그대로 기록해야 한다. '어떤 느낌이 있었나, 무엇을 보고, 듣고, 깨우치고,

접촉했나, 무엇이 있었나? 그 내용을 기록에 남기는 것은 신앙적 삶에 도움을 준다.

(8) 사건의 주역들(주님, 마리아, 아기 예수, 베드로, 요한 등)과 대화했나?

기도자가 사건 속에 참여하게 되면 자연스럽게 발생하는 것이 성경 사건에 등장하는 주역들과 접촉하고 대화하게 되는 것이 자연스러운 현상이다. 그래서 그 대화의 내용이나 접촉한 느낌이나 인상 등을 있는 그대로 기록하라는 것이다.

(9) 사건 중에서 어떠한 사람의 〈대역〉을 했나?

성경묵상에서 성경사건에 참여한 다음에 결정해야 하는 중요과제가 "내가 누구의 대역을 할 것인가?"를 결정하는 작업이다. 이것이 성경묵상의 요령 중의 하나가 되기 때문이다. 세례요한, 베드로, 바울 등의 대역이 되어서 성경의 주인공과 동일한 동작을 시도할 수 있고, 또 동일한 체험을 창출할 수 있다.

(10) 말과 말씀에는 〈마음의 소리〉가 있다.

① 사람의 말에는 마음의 소리가 있다.

내가 초등학교를 졸업하고 서울로 올라올 때에 어머니께서 제 손을 잡고 "잘 갔다 오라"고 말씀하셨다. 그 짧은 말씀 속에는 무수한 어머니의 〈마음의 소리〉가 있었던 것이다. *<음식 조심하라, 잠자리 조심하라, 차 조심하라, 건강 조심하라, 친구 골라 선택하라, 공부 열심히 하라, 돈을 아껴라, 싸우지 마라, 여자 조심하라>*등의 어머

니 가슴속에 새겨져 있는 '마음의 소리'가 포함되어 있었음을 지금
도 상상해 볼 수 있다.

② 〈하나님 말씀〉에도 〈마음의 소리〉가 숨어 있다.

'성경묵상'에서 숨어 계신 하나님의 '마음의 소리'를 찾아내는 것
이 필자가 개발한 고유한 방법이다. 필자가 훈련받는 "이냐시오 영
성수련"에서는 이러한 교훈적인 마음의 소리를 찾으려는 방법자체
를 부정적으로 생각한다. 그래서 마음의 소리를 찾으려는 것은 묵상
의 본질이 아니라고 생각한다. 그러나 필자는 이것이 성경묵상의 본
질과 어긋난다는 주장에 동의할 수가 없다. 이것이 하나님이나 예수
님과 하나가 되고 예수님을 닮으려는 영성신학의 원리에 조금도 배
치가 되지 않는다고 생각한다. 특별히 이것이 <설교의 산 자료>가
된다는 것을 상상만 해도 얼마나 감사한지 모른다. 이러한 차원에서
성경묵상을 하게 되면 풍요로운 설교 자료를 얻을 수 있을 것이다.
이상과 같이 "성경묵상의 요령과 방법"의 항목에서 10여 가지를 나
누어서 설명한 것은 전부 다 성경묵상의 성격과 요령을 숙지하는데
필요한 내용이 되기 때문에 수련자가 충분히 읽고 학습하고 소화해
서 자기 것이 되도록 함이 중요하다.

11. 성경묵상 체험기록(Ignatius 영성수련 체험기록)

시일: 2003. 2. 25-3. 6
장소: 서강대 이냐시오 영성연구소

214 감성과 영성 계발프로그램

지도교수: 김영택 신부

필자가 두 번째 이냐시오 영성수련을 받은 것은 <내 것과 천주교 것>을 정확하게 분리확인하고 나 자신의 '영성적 정체성'을 재 점검 하기 위해서 영성운동의 총본부인 서울 서강대학교 안에 있는 예수 회(JESUIT) 본부에서 주관하는 <이냐시오 영성연구소>에서 <10일 프로그램>에 참가하게 된 것이다. 이렇게 동일 프로그램을 두 번 받게 되었을 때에 필자는 자연스럽게 이냐시오식 성경묵상을 개신 교의 mind를 가지고 그 프로그램을 소화할 수 있었다. 그리고 그동 안 필자가 실시해 온 성경묵상 프로그램을 새로운 차원에서 재 정 리하면서 나름대로 우리에게 적합한 프로그램으로 새롭게 다듬어 나갈 수 있었던 것으로 생각한다. 필자는 개신교 성경묵상 프로그램 의 '새 지평선'을 열어야 한다는 자부심을 가지고 열심이 기도하면 서 하나님이 주시는 <영감>에 의존하면서 새로운 프로그램을 개척 하는데 성과가 있었던 것이 사실이다.

♣ 이 체험기록을 두 가지로 구분해서 소개하려고 생각한다.
① 하나는 순수한 이냐시오식 방법으로 한 내용이고,
② 다른 하나는 나 자신이 15년 간 영성수련 생활에서 깨우친 방
   법으로 한 내용이다.

그러나 이두가지가 다 나름대로 특색이 있기 때문에 전부 참고하는 것이 성경묵상 수련방법을 습득하는 일에 도움이 되리라고 생각한다.

1) 순수 이냐시오 식이라고 인정받은 내용은 다음과 같다.
(지도신부와의 대화에서 긍정적 인정받은 것이다)

(1) 성경본문: 시139:7-10

① <마음에 와 닿는 구절>: *"내가 하늘에 올라갈지라도……음부에 내 자리를 펼지라도……바다 끝에 거할지라도……주의 오른손이 나를 붙드신다"*

이 성경을 정독하고 음미하면서 준비기도에 주력한다. 그래서 내 마음이 무아지경으로 침투하는 노력을 반복한다. 그래서 꿈을 생산하는 무의식 세계로 들어가려고 모든 <의식적 활동>을 침묵하게 하는 일에 몰두한다.

② <말씀으로 대화기도하기>:
첫날에 지도신부가 "대화기도"를 강조한다. 그래서 내가 새삼 느낀 것은 그동안 내 묵상기도생활이나 기도훈련에서 '대화기도'가 중요하게 다루어지지 않았다는 느낌을 받게 한다. 사실은 15년 전 Thomson신부는 <대화기도>를 강조하지 않은 것으로 생각되기도 한다.
하나님의 실존을 성령에게 호소하면서<마음에 와 닿는 말씀> 중심으로 대화기도를 한다.

"하나님! 당신은 종이 '하늘, 지하, 바다 끝'에 갈지라도 함께 계시겠다고 하셨는데 지금 종 앞에 계신 것 같은 느낌이 없습니다. 왜 그런가요? '종의 손을 꼭 붙드신다'고 하셨는데 지금 제 손등에 당신의 손 느

낌이 없습니다. 당신은 '무소부재'하신 것 머리로는 인식이 되는데 가슴의 느낌이 없습니다. 왜 그런가요? 네, 네, 하나님! 좀 크게 말씀 주셔야 종이 듣게 됩니다……하나님! 종이 당신을 존경하고 사모함을 당신은 아시지 않습니까? 당신을 그리워함도 아시지 않습니까? 당신과 이야기하는 것 미숙함도 아십니다 오 - 주여.." (이러한 식으로 한동안 대화기도를 계속하고 있었다. 얼마나 되었을까? 생각하면서 기도를 마치다)

③ <기도 중에 깨우치고 체험한 것>

필자는 50-60분 정도 <대화기도>를 지속하고 있을 때에

어느 순간부터인가 하나님의 실존, 하나님의 마음이 이상한 물체(물, 바다 같은 것……)가 되면서, 나 자신, 내 존재가 그 속에 잠기는 것 같은 현상이 나타난다. 그러면서 상당한 시간동안 계속 기도하고 있었는데……얼마의 시간이 지나간 후에 한 깨우침이 다가온다. 그것은 <내 마음과 실존>이 하나님 실존 속으로 흡수되는 느낌이 떠오르면서 하나님 속으로 잠기게 되는 느낌을 받는다. 그러면서 나타나는 현상은 이상한 짜릿한 <황홀감>이 내 존재 전체를 감싸준다. 이 말은 내 존재가 하나님이라는 한 함정(물, 바다)속으로 잠겨 지는 느낌을 받게 되었다. 그리고 하나님에게 대한 간절함이 예정된<미사시간>을 잊어버릴 정도로 기도에 열중하게 한다.

(2) 성경본문: 눅1:26-38(예수 나심을 예고)

① 마음에 와 닿는 말씀:

"처녀가 그 말을 듣고 놀라"(29) "나는 사내를 알지 못하니 어찌 이 일이 있으리이까"(34) "주의 계집종이오니 말씀대로 내게 이루어지이다" (38)

② 마리아와 대화하기:

나는 처녀 마리아를 찾아갔다. 그 마을에 들어서자 한 노인을 만나게 되어서 마리아의 집이 어디에 있느냐고 물어보았다. 그러자 그는 *"아 그 성당처녀 마리아 집을 찾아왔습니까? 그 집은 저- 쪽에 있습니다. 그러나 집에는 없을 것입니다. 아마도 성당에 있을 겁니다. 그녀는 성당에서 삽니다. 그래서 성당처녀라고 하지 않습니까."* 라고 말한다. *"그 처녀가 그렇게 신앙이 좋습니까?"* 라고 질문을 하자 그 노인은 신이 나서 *"그녀는 우리 마을에서 아주 유명합니다. 그가 성당에 다닐 때 지나가다 거지를 만나면 자기 도시락을 주고 점심을 굶은 것을 밥 먹듯 한답니다. 그래서 그 처녀를 <천사처녀>라고 부르기도 합니다."* 라고 자랑한다.

그래서 나는 마리아의 따뜻한 가슴과 후덕한 마음씨를 짐작할 수가 있었다. 나는 기대의 마음을 가지고 그 집에 들어섰다. 그의 아담한 집에서 그는 나를 정다운 표정으로 대면해 주신다. 그리고 다음과 같은 대화가 진행된다. 내가 그녀를 보는 순간 당황했다. 그 부드럽고 깨끗한 얼굴이 마치 천상의 천사를 보는 느낌을 받았기 때문이다. 이렇게 아름다울 수가 있나! 나는 일종의 황홀감 속에서 마리아의 인도를 받아 방으로 들어갔다.

그리고 대화가 시작되었다. *"마리아님! 그때 천사의 예고를 듣고 얼마나 놀랐습니까?"*

그는 부드러운 미소를 지으시며 말했다. *"처음에는 하늘이 무너지는 것 같은 느낌을 받았으나 주께서 나와 함께 계신다는 것과 그 크신 하나님의 사랑을 상상하면서 얼마 지난 후부터는 오히려 감사의 마음을 가지고 있었습니다."* 라고 대수롭지 않은 것처럼 말한다.

성모 마리아는 그 당시의 하나님 나라의 모습을 이렇게 말한다. *"그*

당시 내가 예수를 잉태하고 초인간적인 고통을 체험하고 있었으나 기도 중에서 보여주시고 또는 꿈에서 보여주시는 하늘나라를 바라보니 밤, 낮 으로 천군 천사들이 환호의 노래를 부르고 축하하는 모습을 바라보고 엄 청난 위안과 안도의 감사를 느끼게 되었습니다. 우리는 하나님의 초월적 사랑을 감사 감격해야 합니다." 라고 권하시는 것이었다.

③ 이 기도에서 만난 하나님:

성모 마리아 면담 후 <하나님은 철저한 계획과 집행자시다>라는 느낌을 받았다. 왜 그런가? ㉠ 성모 마리아가 그 시대에 있게 하신 일도 하나님의 설계대로다. ㉡ 인간구원의 최후의 방법으로 하나님 자신이 오실 때가 된 것이나 오신 것도 하나님 설계다. ㉢ 처녀 잉 태라는 불가능을 가능하게 한 것도 그의 계획과 집행력이라는 것을 새삼스럽게 깨우친 것이다.

④ 내 마음의 움직임들:

고요하고 잔잔하다. 성모 마리아와의 만남은 새 소망이 넘쳐나게 한다. 지옥에서 천국으로 절망에서 희망으로 탈바꿈하는 느낌이다. 하나님의 태산 같은 사랑에 감복하는 짜릿한 느낌이다. 내 마음이 이렇게 평안하고 행복할 수가 없다. 나는 행운아다!

⑤ 기도문:

창조주가 되시는 하나님! 거룩하고 깨끗하고 마음이 바다 같으신 성모 마리아가 계셨기에 인간 구원역사가 존재함을 감탄하고 감격 하며 감사를 바칩니다. 영원무궁 찬양 받으옵소서. 주 예수의 이름 으로 기도드립니다. 아 멘

(3) 성경본문: 눅 2:1-7(예수의 나심)

① 준비기도:

'*하나님! 나를 위해 사람 되신 예수님에 대하여 되도록 깊이 알고 깊이 사랑하고 순종하고 따를 수 있도록 간청하오니 성령님이 돌보아 주시옵소서. 이 시간 말씀과 성령님에게 완전한 포로가 되어서 하나님의 살아 있는 도구가 되게 하옵소서. 아 멘*'

② 관상기도:

나는 상상력을 동원해서 성령의 협조를 받으면서 아기 예수를 방문한다.

㉠ 나는 제일먼저 엄마 되시는 성모 마리아를 만나게 되었다. 아기를 말구유에 눕혀놓고 얼마나 가슴이 찢어지고 안타까워하실 거라는 상상을 하면서 "그 나약한 여인이 얼마나 안쓰럽게 보일까?" 하는 생각을 하면서 대면한 마리아는 뜻밖에 건강하고 아름다운 인상과 그리고 따뜻하고 다정하게 미소를 띠우면서 맞이해 주었다. 그래서 나는 안심이 되었다.

㉡ 그런데 아기가 누어있는 말구유가 뜻밖에 조용하고 아늑한 곳이다. 그렇게 춥지도 않고 바람막이도 잘 되어 있었다. 예상보다 좋았다. 그리고 은은한 빛이 말구유 아기를 감싸고 있는 것이 아닌가! 그래서 더욱 거룩한 느낌을 받았다.

그리고 멀리에서 들려오는 찬양소리 "*하나님께 영광이요 땅에는 평화로다*"하는 찬양소리가 은은하게 들려온다. 그래서 내 가슴을 조용하고 거룩하게 해 준다. 이것이 천군 천사의 찬양의 노래라는 것을 직감했다.

ⓒ 나는 아기 예수께 경배했다. 그리고 나는 경배예물로 "*내 인생 전체를 예물로 드립니다*"라고 약속하고 경배했다. 이 '경배'는 말로만 하는 것이 아니고 경배의 모습을 실천한다.

♣ 나는 기도장소에서 벌 덕 일어나서 큰 절로 경배하면서 "*내 인생을 다 바칩니다. 이것이 제가 드리는 예물입니다*"라고 말하면서 절하는 동작을 감행했다. 나는 큰 절을 하면서 아기 예수님이 내 앞에 있다는 착각을 할 정도로 실감이 나는 것을 느끼게 된 것을 고백한다.

③ 하나님과 대화하기:

"*하나님! 어떻게 구세주 예수님께서 추운 날 말구유에서 탄생하도록 하셨습니까?*"라고 질문을 했다. 그랬더니 하나님의 대답은 "*얘야! 이 사건이 바로 인간들이 이처럼 철저하게 타락하고 썩었다는 증거가 아니냐? 그래서 독생자를 구세주로 보낸 것이다*"라고 대답하신다. "*그런데 하나님! 예상보다는 그렇게 춥지 않아서 마음이 가볍습니다*"라고 말씀을 드리니 "*그렇다 그러나 성자는 구원사업을 위해서 극단적인 고난의 길을 선택하고 지상에 내려 왔느니라.*"고 말씀하신다. "*하나님! 우리 목회자들이 너무 지나친 편안함을 추구하는 것 같습니다.*"라고 했더니 하나님께서 "*물질적 시험에 들면 안 된다 조심하라*"고 경고하신다.

(4) 성경본문: 막 1:9-11 (예수님 세례 받으심)

① 마음에 와 닿는 말씀:

"*물에서 올라오실 새 하늘이 갈라짐과 성령이 내려오심을 보시더*

니"*(10)* *"너는 내 사랑하는 아들이라"(11 절)*

② 관상기도:

㉠ 예수님이 자진해서 세례요한을 찾아 오시어서 요한에게 *"내가 세례를 받으려고 하오"*라고 요청하신다. 그 때에 요한은 *"제가 감이 주님께 세례를 줄 수 없습니다."*라고 강력하게 거절한다. 그러나 예수님은 요한의 제자들에게 *"친애하는 형제들아! 나를 저 요한 선생이 있는 곳으로 인도해 주기 바란다."*라고 말씀하시면서 물속으로 들어오신다. 그래서 요한을 통해 예수님이 세례를 받으십니다.

㉡ 그런데 예수님이 물에서 올라오시는 순간 번갯불 같으면서 *"비둘기 모양의 빛"*이 예수님 머리 위에 머물음과 동시에 하늘에서 소리가 나기를 *"너는 내 사랑하는 아들이라 내가 너를 기뻐하노라"* 하시는 것입니다. 나는 그 광경을 바라보면서 한동안 정신이 나간 사람처럼 눈을 크게 뜨고 입을 벌리고 멍청하게 서 있었습니다.

③ 그 순간 나 자신이 세례를 받고 싶은 간절한 소망이 일어났다. 예수님의 세례사건이 있은 후에 나는 갑작스럽게 세례를 받고 싶은 생각이 들었습니다. 그래서 요한의 제자 한사람에게 부탁해서*"나는 저 먼 korea에서 방문한 사람인데 예수님의 세례를 받고 싶습니다. 그러니 주님 곁으로 인도해 주시기 바랍니다."*라고 간청을 했다. 그러자 저 쪽에 계신 예수님께서 손짓으로 오라고 하시는 것이 아닙니까. 그래서 나는 신이 나서 예수님 계신 곳으로 신나게 달려갔습니다. '그리고 주님께서 내 머리에 손을 얹으시고 축복기도 하신 다음에 물속으로 밀어 넣으셨습니다. 그런데 주님 손이 물 밖으로 올라오는 순

간 내 머리와 몸도 주님 손에 붙어서 솟구쳐 올라오는 것입니다'. 그 순간 크게 놀라고 있는 나에게 예수님께서 *"Mr. Kim! 이것이 성령의 세례라고 한다오."*라고 다정하게 말씀하신 다음에 껄껄 웃으십니다.

④ 예수님과 대화하기:

나는 예수님에게 질문했다 *"왜 요한을 찾아가서 세례 받으셨습니까? 요한에게 오라고 해도 되지 않습니까?"* 그랬더니 예수님이 *"찾아간다는 것이 중요하다. 하나님은 찾아가기를 좋아하신 단다."* 라고 대답하신다. 나는 또 *"주님이 세례 받으신 참 뜻을 말씀해 주십시오."*라고 간청했다. 그랬더니 주님이 *"인자가 이곳에서 세례 받은 것은 인자가 '구세주 메시야'로 공인 받는 장소가 되지 않았느냐?"* 라고 담담하게 말씀하신다.

⑤ 내 마음의 움직임:

나는 싸우나 탕에서 목욕하고 나와서 휴게실 안락의자에 누워서 휴식하고 있는 <평안함>과 같은 느낌이 있었다. 그리고 이것은 옛날 하나님 체험에서 경험한<황홀한 기쁨>이 가슴속에 반추되는 것을 경험할 수 있었다. 이러한 기쁨의 감성이 내 마음에 가득히 채워져 있었고 이러한 상황이 여러 날 지속함을 경험했다.

(5) 성경본문: 막1:12-13(예수 시험받으심)

성경본문을 깊이 여러 번 읽은 다음에 준비기도에 들어가서 마음을 고요하게 하는 마음 '만들기'에 주력해서 말씀에 집중하는 정신통일이 이루어진 다음에 관상기도에 들어간다.

① 관상기도:

㉠ 성령이 예수님을 인도하셔서 광야로 여행을 떠나십니다.

길도 험하고 비탈 언덕도 많이 있어서 미끄러지기도 하고 넘어지는 경우도 여러 번 있었습니다. 우리는 밤이 되기 전에 거처할 장소까지 가야하기 때문에 빨리 가야 했습니다. 성령은 신이 나서 가볍게 날라 가듯이 걸어가지만 예수님은 인간의 몸을 가지고 계시기 때문에 힘들게 걸어가시는 모습을 볼 수 있었습니다. 그래서 예수님이 *"여보시오 성령! 좀 천천히 갑시다. 길이 너무 험하군 그래! 아 힘이 든다."*라고 말씀하시면서 성령의 뒤를 따라 걸어가십니다.

㉡ 드디어 광야의 적당한 장소에 도착했습니다.

그곳은 석벽으로 된 작은 굴이 있고 남향으로 되어 있어서 습기도 없었습니다. 우리는 그곳에 풀, 낙엽 등을 긁어 모아다가 침실을 만들었습니다. 꽤 푹신푹신 하였습니다. 오늘부터 예정된 40일 금식기도가 시작이 되었습니다. 성령도 예수님을 떠나지 않고 계속 주님 곁에 머물러 있었고 사탄도 언제나 주님 곁을 떠나지 않습니다.

(사탄의 시험받는 장면은 장황하기 때문에 이곳에서는 생략합니다)

㉢ 나에게는 너무나 힘들고 고통스러운 생활이었다.

예수님은 그렇게 심한 어려움을 느끼지 않는 것 같았으나 나는 한동안 대단히 힘이 들고 일종의 고통스러운 느낌을 받았습니다. 주님은 잠을 잘 자는 것 같으나 나는 너무나 춥고 무서워서 잠을 잘 수가 없었습니다. 때로는 '인간적 두려움'이 예수님의 존재를 망각하게 하는 순간도 있었습니다.

ⓔ 그러나 예수님의 존재를 확인하고 그의 '무형의 힘'이 느껴질 순간은 행복했었다.

나는 순간순간 예수님으로부터 '이상한 힘'이 나에게 전달됨을 느끼게 된다. 이러할 때는 이상하게도 내 마음이 안정되고 두려움과 냉기도 사라지고 따뜻한 온기가 내 몸을 감싸아 주는 느낌을 받는다. 그리고 행복감에 사로잡힌다. 나는 어린 시절 엄마 품에서 잠들던 때의 경험이 반추되는 것을 경험할 수 있었다. 그래서 그 후부터는 예수님을 바라보고 응시하는 훈련을 반복했고 공포와 찬 냉기의 함정에서 해방 될 수 있었다.

② 예수님과의 대화:

내가 예수님에게 질문을 했습니다. *"왜 주님께서 광야 40일 금식수련을 받으셔야합니까?"* 주님 대답은 *"이것이 인간 예수가 받아야 할 영성수련이란다"* 나의 두 번째 질문은 *"예수님! 주님 곁에는 왜 성령과 사탄이 동행합니까?"* 라고 말씀을 드렸더니 주님께서 *"인간의 삶이 있는 곳에는 언제나 성령과 사탄이 가까운 곁에 상주한다는 것을 보여주는 것이다"*라고 대답하신다. 세 번째 질문은 *"성자 예수님이 왜 사탄의 시험을 받으셔야 합니까?"* 라고 했더니 *"이것은 나를 따르는 제자들에게 사탄을 다루는 방법을 제시하려는 것이 목적이다."* 라고 대답하신다.

어느 날 오후 예수님이 나에게 *"저 공중의 새를 보라! 하나님 아버지는 저 새들도 기르고 계시지 않느냐? 그러나 하나님은 Mr. Kim을 저 새보다 더욱 사랑하신다는 것을 실감할 수 있느냐?"* 라고 하시면서 내 얼굴을 바라보신다. 그때에 나는 이상한 '황홀한 기쁨의 감성'에 **빠져있는** 나 자신을 발견할 수 있었다.

(6) 성경본문: 눅5:1-11 (제자 부르심)

① 마음에 와 닿는 말씀:

"깊은 데로 가서 그물을 내려 고기를 잡으라."(4) "주여 나를 떠나소서. 나는 죄인이로소이다"(8) "무서워 말라― 네가 사람을 취하리라"(10) "모든 것을 버려두고 예수를 좇으니라."(11)

② 관상기도:

㉠ (관상1막) 예수님의 제자선택의 기준을 '상상의 눈'으로 찾아내고자 관상기도로 들어갔습니다. 그 결과 ⓐ첫째는 적극적인 사람, ⓑ둘째는 자기 자신을 아는 사람, ⓒ셋째는 결단력이 잇는 사람이라는 응답이 나왔습니다. 이 기준에 적합한 사람들이 어부 '시몬, 야고보, 요한' 임을 알게 되었습니다. 그리고 예수님은 지성적인 사람보다는 '감성적인 사람'을 선호하신다는 것을 발견했습니다. 나는 이 셋(시몬 야고보, 요한)중에서 누구와 같은 사람이 되고 있는가? 나 스스로 다짐해 봅니다. 그리고 나는 내 속에서 '지성적 자만심'이 존재함을 찾아내고 나 자신 놀라고 있었습니다. *"오주여! 종에게 빈 마음을 주시고 따뜻한 가슴을 주소서"* 라고 간절한 기도가 내 마음 깊은 곳에서 진실 된 참기도가 터져 나오는 것을 경험했습니다.

㉡ (관상2막) 나는 시몬의 배에 올라가서 함께 고기잡이 현장 바다로 나갔습니다.

싸늘한 밤이었으나 바람은 심하게 불지 않았습니다. 이곳저곳에 그물을 던져봅니다. 그러나 고기가 잡히지 않습니다. 나는 시몬에게

"*저쪽으로 이동해 봅시다*"라고 권해보았습니다. 그랬더니 시몬이 "*Mr. Kim! 나는 푸로요 그곳은 고기가 없는 곳이요 그러나 하도 안 잡히니 아마추어의 말을 들어보지*" 라고 하면서 배를 저쪽으로 이동해서 그물을 던졌으나 예상대로 고기는 잡히지 않았습니다. 나는 마음에 민망한 생각이 들어서 시몬에게 "*미안합니다.*"라고 했더니 시몬이 "*아닙니다. 김씨 잘못이 아니요 오늘은 이상한 느낌이 듭니다. 이제 갑시다.*" 라고 힘없이 말했습니다. 우리는 고기잡이를 포기하고 호수가로 와서 그물을 씻고 있었습니다.

ⓒ (관상3막) 그런데 이때에 예수님이 등장하십니다.

예수님께서 배에 오르시면서 시몬에게 "*배를 땅에서 조금 떨어지게 하시오*"라고 지시하시니 시몬이 그대로 했습니다. 그러자 예수님께서 무리에게 감동적인 설교를 하셨습니다. 그런 다음에 시몬에게 "*깊은 데로 가서 그물을 내려 고기를 잡으라.*"고 명령하십니다.

시몬은 설교에서 큰 감동을 받았었기 때문에 그분의 분부를 거절할 수 없는 것 같았습니다. 작은 소리로 "*선생님! 사실은 밤새 수고를 했으나 얻은 것이 없지마는 말씀에 의지하여 내가 그물을 내리겠습니다.*" 하고 그물을 내렸는데 뜻밖에 "*그물이 찢어질*" 정도가 되어서 다른 배에 있는 동무의 후원을 받아서 "*두 배에 채우매 잠기게 될*"(6-7절) 정도로 많았습니다. 이때에 시몬이 "*예수님의 무릎 아래 엎드려 가로되 주여 나를 떠나소서. 나는 죄인이로소이다*"라고 놀라운 자아고백을 했습니다. 그리고 동업자 야고보와 요한 그리고 그곳에 있던 모든 사람들이 큰 놀라움과 충격을 받았습니다.

이때에 예수님께서 시몬에게 "*무서워 말라 이제 후로는 네가 사람을 취하리라*" 고 하시니 저들이 즉석에서 "*모든 것을 버려두고 예*

수"의 재자가 되었습니다.(11절) 이들의 '부름 사건'에 특별한 기념비적인 의미가 있다는 것을 깨우치게 되었습니다.

③ 현장분위기와 마음상태:

우리 네 사람은 서로 부둥켜안고 할렐루야 환호성을 불렀습니다. 그곳에 있는 모든 사람의 얼굴은 기쁨과 감탄의 흔적이 뚜렷하게 나타나 있었습니다. 이 광경을 바라보고 있었던 군중들이 *"주님을 찬양합니다."*라고 한 목소리로 외치면서 축복의 박수를 보내주었습니다. 그 당시의 우리 마음상태는 죽은 사람이 살아남이나, 전쟁이 끝나고 평화가 찾아온 것과 같은 새 소망과 새 기쁨을 나누는 장소가 되어있었다는 것이 모두의 느낌이라는 것을 알게 되었습니다.

2) 김양환 목사의 고유 성경묵상방법은 다음과 같다.(지도신부의 부정적인 지적내용을 내 고유방법으로 가정한다)

(1) 성경본문: 〈시 8장:1-9절〉

① 마음에 와 닿는 말씀:

"사람이 무엇이기에……하나님보다 조금 못하게 하시고 영화와 존귀로 관을 씌우셨나이다. (3-4) 만물을 다스리게 하시고" (6)

② 말씀으로 대화기도하기:

"오 하나님! 우주와 인간의 대조는 무엇을 뜻합니까? 하나님이 친히 창조하신 '하늘과 달과 별들'을 바라보면서 내 존재를 생각해 봅니다. 달과 별들이 한없이 부러운데요. 하나님! 그런데 왜 인간을 그렇게 치

켜세우십니까? 나약한 이 종이 주님의 그 큰 뜻을 알고 싶습니다. 주님의 마음을 깨우치고 싶습니다. 정답을 듣고 싶습니다. 오 하나님! 하나님!" 나는 이렇게 말씀으로 기도를 드린 다음에 하나님의 응답을 잠시 동안 기다리고 있었습니다. 내 마음속 깊은 곳에서 작은 음성으로 "김 목사야 지금 네 머리에 찬란한 '영성의 관'이 씌워져 있는 것을 보지 못하느냐? 그렇게 네 마음의 눈이 어두우냐?"라고 말씀하시는 것입니다. 이때에 나는 내 머리에 씌워져 있는 '영광의 관' 때문에 사람들이 나를 찾아오는 것을 깨우치게 되었습니다. 그래서 나는 무아상태 속에서 "마음에 와 닿는 말씀"을 반복 새김질하면서 주님 현존 앞에서 "대화기도"를 계속했습니다.

③ 기도 중에 깨우친 것:

㉠ 인간 '자신의 실존'에 대한 새로운 깨우침이 있어야 한다는 느낌이다.

달, 별들은 아름다운 빛을 발산한다. 그런데 만일 사람에게 이 빛이 없다면 어떻게 하나님의 사랑스러운 존재가 될 수 있나? 인간의 빛은 무엇일까? 신앙의 빛, 영성의 빛, 삶의 빛이 있을 것이라고 깨우치게 된다. 나는 또 깨우친다. 인간의 빛에 대한 느낌이 없는 존재는 사람됨을 거부함이다. "나는 저 달과 별을 바라보면서 저 별과 달처럼 빛을 비추리라. 나는 특히 영성의 빛을 비추리라" 고 다짐해 본다.

㉡ 인간이 왜 그렇게 값진 존재인가?

인간은 하나님과 동일한 '지성, 감성, 영성'을 가지고 있기 때문이

다. 우리 기독교 지성은 상당 부분 계발된 것이 사실이다. 그러나
〈감성과 영성〉은 미약하다. 우리 신앙인의 감성은 적극적인 계발이
필요하다. 우리는 우리 감성의 빛을 온 천하에 강하게 비추어야 할
사명이 있다.

④ 김 지도신부와의 대화:

지도신부님은 내 보고를 듣고 난 후에 *"지나치게 교훈적이고 해석
적인 부분이 많은 것은 이냐시오식이 아니라고 평가한다. 상상력을 통
한 관상기도는 하늘, 달, 별 등을 통해 하나님에 대한 느낌을 찾는 것
이다"*라는 지적으로 내 기도와 이냐시오 기도의 차이점을 발견하게
해준다. 우리 개신교 목회자에게는 설교의 준비를 위해 <교훈적이
고 해석적인 것>이 더 필요하다는 것을 김 신부님은 모르시는 것
같았다.

(2) 성경본문: 요 3:1~21

① 마음에 와 닿는 말씀:

"물과 성령으로 난자" (5절), *"저를 믿는 자마다 영생을 얻는다."* (15-16),
"빛을 사랑하는 자와 미워하는 자"(19-21)

② 말씀으로 대화하기:

니고데모와 예수님과의 대화 내용을 중심으로 주님과의 <대화기
도>를 진행한다.

*"주님! 오늘 밤 이 성경말씀을 통해서 기도하게 하시는 뜻이 깊은
것 같습니다. 이것이 우리 한국교회의 현주소라는 뜻입니까? 종이 섬기*

는 교회모습처럼 느껴집니다. 그런데 주님! 니고데모는 진짜 우리와 비슷한 것 같습니다. 그렇지 않습니까? 제 생각이 지나칩니까?" 그 때에 주님께서 "그렇게 지나치진 않구나." 라고 말씀하십니다. "알겠습니다. 그런데 주님! 니고데모는 유명한 종교인, 지성적 지도자, 기적을 좋아하는 사람인 것 같습니다. 이렇게 구체적으로 열거하니 정말 우리와 비슷하네요, 그렇습니까?" 그랬더니 주님 말씀이 "네 말이 옳구나." 라고 대답하십니다. 나는 또 주님에게 "이 사건에는 엄청난 교훈이 있는 것 같습니다. 그러면 주님! 그것을 구체적으로 깨우침이 있도록 도와 주시가 바랍니다. 주님께서 오늘밤에 이 성경으로 기도하게 하신 주님의 의도하심을 알겠나이다. 아 멘" 이러한 내용으로 하나님과 대화식 기도를 계속했다.

③ 기도 중에 깨우친 내용은 다음과 같다.

㉠ '주지주의와 기적주의자는 니고데모 식 종교인임을 선포' 하심이다.

현대 종교인이 니고데모와 비슷한 "주지주의와 기적주의"에 빠질 가능성이 많다는 것을 전제한 기사다. 참 기독교인이 되려면 이러한 '가능성 경고'에 강한 관심을 가져야 한다.

㉡ 한국의 '은사와 성령운동은 대부분 니고데모 식 운동이라는 것'을 깨우치게 하신다.

나는 한국교회의 현 모습을 상상하면서 우리가 이렇게 까지 잘못되었나 하는 일종의 '슬픔'을 느끼게 하였다. 그래서 체험적 신앙의 '신학적 정리'가 시급하다고 느낀다. 그리고 "성령으로 살면 또한

성령으로 행할지니"(갈5:25)라는 사도바울의 말씀처럼 '행함의 열매'
가 없는 성령운동은 진짜가 아니라는 것을 깨우치게 한다.

ⓒ 유명인사가 된 것만으로는 참 제자가 될 수 없다.

본문에 있는 니고데모처럼 유명한 자, 높은 자리에 있는 자, 기적
을 선호하는 자라는 명분만으로는 '예수님의 참 제자'가 될 수 없다
는 것이 주님의 생각이라는 것을 깨우친다.

ⓔ 제자의 필수조건은 '성령으로 거듭난 자' 라야 한다는 교훈이다.

주님의 제자가 될 수 있는 〈중생 자〉는"성령의 열매"(갈 5:22-23)
로만 식별된다. 성령의 은사를 받은 유일한 증거는 삶의 열매가 자
신의 마음속에 존재하고 있어야 한다는 말이다.

④ 김 지도신부와의 대화: (지도신부의 권고의 말은 다음과 같다)

㉠ *"지나치게 교훈적인 것과 깨우치는 내용을 하지 않는 것이 좋다"*

㉡ 상상력을 동원해서*"관상기도 사건을 기록하라"*고 한다. 김 신
부님이 말하는"관상기도 사건"이란 기도 중에 '비 교훈적'인
〈있었던 사건〉을 뜻함 같았다. 이러한 의미에서 「내가 터득한
성경묵상기도」는 〈교훈적인 것과 깨우침〉이 주종을 이루는 특
색이 있다는 것을 알게 되었다. 이것이 이냐시오 식 묵상과
내가 하는 성경묵상의 차이점이라는 것이 확인된다.

(3) 성경본문: 눅 13;10-17(안식일에 병 고치심)

① 마음에 와 닿는 말씀:

11절 "꼬부라져 조금도 펴지 못하는 여자", 13절 "안수하시매 여자가 펴고 하나님께 영광 돌리는지라"

② 예수님과의 대화:.

㉠ *"예수님! '네 병에서 놓였다' 하신 것은 구체적으로 무엇을 뜻하시는 것입니까?"*라고 질문했더니 예수님께서 *"그것은 사탄의 사슬에서 해방이 되었다는 뜻이다"*라고 다정하게 말씀하신다.

㉡ 그리고 두 번째 질문을 했다. *"예수님! 병은 모두 사탄과 관계가 있는 것입니까?"*

그랬더니 주님께서 *"아니다 다 그런 것은 아니다 이 여자처럼 사탄과 관계가 된 병도 있고 자신의 죄로 인해 얻어지는 병도 있고, 인간의 실수로 일어나는 것도 있고 사람의 마음에서 오는 병도 있고 사람의 무지와 오염된 환경에서 오는 것도 있는 것이다"*-라고 자상하게 말씀을 해 주시었다.

③ 기도 중에 깨우친 교훈은 다음과 같다.

㉠ 나 자신이 '형식주의자' 되지 않도록 노력할 것을 다짐 한다
본문은 '안식일 엄수'의 형성주의의 고발하는 내용이다.
종교적인 형식주의는 언제나 그리고 누구에게나 찾아올 수 있는

함정이다. 그런고로 신앙인은 이러한 형식주의에 대한 자아성찰을 지속적으로 해야 한다는 점을 깨우치게 된다.

ⓛ 안식일은 〈선을 실천 하는 날〉로 선포할 필요성을 깨우치게 한다.

예수님은 18년 간 "사탄의 사슬"에서 신음하는 병자를 그 사슬에서 해방시키시는 일을 실천하신 것이다. 예수님께서 그의 손을 환자의 머리에 얹는 순간 그 환자는 허리를 펴고 벌떡 일어나서 춤을 추면서 군중과 함께 하나님을 찬양하였다. 이처럼 안식일에는 <선행을 실천하는 날>이 되어야 한다.

ⓒ 나는 예수님과의 대화에서 사람들이 병에 걸리는 것들 중에서 특히 *"사람의 마음에서 오는 것과 사람의 무지와 오염된 환경에서 오는 병"*에 대해서 각별한 관심과 깨우침을 얻었다. 하나님이 창조하신 순수하고 깨끗한 〈사람의 마음과 자연환경〉이 사람들의 범죄적 행동으로 인해서 마음이 병들고 자연환경이 파괴되고 오염되어서 지옥 같은 세상이 된 것을 깊이 반성하고 슬퍼하게 한다.

④ 내 마음의 움직임은 두 가지다.

㉠ 나는 이곳에서 예수님을 만난 후에 무거운 책임감을 느끼게 되고 내 마음에 잔잔한 파도가 친다. 안식일에 대한 새로운 인식과 신앙적 의무감이 내 마음을 사로잡는다. "안식일에는 선한 일과 이웃에게 기쁨의 선물을 주는 날이 되도록 해야 한다." 라는 소리가 내 마음을 흔들어 놓고 그리고 결심하게 한다.

ⓒ 내 마음에서 이러한 소리가 들린다. "내가 만일 무서운 병자가 되었다면 그 원인이 무엇일까? 내가 가지고 있는 가장 큰 약점은 무엇일까? 너는 너 자신을 정확하게 알고 있느냐? 그리고 그에 상응하는 대책과 대비가 되어 있느냐?"－라고 반복되는 소리가 들린다.

4) 성경본문: 막6:31-44(5천명을 먹이신 기적)

① 마음에 와 닿는 말씀:

"한적한 곳에서 잠간 쉬어라"(31절) "목자 없는 양－불상이 여기사"(34절) "다 배불리 먹고"(42절) "남자가 5천 명이었더라"(44절)

② 사건 속으로 들어가 참여하기:

㉠ 나는 앞에 있는 50명 정도의 사람들과 함께 풀밭에 끼어 앉아서 제자가 주는 빵 한 점과 물고기 한 점을 받아서 먹기 시작했습니다.

ⓒ 그런데 이상한 사건이 일어납니다. 빵 조각을 입으로 잘라먹는데 아무리 잘라먹어도 빵 조각 크기가 줄어들지가 않는 것입니다. 나만 그런 것이 아니고 풀밭에 앉아 있는 모든 사람들이 나와 똑 같은 현상이 나타납니다. 배 불리 먹을 때까지 그렇게 되었습니다.

ⓒ 모든 사람들이 먹고 남은 것을 거두어 모으니 12광주리가 되는 광경을 직접 바라보면서 엄청난 충격을 받았습니다. 하나님이 함께 하시는 예수님의 초월적인 능력을 직접 경험해 보

니 꿈만 같은 느낌을 받았습니다.

③ 관상기도 하기:

㉠ (관상1막) "한적한 곳에서 쉬어라"를 관상 기도합니다. 이것은
<기도와 휴식>의 필요성을 관상하게 해 줍니다. 우리는 너무
나 분주하고 정신없이 살아가고 있는 것이 사실입니다. 우리는
종종 군중을 떠나서 한적한 곳에서 자신의 마음상태를 점검하
고 하나님과의 대화의 시간의 중요성을 깨우치게 됩니다. 그리
고 기도와 기적의 밀접한 관계성을 깊이 있게 관상하게 됩니다.
㉡ (관상2막) 군중을 향한 예수님의 기본적인 마음상태를 관상 기
도합니다.

예수님은 군중을 바라보시면서 "목자 없는 양 같음"을 애절하게 생
각하십니다. 그의 뜨거운 사랑의 감성은 상상 이상으로 뜨거우십니다.
이것이 <참 목자>의 실상임을 새삼 관상하면서 우리가 목회현장에서
어떻게 양들을 양육관리 해야 한다는 것을 깊이 관상기도하게 합니다.

④ 예수님과의 대화:.

㉠ 나는 예수님에게 다음과 같이 질문을 합니다.
"예수님! 저는 이곳에서 엄청난 마음의 감동과 새로운 교훈 그리고
깨우침을 받았습니다. 이것이 정상적인 마음인지 말씀해 주시기 바랍니
다." 그 때에 예수님께서
"김 군아! 지상에서는 하나님의 기적도 <사람의 마음>을 떠나서는

*이루어지지 않는단다. 특히 하나님의 마음을 준비하는 것이 기적과 밀접한 관계가 있다"*라고 말씀하십니다. 이때 나는 이번 기적은 〈예수님의 마음과 군중의 주님 사모하는 마음〉이 이러한 기적이 나타나게 되었다는 것을 직감하게 되었습니다.

ⓛ 나는 또 *"예수님! 주님은 성자이신데 빵과 물고기 없어도 5천명을 기적으로 먹게 하실 수 있다고 생각하는데 어떻게 생각하십니까?"* 라고 질문했더니 예수님이 *"불씨가 있어야 불을 피울 수 있는 것과 같이 하나님 기적도 불씨가 필요한 것이다"*라고 대답하십니다.

⑤ 기적의 광장에서 느낀 예수님:

ⓜ 어린이가 엄마 품에서〈따뜻하고 아늑함〉을 느끼게 하는 것처럼 예수님의 존재가 <엄마의 품>처럼 느끼게 하고 한없는 친근감을 느끼게 합니다. 그리고 쇠못이 자석에 끌려가는 것처럼 내 존재가 그분에게 끌려가 흡수되는 것과 같은 느낌을 받았습니다.

ⓛ .예수님과 함께한다는 것은 한없는 평화스럽고 〈행복감〉을 느끼게 한다는 것을 체험하게 해 주었습니다.

ⓒ 예수님의 축복기도는 빵과 물고기를 무한정으로 생산하는 큰 공장과도 같다는 느낌을 받았습니다. 주님의 축복의 손에서 강산과 우주와 같은 풍요로움을 감지하게 되었습니다.

12. 감성관리는 완벽하게 이루어진다
(제6장을 참고한다)

1) 자신을 〈감성관리 모델〉로 생각하고 이론과 방법을 찾는 노력이 필요하다.

(1) 나는 선천적으로 악성감성이 강한 사람처럼 느끼고 있었다.
(2) 인간은 악성감성에서 해방이 가능하다.
　① 악성감성은 인간을 불행하게 해주는 주범이다.
　② 현실 교회는 이에 대한 반응이 미약하다.
　③ 「약11년 전」(06년 기준)언제부터인가 내 마음에서 가벼운 원망 같은 악성감성마저도 나타나지 않는다는 것을 발견하고 나 자신도 신기하게 느끼며 감사하고 있다.
　④ 예수님의 '감성적 방법론'을 새롭게 그리고 강하게 깨우치던 그 시기다.

2) 신앙적인 삶과 묵상, 관상기도는 밀접한 관계가 있다.

(1) 개신교의 역사적 과오는 전통적 기도학의 외면이다.
　① 개신교 기도운동에는 문제점이 있다.
　② 기도의 완성은 '묵상과 관상기도'의 단계에서 이루어진다.
(2) 필자가 '관상기도'에서 감성관리 방법을 '예수님이 새롭게 개척하셨다'는 것을 깨우쳤다
(3) 묵상과 관상기도는 '예수를 닮게' 하는데 기본 목적이 있다.

3) 감성계발의 구체적인 방법은 다음과 같다

(1) '가슴'으로 신앙생활을 하라
  ① 찬송가를 가슴으로 부르게 한다.
  ② 성경을 가슴으로 읽게 한다.
  ③ 예배를 가슴으로 드리라.
(2) 〈미움은 사탄의 속성이다〉를 '체질화'가 되게 한다.
  ① 예수님은 산상 보훈에서 '미움은 사탄의 속성이다'라고 강
   조하신다(마5:21-24)
  ② 예수님은 '미움의 실존'을 정확하게 '마음 판에 조각'되기
   를 원하신다.
  ③ 하나님과 사탄의 속성에 대한 <체질화>가 사탄과의 싸움에
   서 승리할 수 있다.
  ④ 체질화를 점검하는 방법은 다음과 같다.
(3) 〈말씀의 포로가 되라〉 그렇게 되면 악성감성에서 해방이 가
   능해 진다.
  ① 포로가 되면 말씀이 꿀 같이 된다.
  ② '말씀의 포로는 체질화'와 비슷한 결과가 나타난다.
(4) 〈교인들의 감성관리 훈련 경험을 축적하라〉 그렇게 되면 본
   인 감성도 계발된다.
  ① 잘못 된 겸손이 있다.
  ② 교인훈련은 자기 자신의 발전에도 도움이 된다.
(5) 〈5분 명상 훈련〉을 활용한다. 그러면 관상기도의 경지에 들
   어갈 수 있다.
  ① '5분 명상'의 필요성을 깨우친다.

② 구체적인 훈련방법은 다음과 같다 (기도자세로 암송한다)

(6) 〈사탄의 작전개시 신호〉에 민감해야 사탄과의 싸움에서 승리
할 수 있다.

① '마음의 상처'가 나타날 때, 이것은 '사탄의 작전개시 신호'다.

② '보기 싫다'는 느낌이 올 때, 이것은 '사탄의 작전개시 신
호'다.

(7) 〈악성감성 상황일기〉를 작성한다. 이것은 '감성관리 학습'에
필요한 항목이다.

(8) 하나님의 감성을 반추한다. 이것이 감성계발 비법의 하나다.

(9) 〈악성감성을 입으로 확인하라〉 이것이 '감성관리 학습'이 되
기 때문에 필요하다.

13. 영성가와 새로운 목회철학

영성가의 목회가 어떻게 달라져야하나? 앞으로 영성에 관심이 있
는 분들이 많이 고민해야 될 문제다. 목회도 그 시대 현실에 적합
한 변화가 있어야 하는 것이 상식이다.

1) 영성에 관심 있는 지도자는 새로운 목회에 눈을 떠야 한다.

새로운 목회란 언제나 있었다. 그리고 이것처럼 매력적인 용어는
많이 있지 않다. 그러나 좀 더 깊이 생각하면 진짜 새것은 하나도
없다. 새것이란 새롭게 '깨우치는 것'이라고 생각한다. 문제는 사람
들이 '새롭게 느끼는 것'이 더욱 중요하다고 생각한다.

(1) 영성적 목회자는 다음과 같은 항목에 새로운 관심을 가져야
한다.

영성적 목회는 "감성과 영성"에 새로운 관심과 역점을 두어야한다
는 것은 상식에 속한다고 생각한다. 내 글 대부분이 영성과 감성적
인 문제를 다루고 있다는 점에서 내 글의 구석구석에서 새로운 목
회의 힌트를 얻어야 한다고 생각한다. 그러나 다음과 같은 문제에
관심을 가지는 것이 유익하리라고 생각한다.

① 개신교 목회자가〈시민의 지도자〉대열에서 탈락되고 있다.

언제부터인가 개신교 목회자가 특권의식을 가지고 있으면서도 '시
민의 지도자' 대열에서 멀어져가고 있다는 것이다. 목회자는 그 지
역에서 시민들로부터 인격적인 존경과 신임을 받아야한다. 바람직한
지도자는 가까이에 있는 사람들로부터 인격적인 대우와 친근감을
느끼게 된다고 하는 것이 상식이다. 그러나 잘못된 지도자는 멀리에
서 바라보면 훌륭한 인격자처럼 보이는데 가까이에서 접촉하게 되
면 존경심이 사라지는 형의 지도자라는 것이 일반적인 상식이다. 이
것이 진짜지도자와 가짜지도자의 차이점이다. 우리 목회자들이 가까
이에 있는 사람들로부터〈시민의 지도자〉로 인정을 받지 못하고 있
다는 것은 목회자들이 대 각성해야 할 숙제 중의 하나다. 그리고
시민적 지도자의 자리를 상실하고 있다는 것은 대단히 슬픈 역사적
사건이다. 4,50년 전만해도 오늘과 같은 상태는 아니었다. 내가 지
방 군소재지 교회에서 목회 할때만해도 그 지역 지도자회의나, 지역
행사에 교회목사를 초빙해서 지역 지도자의 한사람으로 인정했었다.
물론 시대가 변하고 삶의 가치관이 달라지고 50년 전과 현재는 엄
청나게 변화된 사상들이 세상을 지배하고 있는 것이 사실이다. 이러

한 여러 가지 원인들이 목회자의 존재성이나 가치성을 저하시킬 수 있다고 생각할 수 있다. 그리고 현재 한국에는 군소교단의 난립과 저들의 신학교 설립으로 목회자가 대량 생산되고 있다는 점, 그리고 목회자가 하나의 직업으로 타락하고 있다는 점 등이 주된 원인이 될 수 있다. 그러함에도 불구하고 정상적인 교단의 목회자는 시민들의 존경과 친근감을 가지는 시민의 지도자의 반열에서 추락하면 안된다. 목회자는 전 국민의 종교적이고 윤리 도덕적인 표준이 되어야 하며 시민들 가슴속에 아름답게 기억되는 존경스러운 지도자로 남아있어야 한다. 그래야 목회자들을 통해서 하나님께서 하시고자 하시는 지상 낙원건설이 가능해진다.

② 목회자는 예수님처럼 살려고 노력하는 삶이다

목회자는 예수님의 생활철학에 기초한 생활을 하려고 노력해야한다. 그러나 예수님처럼 산다는 것이 일종의〈특권의식〉을 가지고 살아가는 생활형태는 아니다. 그러나 그 반대로 예수님처럼 산다는 것이 〈맨발의 천사〉처럼 가난하게 사는 것이 일종의 〈거룩한 생활〉처럼 생각하는 것도 정답이 아니다. 참 목회자의 삶은 동네 사람들에게 아름다운 향기가 느껴지는 생활이 되도록 노력하는 것이 정도다. 목회자 삶의 표준이 되는 예수님의 삶은 '특권을 버리는 삶'이요 평범하면서도 사람들에게 맑고 밝은 인상을 주는 삶이 되어있었다. 목회자는 참다운 〈시민의 지도자〉로 공인된 삶이 될 수 있도록 계속적인 노력이 있어야한다는 점을 한시도 망각해서는 안 된다. 이러한 사람만이 새 시대가 요구하는 목회자가 될 수 있다.

③ 목회자는 시민과 평신도의 가슴에 소중하게 기억되는 사람이
되어야 한다.

그렇게 되려면 목회자가 시민과 평신도의 마음을 읽어내는 능력
이 있어야하고 이에 충실해야한다. 선한목자의 방해물 중 하나가
〈특권의식과 독백목회〉다. 우리는 목회현장에서 열성적인 목회자들
의 모습에서 〈독백목회〉를 어렵지 않게 발견할 수 있다. 이것은 시
민이나 교인들의 마음이나 생각을 무시하고 자신의 독특한 목회철
학에 충실한 목회자들 중에서 어렵지 않게 독백목회를 하고 있는
실상을 찾아 볼 수 있다. 이러한 목회는 교인들 가슴에 남아 있는
것들이 많지 않다. 독백목회란 주관적 목회신학이 너무나 강해서 새
것을 받아들이기 힘이 드는 사람을 말한다. 그러나 슬기로운 목회자
는 새로운 목회철학의 변화에 민감하면서도 가급적 수용하는 자세
가 있고 그리고 교인들의 마음을 읽어내는 능력이 우수하다.

(2) 영성목회자는 언제나 '새로운 목회계획서'를 준비해야 한다.
내 과거 목회생활을 더듬어보면 매년 별로 변화가없는 목회계획
서를 작성한 것으로 기억이 된다. 그래서는 안 된다는 말이다. 매년
변화가 있어야 한다. 특히 인간의 정신적 기능에 대한 가치관이 엄
청나게 그리고 급하게 변해가고 있다. 이러한 시대에 살고 있는 목
회자는 수시로 인간의 정신적 기능에 대한 학습에 정성을 다 해야
한다. 그리고 EQ심리학에 대한 구체적인 상식을 가지고 있어야 한
다. 목회자가 목회 계획서를 작성할 때에는 다음 항목에서 언급하는
내용을 참고할 수 있으면 하는 생각이다. 그리고 필자가 이곳에서
다루고 있는 내용은 <목회상담, 심방목회>등 목회에 관계되는 모든

내용을 설명하려는 것이 아니라는 점을 이해해 주기 바란다. 그래서 이 항목에서는 내가 중요하다고 생각되는 〈핵심 중요사항〉만 설명하려고 생각한다는 점을 이해해 주기 바란다.

2) 담임목사의 기본적 〈목회철학〉은 다음과 같기를 바란다.

목회는 원칙적으로 하나님과 예수님이 중심이 되어야 한다는 것은 긴 말이 필요 없다. 예수님이 교회의 주인이 되어야 한다는 말은 "성경말씀과 성령"이 지배하는 교회가 되어야 한다는 말이 된다. 이러한 기본적인 원칙을 준수하면서 지도자인 담임목사가 해야 할 일을 다음과 같이 설명하려는 것이다.

(1) 평화로운 가정과 같은 교회가 되게 하라.

평화롭고 따뜻한 가정과 같은 교회생활이 되게 한다는 것은 상상만 해도 신이 난다. 목회도 무엇에 중점을 두느냐에 따라서 목회방향이 달라진다고 생각한다. 그리고 가능하면 모든 문제를 〈만장일치〉를 원칙으로 하는 것이 좋다. 그래야 한 가정과 같은 교회가 된다.

(2) 전 교인의 〈행복한 가정생활〉이 가능하도록 한다.

"그 교회는 행복한 가정을 생산하는 교회다"라는 소문이 나도록 하라는 말이다. 이에 필요한 모든 프로그램을 목회현장에 다 투입한다. 2006년도에 내가 관계하고 있는 〈행복을 만드는 사람들〉이라는 법인체에서 운영하는 프로그램이나 그 밖에 여러 가지 새로운 프로그램 지도자를 초청해서 오후 예배시간에 활용하는 것도 교인들의 행복한 삶을 자기들의 것으로 삼는데 큰 도움이 될 것이다. 그러기에 이러한 새로운 프로그램을 적극적으로 활용할 필요가 있다. 사실은 필자가 새롭게 개발한 〈감성계발 프로그램〉은 반드시 한국교회들이 적극적으로 수용하는 것이 기독교 교인다운 가정을 복원하는데 결정적 역할을 하리라고 믿는다. 우리들 기독교가 새롭게 인식해야 할 것은 그동안 우리들이 해온 지성중심의 기독교 교육이나 프로그램이 본질적으로 실패했다는 것을 솔직하게 인식 수용해야한다. 그리고 새로운 차원에서 새 길을 선택해야한다. 이것이 바로〈예수님의 감성학〉에 새로운 관심을 가지는 일이다. 예수님의 감성학을 순수한 마음으로 수용하면 모든 문제가 해결된다는 것을 인식해야한다. 왜냐하면 현 기독교신학과 교회프로그램에서 가장 낙후된 부분이 바로 예수님의 감성세계라는 점이다. 사실상 성서적인 감성세계에 대한 관심이 미약하고 그리고 활발한 연구가 없었기 때문에 이 분야는 완전한 미개발 분야로 방치되어 있는 것이 현실이다.

(3) 생활목회에 중점을 두어야 한다.

생활목회란 실용적이고 사실에 근거한 문제를 해결해 주는 목회를 뜻한다. 내가 교육받는 목회학은 대부분 이론적이고 가지고 싶은 것이나 소망스러운 목표를 세우고 그 고지를 향해서 가야한다는 꿈같은 과제들을 전달 받았다. 내가 받은 교육의 한 예를 든다면 *"목회는 하나님의 목회다. 성령님의 도움 없이 성공할 수 없다. 목회의 주인은 하나님이지 내가 아니다. 기도하라. 기도 없이 성공적 목회자가 될 수 없다"* 등이다. 이것은 엄밀하게 말하면 목회학이 아니다. 신앙적인 원론에 불과하다는 말이다. 이것이 이론적인 목회학의 대표적인 것이다. 이러한 지성적 학습이나 인식은 현재 우리가 가지고 있는 것만으로도 충분하다. 그러나 삶에 직접적인 영향을 주는 〈예수님의 감성세계〉에 대한 정보와 학습에 새로운 깨우침을 가지는 동시에 이에 대해서 열성적으로 치중해보자는 것이다. 사실상 현재 우리에게 보다 시급한 숙제는〈가슴의 예수화〉문제라는 점이다. 이 말은 예배와 모든 프로그램이〈예수님의 감성생활 학습〉에 중점을 두자는 것이며 이에 도움이 되는 것을 총동원하는 목회가 되게 하자는 뜻이다. 교인들로 하여금 가슴으로 기도하고, 가슴으로 찬송하고, 가슴으로 예배드리고, 가슴으로 대화해서 가슴을 자라나게 하기위해서 적극적으로 감성생활 습관을 사모하게하고 소유하게 하는 것이 시급하게 필요한 것이다.

3) 교인들의 기본적인 〈신앙발전계획〉은 다음과 같은 것이 좋다.

(1) 주일예배:

'하나님의 현존'을 느끼고 체험하게 하는 일에 정성을 다해야 한다. 하나님의 현존을 느끼지 못하게 하는 예배는 <말의 색깔과 감성표현과 분위기>등과 밀접한 관계가 있다는 점을 강하게 깨우칠 필요가 있다. 이러한 것은 반복된 경험을 통해서 내 것이 되게 할 수 있다. 그리고 주일예배는 주로 〈예수님의 생활철학〉을 학습하고 깨우치고 체험할 수 있도록 하는 일에 중점을 두는 것이 바람직하다고 생각한다. 특히 '가슴과 마음'으로 드리는 예배에 대한 교육은 오후예배 시간을 이용해서 전달하는 것이 좋을 것이다.

(2) 오후 예배와 수요예배는 다음과 같이 할 수 있다.

통상적인 예배의식에 매이지 않고 매월 한번이상 각계 전문가를 초빙해서 다양한 <신앙훈련 프로그램>을 선택해서 교인들의 신앙발전을 위한 구체적인 프로그램으로 충당하도록 한다. 다음과 같은 방법을 생각할 수 있다.

① 기도훈련: '기도학의 이론적 학습'과 성경묵상 기도훈련(성경으로 기도하기)과 관상기도 훈련을 통해서 전통적 기도운동에 친밀감을 느끼고 '관상기도의 생활화'가 가능하게 한다. 특별이 '듣는 기도훈련'은 반복적인 학습을 통해서만 인식할 수 있다는 점에서 여러 번 실시하는 것이 필요하다. 그리고 '말씀으로 기도하기'는 평신도 기도훈련으로 적합하다.

② 감성관리 프로그램: 하나님의 감성과 사탄의 감성을 식별해서 하나님의 축복의 대상이 될 수 있는<하나님 도성시민>이 되게 하는 일에 주력한다. 인간생활에 강한 영향력을 가지고 있는 감성문제를 적극적으로 활용해서 삶의 근본적인 변화를 이끌어내야 한다는 말이다. 사탄의 감성세계와의 단절 없이 신앙생활이나 인간행복은 불가능하다.

③ 새벽기도시간: 한 주에 한번씩 <말씀 듣는 기도훈련>을 실시한다. 교인들을 명상상태에 들어가게 한 다음에 목사가 산상보훈(마 5:1-10) 등을 차분하게 5-10번 반복해서 읽어준다. 그래서 말씀을 가슴과 마음으로 새김질 하면서 듣게 함으로 <하나님의 육성>이 되게 한다는 뜻이다. 하나님말씀을 '가슴과 마음'으로 듣게 한다는 것은 신앙발전에 큰 도움을 준다.

④ 철야기도시간: 한 달에 한 번씩 특별 프로그램을 준비한다. 한 예로 '성경묵상 기도훈련'이나 '하나님의 감성반추하기'등을 실시할 수 있다. 그 내용과 방법은 이 책의 해당 부분에서 참고하면 된다.

⑤ 감성관리 프로그램의 대중화: 지역시민을 대상으로 하는 <감

성관리 프로그램>을 실시함으로 시민의 행복한 삶에 이바지하고 시민에게 필요한 기관으로 느끼게 하는 교회가 되게 한다. 교회가 지역 시민의 행복한 삶에 도움이 되는 프로그램을 수시로 선별 실시한다.

(3) 영성수련 프로그램:

<1박 2일, 2박 3일>을 정해진 수련장에서 전 교인을 구룹 별(유년부 교사들, 청소년부, 집사들, 권사들, 장로들 등.)로 나누어서 6개월에 한번이상 참여케 한다.

특히 주5일 근무제가 실시되면 주말을 활용하는 방법으로 <금요밤7시 - 토요 오후5시>까지 영성수련을 실시할 수 있다.

4) 여전도사 중심의 '감성관리 전담프로그램'을 구상하는 것이 좋다.

관심이 있는 몇 교회가 전도사를 선발해서 일정장소에서<감성관리 학습수련>을 실시한다. 이들은 해당 교회에서 '교인들의 감성관리 프로그램'을 주관, 관리하도록 해보자는 것이다.

(1) 1년 간 매주 하루 10시~6시 <예수님 마음 만들기>를 학습하고 훈련해서 전문가가 되게 하자는 것이다.
(2) 매월 한번 2박 3일 집중 훈련프로그램 실시한다.
(3) 여타 시간은 교회 봉사에 전념하게 한다.
(4) 수련기간(1년 간)중에는 수련생에게 교통비만 지급한다.

제 3 부

'감성과 영성' 생활에
도움이 되는 내용들

　'예수님의 감성학'은 궁극적으로 '신앙생활실천'에 결정
적인도움을 주는데 있다고 생각한다. 그래서 생활에서
깨우친 '신앙경험'에서 얻은 실화적인내용이 주종을 이루
고 있는 제3부는 '예수님 감성학'과 밀접한 관계가 있는
'생활이야기'라고 할 수도 있다. 이것은 또 〈예수님의 감
성학〉의 필요성과 존재가치를 증언하는 내용이 될 것이
라고 생각한다. 그리고 독자들의 '감성과 영성생활'에 큰
도움이 될 것이라고 믿고 있다.

제 9 장

노년기에 얻어진 이삭들
(나는 70에 철이 들었다)

필자가 감리교 서울연회 원로목사회 회장을 하면서 많은 원로목사 님들을 접촉하게 된다. 그런데 목사님들이 할일이 없어서 시간을 보내 기가 지루하다는 말을 여러 번 들었다. 이것이 일반적인 상식인 것 같 다. 그런데 나는 늙어갈수록 바빠지는 경험을 하고 있다. 그래서 '인 생은 70부터'라는 말이 실감되기도 한다. 그리고 한가지 이상한 것은 집사람이 천국에 간 후에 필자에게 '신앙적인 일거리'가 많아지고 있 다는 것이다. 그래서 하늘나라에서 집사람이 후원해 주는 것 같은 느 낌을 받는다. 그리고 필자는 집사람이 천국에 들어간 후에 성경에서 말씀하고 있는 '하늘나라이야기'를 100%로 믿게 되고 사모하고 그리 워하게 되었다는 것은 좋은 일이다. 그래서 집사람은 나를 떠나가면서 도 나에게 바람직한 '신앙적 선물'을 주고 있다는 것을 실감한다.

1. 나에게 노년기는 새로운 의미가 있다.

1) 나의 목회 40년은 실망스러운 것임에 틀림이 없었다.

세상 사람들이 다 알고 있는 것처럼 필자는 40년 목회생활에서 두드러진 특색도 없이 시류에 따라서 목회현장에서 평범하게 살아온 목회자다. 내가 미국에서 5년간의 학업을 마치고 돌아와서 몇 달 후에 집사람이 나에게 쓴 소리를 한 것이 지금도 생생하다. 그는 조심스럽게 작은 목소리로 이렇게 말했다. *"당신 내가하는 말에 오해하지 말고 들었으면 해요. 사실은 나 당신이 미국에서 공부하고 돌아왔을 때에는 상당한 기대를 가지고 있었는데 요사이는 당신에게 약간 실망하고 있어요. 미안해요. 그러나 열심이 기도하고 힘을 내세요. 당신!"*라고 하는 것이다. 이것은 집사람이 사실에 근거한 것이고 또한 사랑하는 자신의 남편에게 하기 어려운 고언을 한 것이라고 생각한다. 집사람의 상상 속에는 아마도 내가 미국에서 공부하고 있는 동안 '획기적으로 발전변화'한 〈생동적인 신앙과 새롭고 실용적인 목회철학〉을 가지고 돌아오는 남편의 모습을 상상하면서 기다리고 있었다는 말이 된다. 그러나 돌아온 남편의 모습에서는 그러한 생동적인변화가 부족했다는 느낌과 기대에 미달하고 있다는 점을 알려준 말이기도 하다. 나 자신도 이에 동의한다. 다른 한편 집사람의 말 속에는 남편에 대한 '신앙적이고 신학적인 기대감'을 가지고 있다는 마음이 숨어있다. 그리고 지금은 약간 실망하고 있지만 분발해서 당신의 기대가 넘치도록 노력하라는 '따뜻한 격려의 감성'이 포함되어 있는 것을 느끼게 한다. 그래서 나는 언제나 집사람에게 한없이 미안한 마음을 가지고 살아왔던 것이 사실이다. 나는 집사람의 진심을 잘 알고 있었기 때문에 그녀의 기대에 상응한 성직자가 되어야 한다는 생각을 하면서 살아온 것도 사실이다. 그래서 새로운 신앙운동에 남다른 관심과 열정을 가지고 있었다. 그녀가 만족하게 생각하는 성직자가 되어서 그녀가 즐거운 표정으로 나를 바라보는 그녀의 모습을 상상하면서 내 자신의 신앙적이고 신학적인 발전에 나름대로 정성을 기울이고 노력하면서 깊은 마음의 기도를 드리는 일에 최선을 다하였다. 그런데 나는 흘러가는 시간과 함께 조금씩 목사로서의 철이 들기 시작하는 것을 감지할 수 있었다. 이것은 자신의 영성적인 부족감을 절감하는 사람에게는 하나님께서 그 부족을 채워주시는 기회를 제공해주신다는 것을 느끼기 시작하게된 것이다. 그래서 나는 기회가 찾아오면 절대로 소홀하게 생각하지 않기로 결심하고 끝이 보일 때까지 지속했다. 이것이 내가 만난 '영성신학과 영성수련운동' 이다. 그래서 나는 20년 만에 성경 속에서 〈예수님의 감성학〉을 깨우치는데 성공했다고 할 수 있다. 그리고 그렇게 나 자신을 괴롭게 했던 감성관리문제를 완벽하게 처리하는 예수님의 비법을 은사와 영감으로 깨우치게 된 것은 하나님의 축복이라고 믿고 있다.

2) 나는 70이 되어서 목사로써 철이 들고 그 참맛을 느끼게 되었다

이러한 나의 삶의 경험은 많은 사람들에게 밝은 빛이 되리라고 생각한다. 어깨가 축 늘어진 친구들에게 하고 싶은 말은 〈늙어도 꿈은 이루어진다〉라는 확신을 가지라고 권하고 싶다.

① 70을 바라보면서 비로써 나에게 바람직한 길을 선택 할 수
    가 있었다.

필자는 60이 넘고 70이 가까워지면서 신앙적 체험을 하였고 하나
님의 실존에 대한 참 맛을 알게 되었다. 그리고 마침내 〈영성신학과
수련운동〉에 입문하게 된 것이다. 이때에 하나님도 체험하고 신앙적
인 참 맛도 느끼게 되었다. 그리고 내 마음의 눈과 영적인 눈이 열
어져서 영원한 세계도 보이고 하나님의 '말씀의 마음의 소리'가 들
리기도 하고 보이기도 하는 체험을 하게 된 것이다. 나는 늙어가면
서 더욱 기억력도 좋아지고 머리도 맑아지고 하나님과 천국적인 사
실에 대한 신앙적인 맛도 생생하게 내 마음 속에서 살아난다. 사람
들의 말이나 행동 속에서도 영성적인 실상이 보이기도 하고 강하게
깨우침이 나타나기도 한다. '신앙적인 삶의 맛이 미칠 정도로 내 가
슴과 마음을 사로잡는다.' 내 강의나 설교를 듣는 사람들은 그것이
'맛'이 있는 것처럼 느끼고 있다는 표정을 보게 되는 경우도 있다.
이것은 늙은 사람이 그 정도이면 잘하는 것으로 후하게 생각해 주
는 것이라고도 생각한다. 이러한 것들은 내 삶에서는 '하나의 기적'
이다. 과거40평생 나에게는 한번도 경험해 보지 못했던 일이기 때
문이다. 필자가 독자들에게 참으로 하고 싶은 말은 사람의 '사상과
영성적인 발전'은 나이와 무관하다는 이야기를 하고 싶은 것이다.

② 80이 넘어서 한 시대에 필요한 신학적인 지도자로 살아갈
    수 있게 되었다

나는 2006년 9월 학기에 <행복을 만드는 사람들>이라는 법인체
에서 운영하는 2년제 대학원과정에서 '영성학'을 강의하게 되었다는
것은 내 삶에 있어서는 특별한 축복된 사건이다. 매 월요일마다 강

의하면서 새롭게 깨우친 것은 옛날 연신대나 감신대, 그리고 세종대
학에서 강의하면서 체험했던 학생들의 반응과는 상당한 차이가 있
는 것을 느끼게 되었다. 대부분이 목사와 전도사인 수강생들이 내
강의에 대해서 즐거워하는 반응을 바라보면서 내 자신이 전에 경험
하지 못했던 행복감을 느끼곤 한다. 이러한 것이 학자의 삶이라면
얼마나 좋을까? 그러나 내가 과거에 체험한 교수생활이란 현재 내
가 강의하면서 느끼는 그러한 행복의 장소만이 아니라는 것을 잘
알고 있다. 내가 현재 80이 넘어서 체험하는 〈학문과 신학사상을 전
달하는 기쁨〉이 목사들이 강당에서 체험해야 하는 사건이 되었으면
하는 소망이 있다. 그리고 필자가 80이 넘어서 신학계에 새로운 신
학적인 바람을 일으키게 될 새로운 신학적 과제가 될 수 있는 〈예
수님의 감성학〉을 써내려가고 있다는 것은 아무리 생각해보아도 하
나님의 특별한 축복임에 틀림이 없다. 이 책이 출판된다면 지상에서
는 처음으로 〈예수님의 감성학〉이 등장한다는 이 사실을 상상하면
서 내 마음은 한 없이 행복하다. 그러나 한 가지 서운한 것은 집사
람이 이 세상에 있을 때에 출판하지 못한 것을 미안하게 생각한다.
그러나 그녀가 병원에 입원하고 있는 동안에 이 책을 출판하기로
결심했다는 것은 이 책이 그녀와 깊은 관계가 있다는 것을 말해 준
다. 사실은 집사람이 병원에서 투병하고 있는 동안에 나 자신이 깨
우친 것은 "내 인생도 시간이 없구나?" 하는 절박감을 느끼게 되었
다. 집사람이 가려고하는 모습에서 "너도 갈 시간이 다가오고 있다"
는 소리가 들린다. 그래서 내 글들을 재 정리해서 '예수님의 감성학'
으로 출판준비를 시작한 것이다. 그래서 이 책은 그녀가 나에게 준
선물이라고 할 수 있다.

2. 웨슬리보다 예수가 우선이다

이 글은 내가 주도하는 영성수련회에 참가했던 영성수련 지망자인 조모 전도사인 감신대 대학원 학생과 이메일을 주고받은 내용을 정리하면서 새롭게 깨우친 내용이다. 조전도사가 보내온 처음 이메일은 다음과 같다.

"이번에 보내는 글은 지난해 12월 이모교수님과 대학원생들이 매월 한번 씩 가는 기도회에서 발표한 저의 발제 문을 첨부해 보았습니다. 웨슬리 목사님의 <그리스도인의 완전>에 대한 것입니다. 보시고 목사님의 영성훈련에 비추어서 좋은 말씀을 해주시면 감사하겠습니다. 저는 이 책을 통해서 참 좋은 우리 감리교의 유산이 있구나하는 생각을 했어요. 이 <완전의 은혜>가 목사님이 추구하시는 예수님의 감정으로의 전환하는 것과 같은 것이라 생각했습니다. 그러면서 감히 무례하지만 이런 생각도 해 보았습니다. 목사님께서 영성훈련의 전면에 내세우는 주제는 〈감정의 색깔론〉인데 이는 우리에게 아직은 생소한 언어이기 때문에 많은 사람들에게 어필할 수 없는 것이 아닐까 하는 생각이었습니다. 죄송합니다만 좀 더 감리교 적인 웨슬리안 적인 표현이면 어떨까 하는 생각입니다." 라는 이메일이 왔다.(그가 첨부한 "그리스도인의 완전"은 이곳에서는 올리지 않는다)

이 글을 보내는 조 전도사는 "감성관리가 이루어진다"라는 말에 놀라는 표정을 보이기도 했다. 그래서 이것은 웨슬리가 주장하는 '완전과 동일하다'고 말하기도 한다. 조 전도사는 말하기를 〈감정관리가 된다〉는 것은 내가 배운〈성화〉와 동일하다고 말하기도 한다. 그러나 나는 웨슬리안이 말하는 〈성화, 완전〉이라는 말을 사용하기를 좋아하지 않는다. 성화나 완전이라는 단어는 매력적이고 아름다운 말이기는 하나 일반 사람들이 접근하기 어려운 높은 산과 같은 느낌을 주기 때문이다. 나는 많은 수련생들을 통해서 〈예수의 마음〉을 가지는 것이 하늘처럼 올라갈 수 없는 것으로 생각하는 지도자들이 너무나 많다는 것을 알고 있어서 더욱 그러하다. 어거스틴의 주장처럼 인간은 운명적으로 인간 삶의 현장에서 언제나 한쪽에는 〈성령〉이 우리와 함께하시지만 다른 한쪽에는 〈사탄〉이라는 실존이 내 삶의 한쪽에 붙어서 서성거리고 있다는 사실 때문에 한시도 안심할 수 없는 것이 인간의 삶이다. 이 말은 사람은 언제든지 사탄의 공격대상이 될 수 있다는 뜻이다. 그래서 사탄의 시험에서 제외될 수 있는 사람은 하나도 없다. 그 근거는 예수님도 사탄의 시험을 받으셨기 때문이다. 그리기 때문에 성화나 완전이라는 단어는 현실적으로 일반화 할 수 있는 말이 아니라고 생각한다. 이것은 아주 극소수의 사람에게만 해당되는 단어다. 나는 〈성화나 완전〉이라는 단어보다는 주님 마음을 〈닮는다, 소유한다〉는 말 사용을 좋아한다. 그리고 닮아야 한다는 것은 합리적인 말이다. 닮아야하는 것은 하나가 아니고 여러 개가 존재한다. 그래서 하나씩 닮아 가면된다. 이것이 웨슬리 목사님이 강조하시는 영성의 길이라고 생각하기도 한다. 나는 조전도사에게 아래와 같은 답을 보냈다.

　"경애하는 조 전도사님! 웨슬리가 강조하는 '그리스도인의 완전'은 감리교의 특색이고 자랑거리입니다. 또 이 '성화론'이 영성신학의 중요한 하나의 과제라고 생각하는 지도자가 많은 것도 사실입니다. 그러나 그 이론과 원칙은 화려한데 반해 구체적인 방법론이 대단히 미약합니다. 물론 그 당시에도 여러 가지 방법을 제시합니다. '적극적이고 전적인 순종, 모든 계명의 열성적인 실천, 각성과 노력과 자기를 부인하고 날마다 십자가를 지는 삶, 열심히 기도하고 금식하며, 모든 은혜 받는 방법 엄수 등' 여러 가지 방법을 제시합니다. 이러한 방법

이 그 당시 사람들에게는 실효성 있는 방법일 수 있으나 현재를 살고 있는 우리에게는 약간 추상적이고 구체성이 약하게 들립니다. 그리고 말의 강도를 책정하기가 힘이 듭니다. 조전도사님이 지적한 〈웨슬리적인 용어사용〉은 매력적인 말입니다. 많은 사람들이 선호하는 말이라는 것을 잘 알고 있습니다. 그러나 내가 깨우친 새로운 방법론은 예수님이 직접 사용하시는 방법이기에 더 강한 매력을 느낍니다. 저는 〈감정 혹은 감성〉이라는 용어가 성경해석학의 〈열쇠 어〉가 된다고 생각합니다. 이것은 하나의 〈혁명적 새로운 사고〉입니다. 내 생각으로는 50년 안에 모든 신학자들이 〈예수님의 감성관〉에 미칠 정도로 호감과 매력을 느끼게 되리라고 상상해 보기도 합니다. 특히 정화의 단계에서 감성은 문제를 열어주는 열쇠가 되는 것입니다"

이상의 글에서 본인과 영성지망자와의 대화문에서 두 가지 색다른 교훈이 있음을 발견하게 된다.

① 첫째로, 성경에서 〈예수님의 순수한 방법〉을 찾음이 우선이다.

예수님의 순수방법이 무엇일까? 그것이 가능한가? 이것을 필자는 긍정적으로 생각한다. 대부분의 저명한 지도자들이 저들의 방법론을 성경적 교훈에 의존함이 일반적이다. 그러나 저들은 백지상태에서 〈순수 예수님의 방법〉에 몰두하거나 찾으려고 애쓰고 노력하는 강도가 미약하다. 대개는 시대적 관행과 신앙상식, 개인적 신앙체험, 문화적 배경, 교단 교리와 신학사상에 기초한 방법론을 선호한다. 새 시대의 참 제자는 문화적, 철학적, 신학적, 관행적인 모든 잠재인식을 백지화하고 빈 마음으로 예수님 자신이 선택하셨던 〈순수 방법〉을 찾는 일에 몰두할 수 있어야 한다. 이것이 내가 새롭게 깨우친 내용이다.

② 둘째로, 언어에는 〈문화적 영향〉을 강하게 받는다는 교훈이다.

웨슬리 목사님의 글에서도 강력한 방법론이 존재 한다 — "*전적인 순종, 열성적 실천, 열심히 기도하라, 자기를 부인하라, 신과 씨름하라*" 등이 있다. 그러나 이에 대한 정확한 반응이 문제가 된다. 한 예로**〈열심히 기도하라〉**고 했을 때 그 분이 원하는 **〈기도 내용〉**을 정확하게 이해해야 한다. 웨슬리는 적어도 초창기의 교부들이 주장하는 **〈관상기도의 맥〉**이 포함된 **"기도"**를 전제했을 것이다. 관상기도가 **〈성화〉**와 밀접한 관계가 있다는 것은 영성신학의 지론이다. 그래서 그 당시의 깊은 기도를 수행한 사람들은 웨슬리와 비슷한 신앙적 생활환경 속에서 살았기 때문에 이것이 구체적인 방법론으로 납득될 수 있었을 것이다. 그러나 현재의 우리들, 서울에 있는 감리교인은 이 기도가 '관상기도의 맥을 포함한 기도'라고 상상도 못한다. 우리는 기도란 **〈구송기도〉**만을 생각하고 실천하고 있기 때문이다. 그런데 구송기도, 금식기도만으로는 **〈성화의 단계〉**에 도달할 수 없다는 것이 기도학의 상식이다. 이것이 용어를 이해하는 시대적인 차이점이다. 또 그 시대에 20세기적 방법론이 나올 수 없는 것은 당연하다. 문제는 웨슬리의 후예들이 시대별로 적절한 방법론에 대한 '해석하는 작업'이 부족하다는 점과 용어의 시대적 차이점을 제시 못하고 있다는 점에 근본적인 문제가 있다. 개신교에서 영성신학에 새롭게 눈뜨기 시작한 것이 1984년 이후라는 점에서 그 이전의 신학자들의 고전서적 해석과 설명에도 고려할 점이 대단히 많이 있을 것이다.

끝으로, 우리가 존경하는 웨슬리, 루터, 칼빈, 혹은 자신이 추모하는 사람의 주장이나 방법이 아무리 탁월하고 특수한 매력이 있다고 해도, 예수님의 지론과 방법이 우선한다는 원칙을 고수해야 한다는 것이 이 글을 맺으면서 하고 싶은 말이다.

3. 〈가인과 아벨〉사건의 재해석(성경본문: 창 4: 1~9)

가인과 아벨의 이야기는 인간역사의 첫 사건이라는 점에서 주목해야한다. 특히 이 기사를 통해서 하나님께서 주시고자 하시는 그분의 마음의 소리를 정확하게 깨우쳐야한다.

1) 문제 제기:

하나님께서 왜 "아벨과 그 제물은 열납 하셨으나 가인과 그 제물은 열납 하지 아니하셨나?" 하는 문제다. 이에 대해서 이름 있는 주석가의 해석을 참고로 소개하기로 한다.

(1) 대부분의 해석가들은 〈제물의 내용〉 때문에 받기도 하시고 거절도 했다는 것이다.

나는 이곳에서 일본의 유명한 <구로사기 선생의 주석서, 창세기> (곽철영역, 성서교재간행사, 1979)의 주석 내용을 참고로 소개하려고 생각한다.

① 창세기 4장 5절 해석에서 *"가인의 제물은 자기의 공적을 하나님 앞에 자랑하려는 행위"*라고 설명하고, 6절 해석에서도 *"자기의 공적을 자랑하는 것은 마땅치 않다"* (p.91)라고 되어 있다. 이것은 가인이 땀 흘려 얻은 농산물을 드린 것이 "자신의 공적"을 뜻하기 때문에 열납 하지 아니하셨다는 것이다. 이 말은 <자신의 수고와 공적>을 상징하는 농산물을 드렸기 때문에 받지 않으셨다는 뜻이 된다. 이것을 간추려서 말하면 "농산물"이 되어서라는 말이다. 이 해석

은 수용하기 힘 든다. 왜냐? 농산물은 하나님의 축복의 선물이라는 상식에 반하기 때문이다. 그리고 농산물은 인간 생명유지를 위한 필수품이요 소중한 산물이다. 그리고 성경에는 가인이 <자신의 공적> 등을 암시하는 비슷한 언어조차 나타나 있지 않다

② 4장 4절 해석에서 아벨은 *"희생을 예상하고 – 이 희생은 자기의 몸 대신에 바쳐졌다"*

(p.91)라고 되어있다. 이 해석은 '양이라는 희생의 생명체'를 드려서 받으셨다는 것이다. 이 말은 자신의 생명을 대신해서 <속죄제물을 상징하는 양>을 드렸기 때문에 받으셨다는 것이다. 이 해석은 통상적인 양은 "속죄의 양"이라는 신학적 상식에 근거한 해석이다. 이 말은 본문에 충실하지 않고 신학상식에 의거한 해석이라고 할 수 있다. 이러한 해석은 결국 <제물의 내용> 때문에 받으셨다는 결론이 나온다.

성경본문에 아벨은 *"첫 새끼와 그 기름으로"*(4절)라는 말이 있기는 하나 가인은 *"땅의 소산"*(3절)이라는 말만 있을 뿐이다. 이 말은 <제물의 내용>의 질이나 부당성을 암시하는 말이 없다는 뜻이다. 성경본문에도 없는 내용을 자신의 신학적 상식을 가지고 무리하게 해석하는 것은 해석가의 주관적 사견으로 볼 수밖에 없고 합리적이고 정당한 해석이라고 할 수 없다. 이것은 <사람의 생각>으로 <하나님의 생각>을 바꾸는 것이 된다. 하나님의 생각은 성경본문에서만 찾아야 하고 사람의 상식이나 신학적 상징에서 찾는 것은 바람직하지 않다.

(2) 합리적인 해석:

만일 제물의 내용이 문제의 원인이 아니라면 예물을 드리는 <사

람의 문제>에서 찾아야 한다는 것이 정당한 해석이라고 생각한다. 사도요한은 가인을 "악한 자"(요일3:12)라는 말로<그의 악한 내면성>을 지적한다. 본문에도 *"가인이 심히 분하여 안색이 변하니"(4:5) "네가 선을 행하면 어찌 낯을 들지 못하겠느냐"(4:7) "가인이 그 아우 아벨을 쳐 죽이니라"(4:8)* -등 감성관리 능력이 한없이 미약한 사람이라는 것을 강하게 지적한 말이다. 그래서 그 사람의 제물을 받지 않은 원인이 사람의 마음상태와 감성적 조절능력과 직결되어 있다는 것을 찾아볼 수 있다. 본문에서 *"가인이 그 아우 아벨을 쳐 죽이니라"*고 한 것은 자신의 마음속에 있는 <미움과 분노>의 악성감정을 조절 관리할 수 있는 능력이 없다는 것을 말해준다. 그래서 하나님께서 이러한 악성감성 소유자의 제물을 받지 않으신 것이다. 이렇게 하나님이 사람의 제물을 받고 안 받은 것은 드리는 사람의 마음상태 때문이라는 것이다. 이 말은 일반적인 성서 해석가들이 설명하는 것처럼 "드리는 물건" 때문이 아니라는 것을 분명하게 할 필요가 있다. 이러한 해석은 결과적으로 하나님 앞에서 살아가고 있는 우리들이 어떠한 것에 중점을 두고 살아야 한다는 것을 말해주는 것이 되기 때문에 대단히 중요하다. 만일 드리는 <물체>가 원인이라면 물체를 선택하는데 중점을 두고 살아야 한다. 이 물체나 소유물은 직업 선택과 밀접한 관계가 있기 때문에 직업선택의 중요성이 거론될 수밖에 없다. 그러나 사람의 마음이 문제가 된다면 물체나 직업에 대한 문제를 삼을 필요가 없어지고 인간 자신의 <마음상태>에 승부를 걸어야 하는 것이 되기 때문에 성서적인 사상과도 일치가 된다. 예수님의 관심은 인간의 외형적이고 물질적인 것을 초월할 것을 강조하시고 그 반대로 내면적이요 정신적인 삶에 강한 관심을 가지고 있으시다는 것은 하나의 상식이다.

이것을 혹자는 가인이 이러한 악한 감성을 가지게 된 것은 그의 제물을 받지 않았기 때문이라고 생각할 수 있다. 그러나 만일 가인이 정상적인 사람이라면 '왜 하나님이 내 제물을 받지 않으시나?' 하는 반성하는 태도가 있어야 한다. 그러나 그러한 반성의 모습이 전연 나타나있지 않다. 그 반대로 본 성경은 가인이 〈감성관리 능력〉이 한없이 미숙하고 이에 대한 관심과 훈련이 한 없이 부족한 〈악의적 성품의 소유자〉라는 것만을 강하게 암시한다.

(3) 이 사간을 통해서 하나님이 주시려는 교훈은 무엇일까?

① 인간의 삶과 역사 속에서 감성관리 능력계발의 필요성과 중요성을 강조하심이다.

하나님이 인간을 창조하시고 기대하신 것은 행복한 삶이다. 그러나 이 행복은 감성관리 능력계발 없이 불가능하다는 것이 가인의 사건이 제시한 내용이다. 성경은 초창기부터 인간 삶의 가장 중요한 부분이 "감성적 관리능력"을 계발해야 한다는 것이다. 이것 없이 '삶의 행복'이 존재할 수 없다는 것을 강하게 암시하고 있는 사건이라는 점을 중시할 필요가 있다.

② 인간사회의 비극은 '미움' 이라는 악성감성에 기초한다는 것을 암시한다.

본문에서 "가인이 그 아우 아벨을 쳐 죽이니라"(8졸) 라고 되어있다. 이것이 인간역사상 제1호 사건이라는 점에서 엄청난 의미가 있다. 이것은 인간불행은 미움과 분노 같은 악성감성에 근거하고 있다는 것을 구체적으로 제시하는 사건이요 인간의 감성적 관리능력계발이 가장 중요하고 첫째가되는 숙제라고 하는 것을 역설해주는 살아있는 교육적 사건이다.

가인과 아벨은 형제인데 미움의 감성이라는 독소가 저들의 관계를 지옥의 함정으로 떨어지게 만든 역사적인 첫 사건이다. 성경은 미움의 감성의 실체를 면밀하게 연구하고 이에 대한 합리적이고 실효성 있는 대책을 세워야한다는 역사적인 숙제를 제시한다.

(4) 예수님이 가인사건을 암시적으로 해석 설교하신다.

예수님은 산상보훈 초기에서 ① 미움과 분노는 사탄의 속성이요 ② 악성감정의 악마성을 강하게 역설 하신다(마5:21-24) 이것을 사도요한이 복창한다(요일3:15) 예수님은 창세기의 '가인사건'을 알고 계신다. 그래서 산상보훈 초기에서 '분노의 문제'를 강하게 역설하신 것이라고 생각한다. 그리고 예수님은 근본적인 치유방법을 제시하시는 것이다. 이것이 예수님의 전연 새로운 비법이다.

4. 천사 같은 한 여인의 사건

나는 서울 강남구 대치동에 사는 평범한 은퇴교수요, 인간의 <감성관리 프로그램>을 운영하는 감성관리 전문가다. 사람의 감성에는 〈동물적 감성과 천사의 감성〉으로 대별한다. 전자가 지배하는 사회는 지옥 같은 세상이요 후자가 지배하는 사회는 천국 같은 사회가 된다. 지금 우리 한국사회의 현실적인 상황은 희망적이고 행복한 멜로디가 방방 곳곳에 울려 퍼지고 있는 나라가 되고 있지 않은 것이 사실이다. 모든 국민들이 어둡고 힘들고 어렵다고 야단들이다. 이러한 부정적 생각들이 홍수를 이루고 있는 오늘의 시점에서 이와는 정반대로 한국사회에 밝음과 기쁨과 희망이 넘치게 해주는 아름다운 하나의 <거대한 미담사건?>을 경험했다고 했을 때에 이 사실을 온 국민에게 큰 소리로 외치고 싶은 느낌이 생긴다는 것은 하나의 의무처럼 느끼게 해 준다. 필자가 지금 이러한 큰 소리를 질러대고 싶은 것이다.

> *"우리 한국은 소망이 있다. 우리는 아직 죽어가고 있지 않다. 하나님이 우리를 아직 버리시지 않으신다. 우리 국민 중에는 하나님 편에 서 있는 백성이 골목마다 존재한다. 그러기에 한국은 전 인류가 추구하는 지상의 천국 같은 아름다운나라가 될 수 있다"*

―라고 전 세계 사람들에게 당당하게 그리고 큰소리로 고함을 지르고 싶은 것이 이번 사건을 경험한 현재의 내 마음이다. 그래서 이 글을 쓰고 있는 것이다.

사건의 줄거리는 다음과 같다. 2004년 8월 16일 12시 50분경에 발생한 사건이 <천사 같은 한 여인의 사건>이다. 그 날 오전에 나는 집사람과 함께 내 차를 몰고 시장에서 물건을 구입한 다음에 집사람이 강남구 대치동 농협은행 2층에 있는 정형외과 병원에 가야 했기 때문에 은행 앞에서 집사람을 내려놓고 집으로 가게된 것이다. 그런데 집사람이 병원 쪽으로 가려는 순간 자신의 손에 <핸드백>이 없다는 것을 인식하고 내차 뒤에서 소리치면서 달려왔다고 한다. 그러나 나는 아무것도 모르고 집으로 왔다. 집사람 생각은 자신의 핸드백이 차안에 있는 줄 알고 나를 따라온 것이다. 그런데 차안에는 그의 핸드백이 없었다.

우리는 당황하면서 핸드백을 사용했던 시장에 가서 계산대의 아가씨에게 핸드백 이야기를 했으나 그녀의 말에는 집사람이 어깨에 메고 나갔다는 것이다. 그래서 생각난 것이 제 처가 차에서 내릴 때에 무릎 위에 놓았던 핸드백을 길거리에 떨어트린 것이 아닐까 하는 생각을 하게 된 것이다. 그래서 집사람이 <차에서 내린>그곳을 다시 가서 이곳저곳 기웃거리다가 집사람이 너무나 무덥기도 하고 해서 무심코 농협은행에 들어가서 두리번거리고 있으니 수위 아저씨가 "할머니 무엇을 찾으시나요?"라고 물어서 핸드백 이야기를 했다고 한다. 그러자 그분이 집사람의 핸드백을 내 보이면서 "이것을 찾으세요? 조금 전에 어떤 아주머니가 이 가방을 주면서 어떤 할머니가 차에서 길가에 떨어트리고 가는 것을 보고 그 할머니를 불렀으나 듣지 못하고 달음질해 갔으니 할머니가 찾아오면 전해달라고 부탁하고 갔습니다"－라고 말했다는 것이다.

그 핸드백 속에는 4백만원정도의 은행통장과 BC카드와 주민증과 약간의 현금이 들어있었다. 그런데 그<아주머니와 은행 수위 아저씨>가 가방을 열어보지도 않고 돌려주었다는 것은 하나의 〈살아있는 천사〉의 모습으로 밖에 느껴지지 않는다는 것이 내 느낌이다. 대치동 거리는 하나님의 교회인가? 이것이 바로 〈천국〉이 아니겠는가? 우리는 이 글을 통해서 <그 이름 없는 아주머니와 은행 수위 아저씨>가 하나님의 넘치는 축복이 있기를 기도해야한다고 생각한다. 그리고 모든 사람들에게 널리 알릴 필요가 있다고 생각한 것이다.

　나는 확신한다. 우리나라도 이러한 〈천사 같은 사람들〉이 정치인
이 되고 사장이 되고 장관과 국장이 되고 교수가 되고 노동운동자
가 되고 하는 날이 찾아오게 될 것이라는 것을 장담할 수 있다. 왜
그런가? 대치동 거리에서 만난 〈천사 같은 사람〉이 우리 마을 골목
골목에 살고 있기 때문이다. 그리고 모든 국민들은 이러한 사람들이
우리나라 〈지도자〉가 되기를 너무나도 강하게 갈망하고 있기 때문
이다. 그리고 또 분명한 것은 살아 계신 하나님이 이러한 사람들을
기용하시는 〈그때〉가 올 것이기 때문이다. 이것이 역사가 주는 교훈
이다. 하나님과 인간역사는 천사의 감성을 가지고 있는 지도자만 요
구한다. 동물적 감성을 가지고 있는 지도자들은 동물들이 춤을 추는
지옥에나 필요한 사람들이다. 필자는 마음중심에서 한국 지도자들에
게 간청하고 싶은 말이 있다. "당신의 감성세계는 동물적 감성인
가? 천사의 감성인가?" 이 책을 읽는 모든 사람들은 천사의 감성을
가지고 사는 것만이 당신의 행복한 삶을 하나님이 보장해 주신다는
진리를 가지고 살아가는 사람이 되어서 참 행복해지는 주인공이 되
시기를 중심에서 기도드린다.

5. 홍 금생 목사의 영성체험이야기

　나는 대학원에서 김 양환 목사님을 만나게 되었고 영성신학 강의를
1년간 받았다. 그분의 강의는 첫 시간부터 내 마음을 사로잡았고 1분
도 아까울 정도로 그 분의 강의에 빠져들었다는 것이 그 당시의 내
마음이다. 그때부터 나는 김 교수님의 충실한 제자가 되기로 결심하고

10년이 넘도록 그 분의 영성학과 영성수련에 내 인생을 바치고 있는 것이다. 그 분의 영성학에서 예수님의 참다운 맛과 빛을 발견했기 때문이다. 그분 밑에서 얻은 내 실존의 변화와 체험은 다음과 같다.

1) 나는 악성감성에서 해방이 가능함을 삶의 현장에서 경험 했다.

기독교인뿐만 아니라 사람은 누구나 한번쯤 천사처럼 아름다운 마음을 가진 행복한 감성의 소유자를 꿈꿔봤을 것이다. 그러나 현실에서는 행복한 감성을 가지고 살아가기란 쉽지 않다. 우리가 세상에서 살아가는 모든 관계<부모, 형제자매, 부부, 자녀, 고부간, 친구, 직장동료, 이웃 등>속에서 발생하는 복잡한 감성들이 교차한다. 이러한 복잡한 감성문제는 인간생활에 엄청난 영향을 던져준다. 특히 인간관계에서 일어나는 악성감성을 효과적으로 잘 처리한다면 행복한 삶은 그다지 멀지 않다. 나는 복잡한 인간관계나 삶의 현장에서 어떠한 경우에서도 <미움, 분노, 질투>등이 나타나지 않는 것을 경험하면서 나 자신도 이상하게 느껴지는 때가 있다. 때로는 이유 없이 나를 비난하는 사람이 있다. 이러한 경우에 상식적으로 분노심이 폭발하는 것이 상식인데(나의 10년 전 생활이라면) 분노가 이러나지 않는다. 그래서 나는 나 자신의 마음 속을 들어다 보고 "너는 많이 변 했구나" 라고 나 자신을 칭찬해 준다. 이것이 김양환 목사님이 제공해 주시는 영성수련 프로그램이다.

2) 김 목사님의 프로그램은 하나님과 사탄이 인간 배후에서 역사함을 인식하게 한다.

일반적으로 우리들은 사탄에 대한 신학적 인식이 약하다. 그것은 사탄의 신학에 대한 신학적 학습과 연구가 나약하기 때문이다. 사실은 인간의 삶의 현장에서는 사탄의 유혹이나 유혹의 가능성은 엄청나게 많이 있다.

사탄은 우리를 넘어뜨리려고 우는 사자처럼 삼킬 자를 두루 찾는 영적존재임을 인식해야 한다. 때로는 사탄은 양의 탈을 쓴 늑대처럼 가장을 하고 나타나기도 하기 때문에 영성식별을 잘 하지 않으면 안 된다. 우리의 싸움은 혈과 육에 있는 것이 아니고 악한 영들과의 영적 전쟁임을 명심해야 한다. 그러나 이에 대한 우리들의 대비책은 아주 미미하고 때로는 전연 무방비 상태다.

① 영적 무기를 준비해야한다.

여기서 영적 무기는 하나님의 말씀과 기도, 찬송이다. 김 목사님의 프로그램은 철저하게 성경에 기초한다. 성경 묵상법은 성경으로 기도하기다. 특히 <5분명상법>은 말씀의 포로가 되게 하고 말씀이 체질화가 되도록 해서 말씀에 의해서 우리 삶이 이끌려지게 한다. 그리고 <기도찬송>의 반복으로 하나님의 마음을 가지게 한다. 그리고 인간 삶에서 언어는 대단히 중요하다. 대부분의 사건은 말을 통하여 시작 된다 그런데 말은 감성의 파도를 타고 나타난다. 마음속에 분이 가득하면 좋은 말이 나올 수가 없다. 이때에는 입에 재갈을 물리는 작업이 시작 된다

② 이것이 말의 침묵이다.

침묵에는 5종의 침묵이 있다. 침묵수련은 우리 프로그램에서 중요한 과제 중의 하나다. 침묵수련도 반복적인 학습이 필요하다. 나는 복잡한 삶의 현장에서 화를 내지 않고 살아가기 위해서 여러 가지 시도를 실천해 보았다. 그 중에서 내가 실천해서 효과가 있었던 것을 소개 하려는 것이다

③ 화 안내기 일정기간을 정한다.

(1일, 1주일, 10일, 20일, 40일, 100일등)

이 기간 동안 화를 내지 않기 위해서는 가족과 협의하거나 알리는 작업이 효과적이다. 얼마든지 좋은 말로 대화를 통해서 결정할 수 있다. 가령 집안에서 사람들 간에 시끄러운 사건이 발생 했을 때에 일정 기간 침묵을 실천하게 하는 방법이다

④ 가족에게 침묵 기간을 공포한다.

나는 아침금식을 하면서 100일간의 작정기도를 한 일이 있다. 이 때에 모든 화나는 일들은 100일 뒤로 미루기로 한 것이다. 이렇게 침묵작정기도를 드리려고 하게 되면 마귀는 어찌 그리 사악하고 교묘한지 정말 참을 수 없이 분노할 일 들이 생긴다. 하루를 참는 데도 길지만 순간을 참아 넘기기란 얼마나 어려운지 경험해보지 않는 자는 모를 것이다. 이때 하나님의 영적 무기인 기도와 하나님의 말씀을 암송하며 찬송을 불러야 한다. (말씀-고전13장, 마5:21, 22절, 요일3:15절, 약3장 등), (찬송-217장, 420장, 507장 등).

⑤ 사람이 도전해올 때 그 사람배후에 숨어있는 사탄의 그림자
  를 발견하라.

하나님께 미워하는 대상자를 놓고 사랑의 은사를 달라고 간절히
기도한다. 결단과 각오를 가지고 작정기도 중에 화를 내지 않았다면
성공한 것이다. 자기가 정한 기간이 짧지만 그 기간으로 계속 연장
생활을 하면 악성감성은 사라지고 하나님의 사랑으로 채워진다. 지
성도 반복훈련을 통하여 개발되듯이 감성훈련도 반복훈련을 통해서
개발이 가능하다.

우리가 종종 삶의 현장에서 영적 전쟁터임을 망각하거나 <분노가
사탄의 첨단무기>라는 것을 망각하므로 사탄과의 싸움에서 패배하
고 그리고 회개하기를 반복한다. 미움과 분노에서 사탄의 그림자를
발견할 수 있어야 한다. 미움과 분노가 사탄의 첨단무기라는 것을
마음 판에 새겨두고 그리고 하나님의 사랑, 말씀, 기도, 찬송으로 무
장한다면 사탄과의 전쟁에서 승리할 수가 있다. 우리가 노력할 때에
하나님께서는 우리에게 가장 좋은 사랑의 은사를 허락해 주시면서
원수가 밉지 않고 용서가 가능하다.

고전 13장, 갈 5장에 있는 성령의 열매(사랑, 희락, 화평, 오래 참
음, 자비, 양선, 충성, 온유, 절제)를 맺으며 "하늘에 계신 너희 아버
지의 온전하심과 같이 너희도 온전 하라" (마 5:48)는 예수님의 분
부하심처럼 악성감성에서 해방되어 마음에 천국을 소유할 수 있다.

나는 10년(06년 기준)전에 김 양환 목사님을 통하여 영성신학을 공
부하면서 내가 해야 할 일을 확실히 알게 되었고 이일을 감당하기 위
하여 한적한 산속으로 이사 오게 되었으며 독방을 만들어 하나님과
교제할 수 있는 기도실을 준비 중에 있다. 김 양환 목사님이 펴내신

1) 영성개발, 2) 하나님체험의 길잡이, 3) 성경적 EQ의 신바람 행복 찾기 등은 영성훈련의 좋은 길잡이로서 누구나 쉽게 이해할 수 있으며 훈련방법을 조금만 습득하고 꾸준히 실천한다면 악성감성으로부터 해방 받을 수 있다. 돌밭이나 가시밭이 하루아침에 옥토가 될 수 없듯이 본인의 지속적인 의지가 중요하다고 본다. 아무리 좋은 보약도 먹지 않고 눈으로 바라만 본다면 우리 몸에 유익이 없지만 꾸준히 복용할 때 우리 몸을 건강하게 하듯이 영성훈련 또한 아무리 좋은 방법이라 할지라도 본인의 노력 없이는 천사와 같이 미움이 없는 사랑의 감성을 소유하기엔 불가능한 일이다. 이러한 훈련을 집에서 하는 것은 쉽지가 않으므로 가정을 탈피하여 한적한 장소, 독방이 준비된 훈련장이 많이 생겨나 기독교 영성훈련운동이 활성화되고 신학교 강단에서부터 영성훈련운동이 철저히 이루어졌으면 하는 마음이 간절하다.

분노 없이 사는 것이 하나님의 뜻이라면 이처럼 간절히 사모하는 자에게 왜 주시지 않겠는가? "구하라 그러면 너희에게 주실 것이요, 찾으라 그러면 찾을 것이요, 문을 두드리라 그러면 너희에게 열릴 것이니"(마7:7)라고 하신 예수님의 약속을 굳게 믿고 영성훈련에 도전하여 악성감성에서 해방되어 하나님의 감성을 가지고 살아가는 기독교인이 되기를 다함께 기도합시다.

경기도 광주시 퇴촌면 원당리 289번지

(작성자 대한예수교장로회 예닮 교회 홍 금생 목사)

6. 공 춘자 목사의 신앙체험이야기

저는 말씀묵상과 감정관리 능력계발을 통해서 성령이 충만한 삶을 살아가고 있습니다. 이 체험담을 선명하게 설명하기 위해서 김 목사님을 만나기 전을 <제1차의 이야기>로 하고 그 후의 것을 <제 2차의 이야기>로 구분해서 이 글을 작성하려고 생각합니다.

1) 제1차의 이야기:

저는 그 동안 신앙생활에 필요한 훈련이라면 대부분 열심히 받아 왔습니다. 그리고 성경큐티, 제자훈련, UBF 대학생성경공부, 성서유 니온, 벧엘성서, 최선의 삶, 전도폭발 등, 영성생활을 위해서 나온 여 러 책들도 읽어 왔을 뿐만이 아니라 철저한 회개와 말씀에 순종하 는 것과 성결한 생활을 최고의 목표로 삼고 살아 왔습니다.

그런데 몇 해전에 저 혼자는 감당할 수 없는 큰 환난의 고통이 폭풍처럼 몰아쳐 왔습니다. 그 사건은 내가 그렇게 사랑하고 의지했 던 어머니가 천국의 부름을 받으신 것입니다. 이렇게 큰 시련도 감 당하기 힘이 들었는데 이 와중에서 교회에서는 믿음직하고 의지했 던 일꾼들이 하나 둘씩 떠나가고 있었고 내 목회에 큰 힘이 되었던 사람들이 등을 돌리고 헌금의 액수도 점점 줄어드는 현상이 나타났 습니다. 처음에는 주님이 주시는 시련은 감사한 마음으로 받아들이 기로 했습니다. 그러나 시간이 흐르면서 악화되어가기만 했습니다. 그래서 저는 불안, 근심, 걱정, 두려움과 낙심 절망 속으로 들어가서 밤에는 잠도 안 오고 나중에는 식사도 제대로 못하게 되어서 병원 정 신과에서 상담도 해 보고 내과에서 치료도 받아보는 등 가능한 모든 방법을 동원해 보았으나 별 효과가 없었습니다. 하나님께 열심히 기도 도 해 보았으나 하나님은 무심하게도 침묵만 하시는 것 같았습니다.

2) 제2차의 이야기:

이렇게 엄청난 고통 중에 있을 때에 모 전도사님을 통해서 김 양환 목사님을 소개받고 그 분의 책과 미움과 분노에 관한 영성훈련을 받게 되었습니다. 특히 성경(마5:21-24, 요일3:15)을 기초로 하는 감정관리(미움과 분노)영성훈련에서 놀라운 교훈과 깨우침을 받게 되었습니다. 과거에는 하루에도 여러 번 느끼고 나타나는 분노를 때로는 의분으로 착각하고 살아오기도 했습니다. 그런데 김 목사님의 훈련에서 주님과의 영적 관계에서는 미움과 분노의 감정이 가장 큰 장애물이라는 것을 느끼고 깨닫게 되었습니다. 나는 위의 두 성경을 묵상하면서 <나 자신의 내면세계를 보게 되었습니다.-내 형제들의 배신에 대해 참을 수 없는 분노! 섭섭함! 미움이 내 속에서 타오르고 그 생각들이 계속 몰아쳐 오는 모습 등.>을 발견하게 되었습니다.

그래서 마5:21-24, 요일3:15의 <5분 명상>을 (하루에 10번 씩 한 달 이상 하도록 되어있었기 때문에) 계속해서 열심히 묵상기도로 말씀과 씨름했습니다. 그러던 어느 날 갑자기 온 주변이 고요해지고 평온해지면서 위로부터 주님의 따뜻한 생명의 빛이 나의 마음에 번개처럼 빠르게 비쳐왔습니다. 두려움과 절망에 떨던 내 마음은 밝은 평화로 그 여러 가지 괴로움들이 한 순간에 다 살아져버리고 내 마음속에서는 용서와 사랑의 빛으로 넘쳐났습니다. 저는 그 순간 하나님과 너무나 친하게 주님의 품안에서 안겨있는 저 자신을 발견할 수 있었습니다. 그리고 하나님의 빛이 내 환경 전체를 비쳐주실 때에 내 삶의 환경을 변화시켜 주시고 사람의 병든 몸도 치료해 주신다는 느낌을 받았습니다. 이 순간에 내 마음속에서 불꽃처럼 타오르던 미움, 분노, 섭섭하던 감정들이 눈 깜짝하는 사이에 그리스도의 사랑과 용서하는 마음이 형성되고 평안한 감정이 충만해지고 있었습니다. 저는 그 순간 눈을 뜨고 내 상황과 주위를 살펴보아도 모두가 평안이고 용서와 사랑으로 가득 차 보였습니다. 저는 그 순간 한없는 감사와 감격의 눈물을 흘리며 주님께 영광 할렐루야를 수도 없이 주님께 드리고 또 드렸습니다. 그 순간부터 두려움과 절망은 씻은 듯 사라지고 내 마음속엔 소망, 담대함과 용기가 충만해지는 자신을 발견할 수 있었습니다. 그 때 나는 자리에서 벌떡 일어나 예수 그리스도께 경배와 찬양과 영광을 돌리고 또 돌렸습니다.

하나님께서 주시는 이 체험들은 말씀묵상 속에서 여러 날 동안 계속 반복되는 경험을 했습니다. 그 이후로는 그렇게 고통스러웠던 문제들이 깨끗하게 사라지고 평온함과 온유한 마음이 계속되고 성경을 묵상할 때마다 주님의 임재를 느끼며 성경말씀이 꿀 송이 보다 더 달다는 체험을 하게 되었습니다.

가장 신비한 것은 교인들의 생활이 달라지는 모습을 발견할 수가 있었습니다. 이00 집사는 과거에는 남편과 하루에서 여러 번 싸우는 일이 있었는데 성경묵상(마5:21-24절과 요일3:15절)을 실천한 후로는 분노가 사라지고 마음의 평화를 얻고 있다는 사실을 한 주에도 몇 번씩 전화로 보고해 오는 일이 일어나고 있어서 나에게 큰 기쁨과 소망이 되고 있습니다.

하나님의 감정과 사탄의 감정을 식별하는 성경묵상 수련은 나에게 새로운 목회의 길로 눈을 뜨게 해 주고 있으며 주님을 닮으려고 갈망하던 나에게 그 가능성을 확인 시켜주는 기회가 되고 있습니다. 여러면에서 교회가 달라지고 있음을 목격할 수가 있어서 감사하고 있습니다. 이 은혜를 계속유지 승리하도록 하기 위해서는 "하나님의

전신갑주"로 무장하고(엡6:10-12), "믿음의 선한 싸움을 싸우고"(딤
전6:11-12), "성령의 열매를 맺는 생활"(갈5:22-24)을 하도록 "하나님
이 나의 목자"(시23:1-6)가 되셔서 우리 앞날을 인도해 주시리라고
확신하는 믿음이 있어야 할 것입니다.

　(작성자: 서울시 가락동 예수교 장로회 은총교회 공 춘자 목사)

7. 새로운 영성공동체가 필요하지 않는가?

　인간적인 사회에는 공동체가 자동적으로 구성된다. 이것이 인간은
홀로 살수 없다는 말이 되기도 한다. 그래서 인간은 '사회적인 동
물'이라고 말하기도 한다고 생각한다. 가정이라는 것도 하나님이 주
신 기본적인 공동체라고 할 수도 있다. 그래서 공동체는 필요하다.

1) 역사적 고찰과 현실적 과제:

　기독교역사를 보면 예수님이 열두제자를 선택하시고 주님 부활이
후에 제자들을 통해서 여러 형태의 신앙적인 모임들이 존재했다는
것을 기록에서 찾아볼 수가 있다. 그 운동에 뜻과 생명이 있는 것이
라면 자동적으로 그 운동에 동의하는 동지들이 모여들게 되어있다.

　① 기독교에는 두 줄기 생명체가 있다.
　기독교역사 속에서 색다르게 흐르고 있는 <두줄기 생명체>는 **〈교
회운동과 수도원운동〉**이다. 이들은 기독교를 <하나님의 교회>가 되

게 하는 상호 보완적인 역할을 했다. 그래서 기독교가 외형적 발전과 신학적 이론에만 머물러 있지 않고 <삶의 열매>가 있는 공동체가 되게 했던 것이다. 저들에게 한때 비 신앙적 '수도원 역사'가 있었으나 이것이 영성운동의 필요성을 부인하게 하는 것은 아니고 기독교 운동의 어두운 밤에 해당하는 사건이라고 생각해야 한다. 그런데 개신교에서는 이러한 수도원 철학에 근거한 영성운동이 500년간 중단상태에 있었다. 중세기 수도원운동이 케노시스 영성원의 강인태 목사님의 주장처럼 문제가 있는 것이 사실이지만 이것이 '영성의 길'의 필요성을 묵살해서는 안 된다. 이 말은 '새로운 영성공동체'가 개신교 안에 있어야 한다는 말이다. 그래서 중세기 영성운동에 버금가는 새로운 '영성 공동체운동'이 필요하다고 느끼고 있다. 이 새로운 공동체는 중세기 수도원이 범했던 사상이나 신학적인 잘못을 답습하는 과오를 범해서는 안 된다.

② 강 인태 목사 영성운동을 주목 한다.

근자에 주목을 받고 있는 **〈케노시스 영성〉**운동을 하고 있는 강 인태 목사님이 주장하는 영성운동의 뿌리를 새롭게 정립해야 된다는 것은 너무나도 당연하다. 그는 한 글에서 "영성운동에 가장 큰 피해를 준 것은 희랍문화였다. -수도원운동은 희랍의 정신문화를 아무런 비판 없이 수용했다가 **'은둔수도'**라는 벼랑에 떨어지고 말았다. 수도원운동의 비극은 영성운동의 뿌리를 이질적인 이교도문화에 내렸다는데 있다."라고 강조한다.(영성의 샘, VOL.88, 2006. 3월호 P.126) 필자는 강 목사님의 주장에 전적으로 동의하면서 기독교운동의 기초적인 뿌리는 "예수님의 사상과 신학"에 내려야 한다고 믿고 있다. 이 말은 신약성경에 일차적인 강점을 두는 것이 필요하다는 말이다. 그

다음에 히브리 사상이나 역사적인 선각자나 대 사상가의 이론과 주장
을 참고할 수가 있다는 것이다. 이 말은 기초적인 원리를 예수님의
주장과 사상에 두어야 한다는 뜻이라는 점을 이해하기 바란다.

2) 영성운동의 모체는 어떠한 것이 이상적인가?

① 모든 운동에는 모체가 필요하다.

기독교 영성운동에도 모체가 될 수 있는 〈영성공동체〉가 필요할
것이라고 생각한다. 이것을 반대하는 사람은 없을 것이다. 현재 독
일에는 "디아코니아"라는 개신교 독신녀 공동체가 100여개가 있다
고 한다. 이러한 독신녀 공동체가 이처럼 번창하게 되었다는 것은
천주교의 수녀원의 수가 상당히 많이 있다는 것과 같은 차원에서
생각할 수 있다. 우선 여자는 '감성지수'가 남자보다 높기 때문에
영성수련 학습과 훈련의 효율성이 높은 것이 사실이다. 그리고 '독
신녀'는 단순한 생활이 가능하고 영성수련에 전념할 수 있다는 강점
이 있다. 이러한 점을 영성공동체에 관심이 있는 사람들이 깊이 교
려할 문제라고 생각한다. 우리가 알고 있는 수도원운동이란 대부분
이 〈**영성적인 생활공동체**〉로 인식하고 있다. 세속적인 생활현정을
탈출해서 한적한 산속에서 하나님만을 생각하면서 살아가려는 사람
들의 '함께 생활하는 공동체'로 생각한다. 이러한 것은 현재 한국에
도 몇 개가 있는 것으로 알고 있다.

② 한국에는 〈영성생활 대학원〉 같은 '영성공동체'가 필요하다.

필자는 얼마 전부터 영성운동의 모체로서 단순한 〈**숙식을 같이하**

는 공동체〉 보다는 '영성신학을 전공하는 공동체'가 더 필요하다는 생각을 하고 있다. 이 말은 한국에서 절실하게 요청되는 것은 영성적으로 〈함께 생활하는 공동체〉가 아니라 **〈전문가를 양육하는 영성 공동체〉**가 필요하다는 점을 깨우치게 되었다는 뜻이다. 또 이것은 〈교육기관〉과도 전연 색다른 구상이다. 이것은 공동체 생활을 전제로 하는 〈영성적인 교육과 생활훈련〉을 겸하는 영성공동체를 의미한다고 할 수 있다. 이것은 중세기 수도원운동과도 그 본질적인 목적이 다르다고 생각한다. 그리고 이것이 영성운동의 모체가 될 수 있고, 그리고 한국교회를 새롭게 재건할 수 있는 토대가 될 수도 있다고 생각하는 것이다. 그래서 영성공동체 수련후보생은 철저한 교육과 수련을 통해 '예수님 사상과 감성'을 소유한 **'영성계발 전문가'**가 되게 해야 한다. 이들은 한국교회 영성운동의 역사적 공로자가 될 수 있도록 해야 한다는 말도 된다. 필자는 특히 개신교 영성공동체운동에 관심이 있는 대졸이상의 **'독신여성'**을 후보생으로 추천하고 싶은 마음이 간절하다. 왜냐하면 〈독신녀〉는 영성가가 되기에 여러 가지 유리한 조건이 많이 있기 때문이다. 현 한국적인 상황에서 중요한 것은 가능성이 가장 높은 것이 **〈독신녀 공동체〉**라는 점이다. 사랑하는 후배들이 이러한 점에 큰 관심을 가져주기 바란다.

3) 신앙훈련과 자연건강 프로그램을 겸행할 수는 없는가?

신앙과 현실은 때로는 상반되는 경우가 많다. 그렇다고 현실을 떠나서 살 수 없는 것도 사실이다. 신앙인이 복음적인 행복한 삶의 꿈을 가지고 살아가는 것은 정당한 것이다. 신앙인이 '뜨거운 신앙과 건강한 생활'을 추구하는 것은 성경적인 삶에 배치되지 않는다는 말이다. 하나님의 사랑과 축복을 의지하고 살아가고 있는 인간은 그 몸과 마음을 건강한 사람이 될 수 있도록 정성을 다 하는 의무가 있다고 생각한다. 현대사에서 가장 큰 비극 중 하나인 '암이나 조류독감' 같은 새로운 불치병이 발생하는 것은 인간들의 범죄성과 무관하지 않다. 인간들이 하나님의 창조질서를 파괴하는 행동이나 잘못된 생활습관 등으로 인해서 초래하는 인간비극은 인간들의 반 하나님적인 요소와 직결되어 있다고 할 수 있다. 필자는 집사람이 병원에 입원하고 있는 동안에 "자연치료와 건강문제" 등에 대해서 새로운 관심을 가지게 되었다. 현대의학에서 인간건강은 약만으로는 안 된다는 것이 상식처럼 되어 있기 때문이기도 하다. 그래서 등장한 것이 <자연치료>에 대한 과제들이다. 이것이 세계적으로 관심의 대상이 되고 있다. 그래서 한국에서도 여러 곳에 자연치료시설이 등장하고 있다. 근자에 암과 같은 불치병이 늘어나면서 '자연치료'에 대한 관심이 높아지고 있는 것이 사실이다.

(1) '자연치료'가 무엇인가?

필자가 소개하려는 글은 "겨레의 자연건강"(www.ulnara.or.kr)이라는 홈페이지에서 인용한 것임을 밝혀둔다. 이들이 여러 가지 유익한 건강정보를 제공한다. "질병은 어떻게 오는가? ① 마음에서 온다. ② 생태계 고장에서 온다. ③ 잘못된 의식주에서 온다. ④ 산소, 물, 소금, 비타민C 부족에서 온다. ⑤ 현대인의 신체적 불균형에서 온다."고 되어 있다. 이곳에서 주목할 점은 "사람의 질병은 마음에서 온다." 라는 주장이다. 이것은 인간의 마음의 문제가 질병과도 깊은 관계가 있다는 말이다. 이것은 예수님의 교훈과도 맥을 같이한다는 점에서 흥미로운 내용이다. 그리고 저들은 "육체의 조직은 스스로 재생하며 존재할 수 있다."(라이너스 폴링의 주장) 라는 말도 건강한 생활에 도움을 주는 말이다. 그리고 "인간의 저항력이 10세 정도로 계속 유지한다면 아마도 700세까지 사는 것은 무난하다는 것이다."(알렉스 콘 포드 박사의 주장) 그리고 박 세문 박사(www.cynewstart.co.kr)가 권면하는 글에서 "병은 원인 없이 생기지 않습니다. 많은 사람들이 그들 자신의 그릇된 생활습관의 연고로 고통을 당하는 것입니다. 환자가 먼저 해야 할 일은 질병의 원인을 밝히고 그릇된 생활습관을 고치며 생활환경을 바꾸어야 합니다. 무절제한 식사습관을 개선하고 균형 있는 영양식을 섭취하며 단순하고 걱정 없는 생활을 하면서 온수로 목욕을 하고 공기 좋은 산천에서 맑은 공기와 깨끗한 물을 마시며 숲 속을 산책하며 마음을 다스리는 것이 다른 어떠한 약물에 의한 처방보다 더 확실한 치유효과를 보게 될 것입니다." 라고 주장하는 것은 건강한 삶에 좋은 정보가 된다고 생각한다. 자연치료 건강 원리는 다음과 같이 설명할 수 있다. ① 좋은 공기와 물을 공급하는 수목이 우거진 장소를 택한다. ② 공해가 없는 유기농 식품으로 식생활을 개선한다. ③ 깨끗한 생수를 마신다. ④ 찜질 요법(황토방 찜질)을 사용한다. ⑤ 감성관리 수련을 받는다(이것은 필자가 추가한 내용이다)

(2) 기도원을 겸한 자연치료시설은 불가능한가?

현대인 특히 도시인들에게는 '조용한 휴식과 정신적 재충전의 시간'이 필요하다. 현대인은 정신적 노동과 소비가 극심해서 대부분 정신적 탈진상태에 놓여있으나 재충전이나 치유의 기회를 얻지 못하고 있는 것이 현실이다. 저명한 미국의사 R. Williams 박사가 쓴 "분노가 죽인다."에서 강조함과 같이 상당수의 사람들이 '감성적 관리능력 부족' 때문에 고통의 삶을 살아가고 있다. 한국에는 많은 육체적인 휴식시설이 있고 또 소정의 목적을 달성하고 있으나, 정신적 휴식과 치유시설들은 빈약해서 그 실효를 거두지 못하고 있다. 그 대표적인 것이 기존 <기도원 시설>이다. 이러한 기도원을 '영성수련장과 자연치료시설'로 대치할 수 있다는 점을 참고하기 바란다. 이러한 것이 5일근무제를 대비한 활용가치가 있는 시설이 될 수 있다는 점을 인식하고 교단적인 대책이 있어야 한다고 생각한다.

(3) 한국교회에는 '삶의 훈련장'이 필요하다.

한국교회는 지성적 학습에만 열중하고 있다. 그래서 감성적 학습 프로그램이 전무하다. 인간교육은 지성과 감성의 학습을 병행해야 한다는 것이 EQ심리학에서 연구하고 실험 입증한 기본철학이다. '새로운 기도원운동'은 참다운 '신앙적 삶의 학습장'이 되어야 한다. 사실상 삶이란 '언어와 감성의 구사능력'을 계발하는 것이다. 이것은 원칙과 프로그램이 있어야 가능해진다. 필자에게 이 프로그램이 준비되어 있으니 언제든지 사용가능하다고 생각한다. 이 비법을 깨우치면 행복한 삶이 주어진다.

제 10 장

남편(아내)들에게 고한다

1. 이 글이 젊은 친구들에게 큰 도움이 되었으면 한다.

이 글은 필자가 부부생활에서 체험한 생생한 사건을 중심으로 젊은 부부가 일평생 행복하게 살아갈 수 있는 지혜를 얻는데 대단히 필요한 실화라는 점을 알아야 한다. 이 글을 참고하고 내말을 준수하다면 그대의 부부의 일생은 반드시 행복한 삶이 보장될 것이다.

1) 내 쓰라린 경험이 독자들의 삶의 약이 되기 바란다.

이 글은 내가 집사람과의 생활현장에서 얻어진 생생한 체험사건을 중심으로 한 내용이다. 그러나 이 사건들 속에서 새롭게 깨우친 것과 특히 젊은이들에게 삶의 지혜와 교훈이 될 만한 것이 있다고 생각해서 저들에게 나누어 주고 싶은 것이다. 특히 행복한 삶에 도움이 될 만한 신비한 비결 같은 것은 후배들에게 전해 주는 것이 상식이라고 믿고 있다. 더욱이 내가 현재 당면하고 있는 가슴을 오려내는 '고통스러운 현장'에서 이것을 소망스럽고 '행복한 것'으로 바꾸어 놓을 수 있는 비결이 있다면 이러한 것은 당연이 모든 사람들에게 전해 주는 것이 지각이 있는 사람의 태도라고 생각한 것이다. 이러한 삶 속에서 일어나는 생활 사건들은 독자들에게 「간접적인 체험」이 되어서 인생사에서 유익한 참고가 되리라는 확신이 있는 것도 사실이다. 그리고 사람이 이 세상을 살아갈 때에 선배들의 삶의 경험은 후배들에게 대단히 유익한 삶의 참고서가 된다는 것도 믿고 있다. 그래서 내가 체험한 가장 고통스러운 이야기라고 할지라도 이것을 영적이고 생산적인 것으로 정리해준다면 독자에게 〈삶의 보약〉이 될 수 있다고 생각한다. 그래서 독자 모두가 보다 더 행복한 생활을 열어 가는데 큰 도움이 되리라고 생각한다. 필자는 이 글을 쓰기위해서 많은 시간을 명상과 관상기도를 통해서 하나님이 주시는 영감을 의지해서 다듬어진 내용이라는 것을 알아주기 바란다. 그래서 이 글이 행복하고 건강한 삶에 상당한 도움을 줄 수 있는 것이 되리라고 믿고 있다.

　나는 이 새로운 삶의 비결을 80이 넘어서 깨우치게 되었지만 20대 젊은이가 이 깨우침을 자기 것으로 삼는다면 60년의 시간을 낭비 안 해도 된다는 계산이 나온다. 이처럼 엄청난 유익을 주는 이야기가 어디에 있겠는가? 이것은 분명히 모든 사람에게 행복의 문을 열어주는 소망의 종소리가 될 것이라고 믿고 있다.

2) 〈갈등과 미움〉은 암 발생의 중요한 원인 중 하나가 된다.

우리들은 평상시에 그렇게 대수롭지 않게 느껴지는 부부간의 '감성적 갈등과 미움' 등이 암을 발생하게 하는 중요한 원인 중 하나가 된다는 사실을 자각하고 이에 대한 새로운 차원의 대비가 있어야 한다고 생각한다. 이것은 아무리 강조해도 부족하다는 것이 현재 내가 느끼고 있는 심정이다. 나는 집사람이 8년 전에 유방암 수술을 받고 항암치료에 정성을 다한 결과 8년 간 재발이 되지 않아서 어느 정도 안심하고 있었는데 갑작스럽게 2005년 7월에 〈암이 재발했다〉는 선고를 받고 고통 중에서 8개월을 살아오면서 우리나라에는 아직까지 암과 같은 살인적인 병마에 대한 〈예방적 설명이나 노력〉이 너무나 엄청나게 미미하고 초보적이라는 점에 슬픔을 느끼고 있다. 그래서 필자는 내 글이 예방적인 효과도 있었으면 좋겠다는 생각을 하면서 기도하는 마음으로 이 책을 출판하려는 것이다. 가장 중요한 것은 남편 되는 내가 젊은 시절 결혼초창기에 현재 내가 깨우치고 있는 사실들을 정확하게 인지하고 있었더라면 집사람의 암 발병은 일어나지 않아도 되었을 것이라는 상상도 해본다. 만일 현재의 내가 결혼초의 나였다고 가정한다면 틀림없이 내 인생은 슬픔이 없는 부부생활자가 되어 있을 것이라고 생각한다. 나는 또 이러한 상상도 해본다. 만일 내가 50년 전에 현재 내가 깨우친 <심오한 삶의 지혜>의 50%만 가지고 있었어도 집사람 마음속에 그렇게 큰 상처를 주는 일이 없었을 것이라고 생각한다. 그래서 나는 독자여러분들에게 내가 늦게 깨우친 삶의 선물을 그대들에게 가지게 해주고 싶은 것이다. 그러면 독자여러분은 내가 경험한 그늘진 함정을 비켜갈 수 있는 지혜를 얻게 될 것이라는 상상도 해본다. 이 글은 부부 모두에게 해당이 된다. 이 말은 아내나 남편이 상대에게 내가 한 것과 같은 잘못을 범하게 되면 그 상대에게 무서운 질병을 가지게 하는 것이 되어서 내가 당한 것과 같은 체험을 할 수도 있다는 말이다. 특히 암은 정신적인 고통, 갈등, 미움 등에서 발생하는 스트레스가 강한 원인 중 하나라는 점에서 남편의 잘못으로 발생하는 아내의 정신적 고통이나 미움의 감성 등은 그 원인 제공자인 남편에게 무거운 책임이 있을 수밖에 없다는 것이다.

그래서 나는 현재 암으로 사투를 벌리고 있는 아내에게 "내가 당신을 병들게 했다"라고 고백하고 있는 것이다. 이러한 고백을 가슴에 안고 암과 싸우고 있는 아내를 바라보는 나 자신의 심정이 얼마나 쓰라릴 것이라고 하는 것은 상상이 안 되는 차원에 속하는 고통이라는 점을 알아두는 것이 좋다.

3) 인간의 감성관리능력은 모든 질병과 밀접한 관계가 있다.

현대의학계에서 건강과 감성적 반응은 밀접한 관계가 있다는 것이 임상실험에서 입증되고 있다는 것은 건강관리의 새로운 과제가 되고 있다는 것을 주목해야 한다. 앞에서 언급한 Dr. R. Williams의 "Anger kills" 이야기는 너무나 중요하다. 이 이야기는 가족들과 친지들에게 종종 이야기해 주는 것이 좋다고 생각한다. 이 책에서 주장하는 것은 감성관리가 인간건강과 직접적인 관계가 있다는 것이다. 인간의 병은 약만으로는 치료가 안 되고 〈감성관리 능력〉이 없으면 완치가 어렵다는 것이다. 이처럼 인간의 감성관리 능력을 계발해야 한다는 것은 질병에 걸리지 않고 건강하게 살아가는데 가장 중요한 요소가 되고 있다는 것을 말해 준다. 인간의 삶에서 '정신적인 스트레스'를 주는 것이 암과 같은 중병에 걸리게 하는 중요한 요소가 된다는 것은 아무리 강조해도 부족하다. 이러한 이야기는 무엇을 뜻하는 것일가?

♣ '젊은 부부들이 상대에게 감성적인 스트레스를 주는 행동은 절대로 해서는 안 된다'는 말이다. 그러면 어떻게 그렇게 할 수 있나 하는 문제인데 예수님의 방법만 습득하면 대단히 가능성이 높다는 것을 믿어주기 바란다. 필자는 사람들에게 이 방법을 적용해서 <감성계발 수련회>를 10년이 넘도록 실시하고 있다. 그리고 저들의 삶을 통해서 예수님의 방법이 기대이상의 효과가 있다는 것을 여러 수련생을 통해서 확인도 해 보았다. 그래서 이 수련을 받은 두 목사님의 "신앙 체험이야기"를 이 책안에 수록하기로 한 것이다.

2. 뼈만 남아있는 환자를 바라보는 아픔은 상상 이상이다

한 가지 우리가 집사람을 위해서 잘했다고 생각하는 것은 말기환자를 수용하는 병동에 입원 하게 했다는 것이다. 아주 힘이 들기는 했지만 내 친척의 도움을 받아서 입원했는데 말기 환자를 위해서는 대단히 필요한 시설이다. 나는 암 환자의 말기에 엄청난 고통을 느끼고 있는 모습을 TV에서 여러 번 본 일이 있어서 집사람도 그러한 고통을 예상했으나 입원한 후에 모든 육적인 고통을 예방해 주는 방법으로 심한 고통을 당하지 않아도 되는 것을 목격하면서 대단히 감사하게 생각한다. 우리나라도 그러한 병동이 많이 있어야 한다고 생각한다.

1) 환자의 마지막 3-4개월은 내 가슴을 오려내는 쓰라린 아픔이 계속되었다.

집사람이 암 재발이후 6개월이 지난 어느 날 갑작스럽게 토하기 시작했다. 그 원인은 장의 기능이 제구실을 하지 못해서 내장 한 부분이 막혀 있다는 것이다. 그 원인은 복막암이 압력을 가해서 나타나는 결과라고 한다. 그래서 식사를 못하기 때문에 체중이 줄어들기 시작한다. 그 때의 집사람의 모습은 참으로 볼 수가 없을 정도로 처참하다. 그런데 정신은 똘똘해서 느끼고, 기억하고 생각하는 등의 작용이 전과 다름이 없다. 그런데 집사람의 경우는<죽음으로 가는 도정>이 아주 천천히 대단히 느리게 진행한다는 것이 더욱 내 마음을 고통스럽게 했다. 암이 재발했다는 것을 알게 된 초기에 집사람은 나에게 간곡한 부탁을 했다. 그것은 "내가 사람구실을 할 수 없다면 하루 빨리 천국에 갈 수 있도록 기도해 달라"는 것이다. 집사람은 3대 기독교 신자다. 그래서 내세의 삶을 철저하게 믿는다. 평상시에 집사람은 죽음에 대해서 이상할 정도로 무신경 적이고 태연하다. 그런데 아픔은 참을 수가 없다고 한다. 그래서 그녀는 아프지 않고 천국가게 해달라고 기도했다.

처음에 집사람이 1인용 입원실이 없어서 4인 실에 입원하고 있었는데 2주간에 그 방에서 5명의 시체가 나갔다. 한번은 한 시체가 나갈 때에 의사가 집사람에게 "기분이 나쁘시지요?"라고 위로의 말

을 했다고 한다. 그러나 집사람의 대답은 전연 색다른 반응이 나타
났다는 것이다. 집사람은 태연스럽게 "아니요 저 사람이 부러운 데
요"라고 대답했다는 이야기를 그 의사로부터 전해 듣고 내 가슴이
한번 또 찢어지는 아픔을 경험할 수 있었다. 집사람의 평생의 소원
은 잠을 자다가 하늘나라 가는 것이 그의 꿈이었기에 이 말은 그의
진심이다.

집사람은 여러 번 나에게 부탁했었다. "당신이 나를 위해 기도할
때에 병석에 오래 있지 않고 빨리 하늘나라 갈 수 있도록 기도해
주기를 바란다."는 말은 그의 소원이기도 하다

2) 3개월이 넘도록 그를 바라보면서 아래와 같은 마음의 소
리가 들린다.

① 내가 저를 암 환자가 되게 했다.

이것은 사실이다. 만일 내가 결혼 전반기 10년 동안 그렇게 엄청
난 감성적 스트레스를 주지 않았더라면 그가 암에 걸리지 않을 수
도 있다는 자책감은 면할 수가 없다. 독자 여러분 상상해 보라. "내
가 저를 암에 걸리게 했다"라는 것을 사실로 확신하고 병원 침대에
누워 있는 집사람을 바라보는 심정이 얼마나 가슴이 쓰리고 아프겠
나? 하는 것을 상상해 보기 바란다. 나는 80 평생 그러한 아픔을 경
험해 보지 못했다. 그렇게 아플 수가 없다. 나는 병석에 누워 있는
집사람을 바라보면서 내 인생관의 일부가 바꾸어지는 느낌을 받기
도 한다. 부부는 먼저 간 사람이 행운아라는 비상식적인 생각이 내
가슴 한 쪽에 도사리고 있는 느낌을 발견도 해 보았다. 이처럼 뼈

만 앙상하게 남아서 누워 있는 집사람을 바라보기가 너무 너무 힘이 들었다. 이것은 체험해 보지 않은 사람은 상상도 할 수 없다는 것이 현재 내 생각이다.

② 인생은 결혼 초기가 중요하다. 이때에 일평생의 운명이 결정된다.

　신혼부부가 약간의 감성적 갈등이나 악성감성이 표출하게 될 때에 그것이 하나의 일시적인 <불협화음>으로 나타나는 가벼운 사건으로 가볍게 처리하는 경우가 허다하다. 이러한 것이 반복되면 결과적으로 원하지 않는 인생비극이 기다리고 있다는 현실을 직시해야 한다. 내 경험으로 이러한 잘못된 습관이나 행동을 가볍게 처리함으로 부부간의 어두운 관계를 만들어 준다. 내가 젊은 시절에 나 자신의 감성관리에 정성을 다 하지 못해서 결과적으로 집사람을 암환자가 되게 하는 중요한 원인 중 하나가 되었다는 것을 뉘우치고 있으나 실속이 없는 반성이다. 여러분이 내 고백을 믿지 않으면 몇 십년 후에 나처럼 될 수도 있다는 것을 인식해야 한다. 부부생활에서 결혼 초에 여러 가지 문제가 발생할 수 있다는 것은 당연한 것일 수 있다. 왜냐하면 사람이 20여년 각각 색다른 환경과 상황 속에서 자라난 젊은 남녀가 함께 산다는 것 자체가 어려운 일들이 발생할 수밖에 없다. 그런데 문제는 결혼 초에 있게 되는 여러 가지 갈등을 자연스러운 현상이라고 가볍게 넘어 간다는 것이 문제를 키우는 것이 된다. 그러기에 각별한 자각심이 필요하다. 젊은 부부 여러분! '절대로 가볍게 넘겨서는 안 되는 것이 결혼 초 10년이다.' 이 기간이 <인생 기초 작업 시기>가 된다는 점을 명심하기 바란다. 그래서 그대 부부들이 오래도록 행복하게 살아갈 수 있기를 기원한다. 결코 여러분은 나와 같은 경험자가 되어서는 안 된다고 기도하는 마음으로 부탁한다.

③ 하나님이 나의 잘못을 보상받게 한다는 느낌을 받는다.

나는 집사람의 처참한 모습을 바라보면서 내 과거의 잘못한 모습들이 생생하게 되살아나서 내 마음을 더욱 쓰라리게 한다. 내 가슴에 사무쳐 들어오는 이 아픔은 상상할 수 없을 정도로 극심하다는 것을 독자들이 실감하기 바란다. 이것은 누구에게나 해당이 된다. 부부생활에서 상대에게 상처를 주는 사람은 그 먼 후일에 나처럼 후회해도 소용이 없다는 점을 심각하게 마음 판에 새겨둘 필요가 있다. 집사람이 호스피스병동에 입원 후 두 달이 넘어가면서 몇 번 병원에서 상태가 좋지 않으니 자녀들을 소집하라는 소동이 있었다. 그러나 다시 약간 소생하는 모습을 보이곤 했었다. 그래서 사랑하는 집사람을 위해 이렇게 기도했다. "하나님! 내 사랑하는 집사람을 하루속히 천국에 들어가게 허락 하소서"라고 기도했다. 독자 여러분! 지극히 사랑하고 소중하게 생각하는 자기 아내를 "빨리 천국 가게 해 달라"고 기도한다는 자체가 하나의 고통이다. 물론 '내세신앙'이 있어서인 것도 있으나 가장 큰 원인은 그를 사랑하기 때문이다. 우리 부부는 오래전부터 잠을 자다가 천국행이 이루어지는 것을 소원했었다. 그러나 우리의 소원대로 되지 않는다는 것을 체험하면서 인간 운명은 하나님의 수중에 있음을 절절하게 느끼고 있다.

④ 집사람은 '왕비'이여야 했다는 착각을 느끼게 한다.

우리 집에는 내 처가 쓰던 물건이 내 것보다 더 많이 있다. 그것을 만지면서 내 가슴은 오려내는 쓰라림이 찾아온다. 그 물건들이

"네가 네 아내를 병들게 했다"라는 소리가 들려오는 것 같았다. 그래서 종종 집사람의 방을 의식적으로 피하기도 했다. 그러나 그와는 정 반대로 어느 날 집사람이 쓰던 물건이 그렇게 '귀하고 소중'하게 느끼게 해 준다. 그래서 나는 이러한 상상을 해본다. "만일 내가 왕이거나 재벌이라면 아마도 집사람의 <기념박물관>을 지어서 그의 모든 사용물을 영원히 전시할 수 있었을 것이라는 것을 상상해 보았다. 왜? 그가 사용하던 물건들이 그렇게 소중하고 보배스럽게 느껴질 수가 없었기 때문이다. 이러한 느낌은 부부라는 개념에 대한 평상시에 생각했던 것과 그를 천국에 보내면서 생각하는 개념이 엄청나게 달라지고 있다는 경험을 하게 된 것이다.

3) 부부사별은 특별한 아픔이 있다.

부부는 하나님이 정해주신 관계가 된다. 그리고 '한 몸'이 되는 특수 관계가 되기 때문에 자연스러운 감성교환이 어우러지고 있다. 그래서 상대에게 상처가 되는 감성들이 교환되기도 한다. 사랑과 관심이 없으면 분노나 미움의 감성도 나타나지 않는다. 그래서 '사별의 아픔' 이 특별하게 강해지는 것이다.

① 부부간의 사별은 특별한 아픔과 고통이 기다리고 있다.
나는 사랑하는 어머니와 사별하는 경험을 통해서 사랑하는 가까운 사람과의 사별이 얼마나 가슴이 아프다는 것을 잘 알고 있다. 그러나 부부의 사별은 어머님과의 사별에 비할 수 없는 엄청난 아픔과 고통이 찾아온다는 것을 체험하고 부부의 특수한 관계 때문에 나타나는 현상이라고 새로운 깨우침을 느끼면서 이에 대한 대비의 필요

성을 강하게 느끼고 있다.

필자는 집사람이 식사를 단절하고 병원에 입원하고 있는 3개월이 가장 내 마음을 아프게 하고 고통스러운 생활을 경험하게 했었다. 특히 자신의 잘못으로 집사람이 득병했다고 생각하는 심적 고통은 특별나다. 가령, 잠자리에 들어간 다음에 '가슴의 아픔'이 찾아오면 더 이상 누워서 잠을 잘 수가 없다. 전신에 이상한 아픔이 확장하는 듯 하는 느낌이 들어서 계속 누워있을 수가 없다. 그래서 일어나서 신문이나 책을 보든지 TV를 보면서 마음의 관심을 집사람 아닌 다른 곳에 집중하게 하는 동작을 해야 내 마음이 정리되는 경험을 여러 번 했다. 그럴 때는 내 몸과 마음을 내 마음대로 할 수가 없는 이상한 상태가 된다는 것을 체험하고 이것이 부부간의 특수관계라는 것을 깨우친다. 부부는 분명 <한 몸>이다. 한 몸이 되기 때문에 저의 아픔이 내 아픔이 될 수밖에 없다. 그래서 그렇게 상대의 병고가 내 고통이 된다는 것을 깨우치게 되는 것 같다.

② 죽음에 대한 교회적인 관심이 필요하다.

인생은 사건을 통해서 참다운 <인생교훈>을 받는다는 이야기는 선각자들이 주장해 오고 있는 교훈이다. 그래서 나는 하나님께서 집사람의 천국행을 미루시고 있는 것은 그 가족들에게 중요한 '교훈'을 주기 위한 신앙적인 사건으로 생각하기 시작했다. 그래서 수 없이 깊은 마음의 기도를 드리면서 깨우친 것은 <천국 수련의 필요성>이다. 이 말은 "할머니의 유족들에게 철저하게 영원한 세계를 확신시키고 영생을 가슴으로 수용하게 하기 위한 시간과 기회를 주기 위함이다"라는 마음의 소리를 듣게 되었다는 뜻이다. 그래서 나는 가족들에게 "할머니의 천국행을 미루는 것은 자손들에게 영생신앙

을 강하게 훈련시키기 위한 하나님의 뜻이라는 것을 인식해야 한
다."고 여러 번 강조했다. 이러한 깨우침을 얻은 후 한 달간은 할머
니가 갈 영원한 세계를 음미하고 확신을 길들이는데 최선을 다 한
것으로 생각된다. 그 후부터 나는 기도할 때마다 먼저 "나와 내 자
손들이 할머니가 가신 저 천국을 사모하고 확신하는 믿음을 주셔서
천국 시민이 되게 해 주시옵소서"라는 기도로 시작한다.

③ 천국신앙자인 네가 왜 그렇게 가슴이 아프냐?

집사람이 천국 가기 한달 전 어느 날 명상기도 중에 "네가 영생
을 믿고 설교하면서 왜 그렇게 가슴이 아프냐? 가슴이 그렇게 아프
다는 것은 가슴으로는 <영생을 수용하지 않는다>는 말이 아니냐?"
라는 깨우침을 주는 마음의 소리가 들린다. 그때 나는 "그렇다 내
가슴이 이렇게 아픈 것은 영생을 가슴으로는 수용하지 않는다는 말
이 아닌가"라는 내 마음의 소리가 들린다. 그래서 나는 여러 번 이
것을 반복 반추해 보았다. 그래서 얻은 결론은 <영생을 가슴으로 수
용하는 방법>을 탐색하고 찾아내기 위해 이에 대한 집중 기도를 몇
일간 했다. 그리고 그 비법을 마침내 찾아냈다. 그 내용은 다음과
같은 것이나 여러 가지 비법이 있을 수 있기 때문에 내가 하는 방
법은 하나의 비법이라는 것을 명시해 둔다.

④ 천국 확인 <암송 법>이 아픈 가슴을 치유한다.

암송할 내용을 미리 준비한다. 그리고 이것을 10-20분 동안 지속
적인 암송을 반복한다. 그렇게 해보니까 아픈 가슴이 눈이 녹는 것
과 같이 자연스럽게 사라지는 경험을 했다. 이것이 그녀의 천국입성
전 1개월 간 활용해서 엄청난 성과가 있었다. 그래서 이것을 모든

사람들에게 보급해야 한다는 하나의 사명감을 느끼게 한다. 내가 한 암송내용은 다음과 같다.

♣ "천국이 보인다." "천국을 사모한다." "할머니는 천국 간다." "우리는 천국에서 다시 만난다." "천국은 아픔이 없다……"를 반복해서 10-20 분간 암송한다.

이것을 수 없이 반복한다. 길을 걸어가면서도 암송했다. 그렇게 한 다음부터는 마음의 안정과 고요함을 유지할 수가 있었다. 영생을 완벽하게 가슴으로 믿는다면 가슴의 아픔이 사라진다는 깨우침을 받았고 이것을 실천해 본 것이다. 만일 이 글을 읽는 사람이 기독교 신자가 아니라고 해도 <저 세상, 영혼의 세상>이 있다는 것을 수용하고 나와 비슷한 것을 암송하면 그렇게 쓰라린 〈가슴의 아픔〉을 감소시키고 치유할 수가 있다. 때로는 우리의 상상력을 동원해서 천국을 <영상화>해서 명상 속에서 펼쳐본다. 화려하게 보석들로 장식하고 아름다운 빛들과 꽃들로 장식된 화려한 정원과 언덕 등을 상상하면서 그 나라를 그리워하고 동경하는 마음을 만들어 준다. 나는 종종 집사람이 아름다운 옷을 입고 천사들과 정원을 산책하면서 즐거운 생활을 하고 행복해 하는 모습을 상상해 보기도 한다.

3. 결혼생활초기에 있었던 일들이 역사적 사건이 된다

우리는 1950년 3월 21일에 원주에서 결혼했다. 이때부터 10년간이 가장 중요한 시기였다. 그 10년간에 일어났던 사건들이 집사람 마음속에 남편에 대한 〈실망과 미움의 감성〉이 응어리로 남게 했기 때문이다. 그러나 내가 미국유학 5년 (1960-1965년) 이후는 좋은 남편, 사랑해 주는 남편이 되려고 정성과 노력을 했었기 때문에 그렇게 큰 상처를 주는 일이 많이 있지 않았다고 생각한다. 그러나 지금 생각하면 결혼 초기 10년의 상처가 집사람의 마음을 지배하고 있었기 때문에 후기의 45년(1960-2005년) 간의 좋은 남편 되려는 노력도 실질적인 성과가 없었던 것이 아닌가 하는 생각을 하게 된다. 이 말은 우리 인간의 일평생 부부생활 역사 속에서 초기 10년이 그 후기45년보다 엄청나게 더 중요하다는 뜻이다. 독자 여러분! 내 경우처럼 대부분의 사람들이 〈결혼 초기〉에 문제가 발생하는 것을 알 수 있다. 그래서 상대의 실존과 소중함을 인식도 하기 전에 결혼초기에 심각한 감성적 갈등과 충돌 그리고 '감성적이 상처'등을 경험하게 되는 경우가 허다하다. 이러한 '감성적인 스트레스'가 상대의 마음을 점령하게 되면 '질병의 원인'이 된다는 것이다. 이러한 경우는 연애결혼이라고 해서 방심할 수 있는 것이 아니라고 생각한다. 왜냐하면 결혼 전과 후는 생활환경이나 마음가짐이 달라지기 때문이다. 사람은 결혼 전에 가지고 있는 긴장감이나 조심성 같은 것이 결혼 후에는 상당부분 사라진다. 그래서 결혼초기를 방심해서는 안 된다는 것이 내 생각이다. 이 시기를 방심하면 생대에게 불안과 불행한 감성을 가지게 하고, 그리고 그 사람마음속에 '미움과 증오' 같은 악성감성이 자리 잡게 되어서 질병의 원인을 제공해 줄 수 있다는 것이다. 그래서 이러한 엄청난 비극을 사전에 예방하는 방법이 폭 넓게 홍보되고 프로그램이 계발되어야 한다는 주장이다. 이 책은 이러한 비극을 예방하는데 필요한 지식과 정보를 제공해 주는데 많은 도움이 될 것이라고 생각한다.

1) 결혼생활 전반기 10년간에 있었던 일들이 가장 중요하다.

① 내 위장병과 결혼생활

나는 위장병으로 한 달에 반은 배가 아프고 소화가 안 되어서 고생하는 생활을 하는 시절에 한 전도사의 소개로 집사람을 소개받고 결혼하게 되었다. 내 병은 '신경성 소화불량'이라고 했다. 그래서 식생활에 여러 가지 어려움이 있었기 때문에 결혼하면 상당한 도움이 되리라는 생각이 결혼동기의 하나였던 것이 사실이다. 그러나 집사람은 순박하고 양순한 양 같은 따뜻한 여자였다. 아주 순종적이고 말이 없는 여자다. 정성을 다해서 살림하고 봉사했다.

결혼 한지 얼마 안 되어서 나는 병 치료를 위해서 '6개월간 하루 세끼 죽 먹기'를 결심하고 집사람에게 부탁해서 죽 먹기를 시작했다. 그런데 몇 날 후 집사람이 말하기를 "두 사람이 살면서 죽과 밥을 한다는 것이 힘이 듭니다. 그러니 나도 함께 세끼 죽을 먹겠어요."하면서 밥하는 일을 중단하고 죽만 준비했다. 지금 생각하면 그렇게 착하고 고마운 여자가 세상에 또 없을 것이라는 생각이 들기도 한다. 그런데 나는 종종 집사람이 죽을 만드는 장면을 주시하면서 감독한다. 그가 성의 있게 '죽을 만드나, 성의 없이 만드나' 하는 것을 감독한다. 그 때 내 생각은 부인이 정성을 다 해서 죽을 만들면 내 건강에 큰 도움이 된다고 생각하고 있었기 때문이다. 그 때의 나 자신은 감성관리의 필요성조차 가지고 있지 않았다. 그리고 몸이 약하고 병들어 있었기 때문에 신경이 예민한 상태였다는 것이 사실이다.

♣ 어느 날 하루는 집사람이 죽을 쑤다가 어디론지 가버린다. 그리고 한참 있다가 돌아왔다. 아마도 2, 3 분정도 되었을 것이나 나는 한 시간이나 지난 것 같은 느낌이 들었는지 "죽을 쑤다 어디에 갔다 오는 거야! 그렇게 성의 없이 죽을 쑤면 네 남편 병이 낫겠느냐?"라고 고래고래 소리를 지르고 야단을 부렸다. 그 당시 내가 몸이 아프니까 신경질과 짜증만 나는 것이 내 삶의 실상이 되고 있었다. 그리고 설교도 준비해야 하고 교인 심방도 해야 되기 때문에 신경질 날 사건들만 내 앞에 산처럼 쌓여 있는 느낌을 받고 살아온 것도 사실이다. 그래서 짜증내는 광경이 여러 번 있었다. 지금 생각하면 집사람이 도망가지 않고 살아주었다는 것이 〈하나의 기적〉이라고 생각하고 있다. 나는 집사람을 천국으로 보내고 난 후에 종종 이러한 생각을 하면서 하나님께 감사 기도를 드리고 있다. 그 감사기도의 내용은 다음과 같다. "하나님께서 천사 같은 여자를 내 처로 주신 것을 하나님의 특별한 선물이요 섭리라고 생각합니다. 그래서 나로 하여금 <감성과 영성계발 지도자>가 되게 해 주신 것도 집사람 덕이라고 믿고 있습니다. 그리고 그를 통해서 효자 효녀들을 얻게 해 주심을 정말로 감사 드립니다. 아멘" 나는 지금도 집사람이 나를 위해서 계속적인 기도를 해 주는 동시에 평상시에 내가 쓸모 있는 목사가 될 수 있도록 꾸준한 조언과 방법을 제공해 주고 설득해 왔기 때문에 내가 오늘과 같은 〈영성의 길〉을 선택하게 되었다고 믿고 있다. 만일 내가 집사람과 같은 여자를 만나지 않았더라면 오늘의 내가 될 수가 없었을 것이다. 이 말을 내가 나 된 것은 오로지 집사람 덕택이라는 것이요, 그녀 때문에 내가 현재<감성과 영성 계발 지도자>가 되어서 80이 넘었지만 대학원이나 각종 집회에서 강

사로 초빙 받고 있고 그리고 활발한 활동을 할 수 있게 되었다
고 믿고 있다. 이것이 사실이기에 더욱 그녀가 그리워진다.

② 6.25사변과 피난생활:

나는 6.25사변 당시 원주에서 일하고 있었다. 그 때 나는 친구와
함께 서울 본부를 방문하게 되었다. 그런데 서울에 와보니 부산으로
본부가 다 이동한다는 것이다. 그래서 얼떨결에 우리도 본부 사람들
과 함께 부산행기차를 타기로 했다. 그런데 그 해 9월에 인민군이
2, 3일 내로 원주에 진주한다는 뉴스가 있었다. 그래서 나는 미군
군용열차를 타고 원주 가기를 결심하고 친구에게 동행을 간청했으
나 그는 거부했다. 그래서 나 혼자 원주행을 단행했다. 그리고 임신
중인 내 처와 친구의 가족과 또 미국에 있는 친구의 가족을 데리고
군용기차로 부산으로 내려왔다. 이때 사람들은 나를 애처가라고 칭
찬도 했었다.

그런데 가독도에서 피난생활을 하면서 내가 집사람에게 한 행동
은 영원히 용서할 수 없는 바보 같은 처신을 했다는 것을 10년이
지나서야 깨우치게 되었다. 그것은 집사람이 갓난아기를 업고 산에
가서 땔감을 주어오는 일을 당연한 것처럼 생각했다는 점이다. 그리
고 멍청하게 바라보기만하고 조금도 협력해 주지 않았다는 사실은
지금 생각하면 '가혹한 폭행'이라고 생각된다. 그러면서도 처에 대
한 불만불평으로 나약한 여인에게 충성과 복종을 강요했다는 것은
범죄에 속한다는 것을 오래된 후에나 깨우치게 되었다. 그러니 집사
람이 남편에 대한 감정이 좋을 수가 없다. 아마도 그 때부터 '증오
와 미움의 감성'이 그녀마음에 싹트기 시작했을 것이라고 짐작해 본
다. 일반적인 한국 남편들처럼 나도 집사람에게 대하는 일반적인 태

도가 〈독선적이며 고압적이고 남자 우월적인 정신적 폭군〉이라는 말이 내가 집사람에게 평상시에 대하는 행동이었다고 생각한다. 이것이 평상시에 집사람이 받고 살아온 인상이라는 것이 사실에 가까운 설명이다. 결혼초기 10년은 집사람에게 아픔과 상처만 던져준 것이 우리의 부부생활이었다는 것이 나의 중심에서 나오는 고백이다. 나는 목사이전에 인간으로써도 별로 특색이 없는 보통남자에 불과했다는 것을 인정한다. 그러나 지나간 과거를 되돌릴 수가 없기 때문에 슬픈 과거로 남아 있을 수밖에 없다. 그래서 젊은 친구들, 젊은 남편들에게 간접적인 체험사건이 되기를 바라는 마음에서 이 글을 남기고 싶은 것이다. 특히 젊은 교역자들에게 호소한다. 그대들은 〈정신적 폭군〉이 되어서는 안 된다. 그것은 나 같은 후회스러운 역사만 남게 할 것뿐이라는 것을 명심하기 바란다.

2) 결혼생활 10년 이후의 후반기 생활이야기

나의 처에 대한 내 생활태도는 전반기 10년을 제외하고는 집사람을 병들게 할 정도로 정신적 스트레스를 주는 남편이 아니라는 것을 말할 수 있다. 사실상 나는 미국 유학 이후 애처가에 속하는 남편이라고 할 수 있다. 그런데 왜 집사람이 내가 준 감성적 스트레스 때문에 환자가 되었다고 생각하고 있을까? 하는 생각을 해본다. 지금 생각하면 집사람이 전반기 10년간 경험한 것들이 그의 마음을 점령하고 있었기 때문이라고 짐작도 해본다. 그러나 혹 그 스트레스가 그 사람의 암 발병과 무관할 수도 있다. 사람은 여러 가지 다른 원인에서 발병할 수도 있기 때문이다. 감성적 스트레스가 건강에 해가 되고 발병의 원인 중 하나가 된다는 것은 모든 병이 감성적 스트레스 때문에 생기는 것은 아니다. 그런데도 불구하고 나는 내가 준 정신적 스트레스가 그를 환자가 되게 했다고 생각하고 있다. 왜냐하면 나는 감성적 스트레스가 발병의 큰 원인중 하나가 되고 있을 뿐만 아니라 인간불행을 가져다주는 가장 큰 암적인 존재가 된다고 믿고 있기 때문이다. 그래서 이 감성적 스트레스는 우리 삶의 현장에서 반드시 소탕해 버려야 한다고 생각하고 있다. 이것이 교회가 지상에 존재해야 할 중요한 원인 중 하나라고 믿고 있기 때문이기도 하다. 이것이 예수님이 전하는 복음이다.

① 미국 유학은 부부의 값진 존재성을 재확인하는 계기가 되었다.

고국을 멀리 떨어져 있으면 '애국가 애처가'가 된다는 이야기는 많은 경험자들이 사실로 입증하고 있기 때문에 긴 설명이 필요 없다고 생각한다. 나도 역시 그러한 사실을 확인할 수 있었다. 우리 부부는 특별한 사연이 없으면 매주 사랑의 편지 왕래가 5년 간 지속했었다. 그리고 5년간 여러 가지 아름다운 편지내용이 있었던 것이 사실이다. 그중 하나를 소개하면 다음과 같은 내용인데 이것은 내 신앙생활에도 엄청난 기념비적인 사건이 되었다.

미국 생활 1년이 넘어서 어느 날 집사람의 편지 속에 유치원 딸의 사진을 넣어서 보내 왔다. 그 내용은 사진의 주인공인 딸애가 "토요일에 미국 가서 아빠와 하루 밤만 자고 돌아올 수 있도록 비행기 표를 사 달라"고 졸라대서 나를 울리고 있다는 사연이다. 이 편지는 집사람과 애들이 얼마나 나를 그리워하고 있는지를 말해 주고 있는 애절한 저들의 마음이 내 가슴 속에 전달되면서 내 마음을 울리고 있는 사건으로 발전하고 있었다. 그래서 나는 그 한 주간 공부를 포기하고 길거리를 방황하면서 미국인 꼬마에게 접근해서 그 부모에게 "어린이가 너무 예뻐요 나는 밴더빌드 대학원에서 공부하고 있는 한국유학생인데 아기를 한번 안아볼 수 있을 까요?" 하고 요청을 하면 대부분의 부모가 즐거운 마음으로 허락한다. 그러면 나는 그 어린이를 가슴에 안고 볼에 내 볼을 비벼대면서 눈물을 흘리는 기현상이 연출되기도 했었다. 이러한 행동을 한 주 내내 여러 번 반복했었다. 이것은 내가 얼마나 가족을 사랑하고 그리워하고 있느냐하는 것을 사실로 말해주는 사건이 되었다. 이러한 특수한 사연은 성경묵상수련에서 사랑을 반추하는 내용으로 활용할 수 있어서 기록해 둘만한 내용이다. 이러한 사건을 반추해서 그 때 그 사랑의 감정 속에 30분 이상 머물러 있게 되면 <하나님의 사랑>을 새롭게 깨우치는 체험을 할 수 있다는 것을 실현해 본 일이 있었다.

② 귀국 후에는 애처가가 되어 있었다.

5년 만에 귀국해서도 유학시절에 가족을 그리워했던 나의 따뜻한 감성은 변함이 없었다. 집사람이 나에게 부담이 된다고 할 정도로 내 마음을 다해서 그를 행복하게 해주려고 노력했다. 한 예로 월요일마다 집사람과 함께 영화도 보고 외식도 하고 그와 함께하는 특별한 시간을 가지는 일에 옛날과 전혀 다른 태도를 보여주기도 했다. 그때 나는 옛날 결혼 초에 집사람에게 잘못했던 일들을 보상해야 한다는 마음으로 성심을 다 해서 포근한 행복감을 느끼도록 해야 한다고 생각한 것이다. 그러나 지금 생각하면 그 때 집사람에게 대하는 나의 외형적인 내용이 너무나 단조롭고 평범했다고 생각한다. 좀 더 적극적이고 현대적인 감각이 부족했다고 스스로 반성해 보기도 한다. 이 말은 일반 여자들이 그렇게 좋아하는 기념일 선물을 할 생각조차 하지 못했다는 것은 내가 얼마나 여자를 모르는 바보스러운 남자였는가 하는 것을 말해준다. 이러한 실용적이고 필수적인 사랑의 〈구체적인 표현〉이 대단히 부족했다는 것을 아주 오랜 후에나 알게 되었다. 사실상 나와 같은 구시대 사람들은 사랑에 대한 구체적인 표현이 대단히 부족한 것이 사실이다. 그래서 집사람이(후에 나올 이야기 중에 있는) "내 남편은 나를 깊이 사랑하지 않는다."라고 생각한 것이라고 느끼고 있다. 우리 사회에서도 이제는 구체적이고 적극적인 사랑표현이 요구되는 시기가 온 것이 아닌가 생각해 본다. 사랑의 표현부족으로 나타나는 비극은 절대로 발생해서는 안 된다고 생각하기 때문이다. 그래서 나는 이런 상상도 해본다. 만일 독자 중에서 몇 사람만이라도 내 글을 읽고 이러한 사실도 아닌 비극(사랑하면서도 사랑이 없다고 느끼는 것)에서 탈출할 수 있다면 이 글을 남겨놓는 보람된 일이 될 것이라고 생각해 본다. 한국 남자들 특히 교역자들은 애정표현이 너무나 부족하다. 저들은 마음속으로만 극진히 사랑하면 되는 것이지 선물을 주면서 구체적인 표현이 있어야 한다는데 일종의 거부감을 가지고 있다. 이러한 것은 철저하게 수정해야 한다. 사람의 마음속을 어떻게 읽을 수 있나? 상당한 수련이 된 사람이 아니면 상대의 마음을 읽어내기가 대단히 어렵다. 그래서 구체적인 애정표현이 필요한 것이다.

③ 구체적인 애정표현이 필요하다는 것을 깨우치라.

우리는 집사람의 건강을 위해서 설악산 호텔에서 실시하고 있는 〈건강 세미나〉에 여러 번 참석했다. 처음에는 딸과 집사람이 참석했었다. 그 때 동행했던 딸애가 나에게 엄마 말씀이 "아버지는 엄마를 미워는 않지만 강한 애정도 없는 것 같이 생각 한다"라는 말을 했다는 것이다. 그때 나는 너무나 놀라고 당황했다. 어떻게 그럴 수가 있나하는 생각에 잠을 잘 수가 없었다. 왜 사랑하지 않는다고 생각하고 있었나? 여러 날 두고두고 깊이 생각하고 또 생각했다. 그래서 얻는 결론은 구체적인 애정표현이 부족했다고 결론 내렸다. 그래서 그 다음번에는 내가 집사람과 함께 건강세미나에 참석하면서 그녀의 회비 100만원을 내가 대신 내주었다. 그리고 그 세미나 현장에서 100명이 넘는 회원들 앞에서 집사람 손을 잡고 "나는 집사람을 지극히 사랑합니다. 내 사랑으로 암을 물리칠 것입니다"라고 큰 소리로 발표한 다음에 집사람을 두 팔로 꼭 안아주었다. 그 장면이 사진으로 나오기까지 했었다. 그리고 그녀가 그렇게 행복해 할 수가 없었다. 그래서 나는 이렇게 반성한다. 왜 내가 3,40년 전에 이렇게 하지 못했나? 그 이후 집사람은 내가 당신을 깊이 사랑하고 있다는 것을 확신한다는 말을 듣기도 했다. 사실상 옛사람(나 같은)들은 사랑의 표현이 둔한 것이 사실이다. 전반기 10년을 빼고 45년<61년-2006년>간 사실상 지극히 사랑을 하고 있으면서도 사랑을 느끼지 못하게 했다는 것은 분명히 내가 가지고 있는 삶의 방법에 엄청난 잘못이 있었다는 것이 된다. 그러기에 내 삶의 방법 자체에 한없는 슬픔을 느끼고 있다. 그 후에 우리 부부는 서로가 상대에게 진지하게 용서를 교환하고 기도했었다. 그리고 늦게나마 내가 집사람을 깊이 사랑하고 있다는 것을 그녀가 정상적인 생활을 하고 있을 때에 알게 되고 집사람이 만족한 마음으로 내 마음을 받아준 것을 참으로 감사하게 생각한다.

4. 부부(가족)의 개념에 대한 새로운 깨우침이 필요하다

부부가 중심이 된 가족관계는 특별하고 유일한 그리고 특수 관계라는 것이 동서양을 불문하고 동일하다고 생각하고 있다. 그래서 드라마에 나타나는 줄거리가 대부분 "부부의 사랑이야기, 배신과 갈등 이야기" 등이 줄거리로 등장하는 것을 목격할 수 있다.

1) 부부나 가족관계는 사회적인 한 소집단이 아니고 하나님이 주신 특별집단이다.

나는 집사람의 투병과 사별을 통해서 가족(부부)에 대한 개념에 상당부분이 달라지고 있는 것을 경험하면서 인생은 시간과 함께 변하고 달라진다는 것을 경험한다. 나는 이것이 순수한 참마음, 하나님의 형상으로 창조된 본질의 마음이라고 생각해 본다. 아마도 이것이 주님의 마음이요 하나님의 마음일 것이라고 느낀다. 그래서 이 가정에서만이 참다운 행복, 천국의 행복이 보장되는 장소라고 생각하게 된 것이다. 하나님이 원하시는 참 가정은 행복만 존재한다. 이 말은 행복이 없는 가정은 가짜 가정이라는 뜻이다. 엄밀하게 말하면 이것은 가정이라고 말할 수 없다는 말이다. 우리 신앙인들이 명심할 것은 하나님은 행복을 주시고 그와 반대로 사탄은 행복을 파괴하고 지옥을 선물로 준다는 사실에 민감해야 한다. 그러나 행복은 물질적 풍요로움이나 정치적인 권좌와는 아무런 관계가 없다는 것을 알 필요가 있다.

2) 집사람과 내 기도문을 소개한다.

이 기도문은 집사람이 병원에 입원하고 있을 때, 그리고 그녀가 아직 정신상태가 정상에 가까운 상태에 있을 때에 기록해서 종종 읽었던 내용이다.

① 나의 기도문

인간의 생명을 주관하시는 하나님! 가능하면 집사람을 몇 년 더 살수 잇도록 건강의 축복을 허락해 주시기를 소원합니다. 그러나 인간의 생명은 우리가 원하는 것처럼 되지 않는다는 것을 압니다. 유한적인 지상에서의 삶이 영원한 세계를 더욱 더 그리워하고 사모하는 것을 하나님이 바라시는 것도 잘 알고 있습니다. 사랑의 하나님! 집사람이 이처럼 고통을 당하고 있는데 남편 되는 내가 1퍼센트도 도움을 줄 수 없다는 것이 한없이 서글퍼지고 있습니다. 이렇게 인간이 무력하다는 것이 한스럽기도 합니다. 그러나 하나님! 집사람의 고통의 모습을 바라보면서 이러한 아픔과 고통이 없는 저 영원한 천국이 존재한다는 것이 너무나도 감사합니다. 천국의 주인 되시는 하나님! 사랑하는 우리 자녀들로 하여금 사랑하는 어머니의 병마와 싸우고 있는 저 모습을 바라보면서 병마와 고통이 없는 저 영원한 천국을 그리워하고 사모하고 확인하는 기회가 될 수 있도록 성령님이 도아주시기를 간곡하게 기도드립니다. 영원한 천국을 창조하신 하나님! 사람의 병마와 죽음을 통해서 영원한 세계를 그리워하고 새로운 소망을 가지게 하신 하나님의 섭리를 찬양합니다. 부족한 이 종도 집사람의 현재를 목격하면서 영원한 천국을 가슴으로 수용할 수 있는 체험을 주신 것을 감사드립니다.

천국에 계시는 예수 그리스도의 성호로 기도드립니다. 아-멘

② 집사람의 기도문

인간 삶을 주관하시고 나를 사랑하시는 하나님! 부족한 여종을 78년간 이 세상에서 하나님을 사모하고 섬기면서 살 수 있는 축복을 베풀어 주시고 한 가정의 주부로 어머니로 살 수 있는 은총을 감사드립니다. 사랑의 하나님! 여종이 이 세상을 작별해야 될 시간이 된 것 같습니다. 그래서 우리 가족을 위해서 간절히 기도를 드리오니 허락 하시옵소서.

여종에게 사랑하는 가족이 있습니다. 이들에게 축복해 주셔서 영과 육을 건강하게 해 주시옵소서. 내 남편이 이 세상에 있는 동안 하나님이 원하시는 신앙운동을 성실하게 함으로 하나님이 부여하신 책임과 사명을 감당할 수 있도록 성령님이 도와주시기를 기도드립니다. 그리고 내 사랑하는 자녀들, 현해와 경숙이, 의선이와 조 서방, 혜선이와 김 서방, 그리고 사랑하는 진호 진명이 현호와 대호 현주와 한빈 예빈, 인겸이와 성겸이를 특별하게 축복해 주셔서 이 세상에 있는 동안에 모든 사람에게 덕이 되고 자랑스러운 사람들이 되게 해 주시고 영과 육이 건강하고 신앙으로 승리하는 삶을 살게 해 주시옵소서 그래서 후에 하늘나라에서 다시 만나서 천국의 기쁨을 나누면서 영원이 살아갈 소망을 강하게 간직 하게 해 주셔서 현재의 슬픔을 극복하게 해 주시옵소서

예수 그리스도의 이름으로 기도드립니다. 아 멘

③ 우리 부부의 후반기 특히 20년간은 행복했다

우리 아들네와 함께 살고 있을 때에 우리 며느리가 나에게 한 말을 지금도 기억하고 있다

"아버님! 동내 사람들이 두 분을 어떻게 말하는지 아세요? 이 세

상에서 가장 아름다운 노인잉꼬 부부래요. 두 분이 팔짱끼고 산보하는 모습이 너무나 아름답고 부럽대요. 소문이 자자해요"하면서 미소 짓고 있는 모습이 우리를 더욱 기쁘게 만들어 주었었다. 우리가 독립해서 둘만의 생활을 할 때에는 나는 집 청소는 물론이고 종종 설거지도 하면서 가능한 한 집사람이 편안하고 행복감을 느끼면서 살아가도록 정성을 다 해서 내 마음 속에 있는 사랑의 감성을 표현하려고 노력했다. 적어도 내가 영성에 눈이 열려서 살아간 20년 세월 동안은 집사람이 아내로서 가장 행복한 사람이라는 것을 인정할 만하다고 생각한다. 내가 중심에서 집사람을 극진하게 사랑하고 봉사한 것이 사실이기 때문이다. 그리고 특히 우리들의 자식 3남매가 이 세상에서 가장 모범적인 효자 효녀와 효손들이라는 것이 우리를 더욱 행복하게 해 주었다. 우리 부부는 종종 이러한 말을 했었다. "우리는 참으로 행복한 사람들이요. 그렇게 부모를 위해서 최선을 다 하는 아들 딸 손자 손녀들을 거느리고 살아가고 있으니 우리들 같은 만족스럽고 행복한 삶을 살아가는 사람도 많지 않을 것이요" 라고 이야기 한 적이 여러 번 있었다. 그리고 그녀의 나이가 78세 (1928 년생)에 세상을 떠나서 천국으로 이동했으니 그런대로 오래 살다가 간 사람이라고 생각할 수도 있다. 집사람이 언제나 말한 것처럼 "이 세상에서 오래 산다는 것이 그렇게 중요한가요. 문제는 천국의 시민권을 얻을 수 있는 삶이 더 중요하지요" 라고 한 말처럼 어떻게 살아야 하는 것이 얼마나 중요한지를 새삼스럽게 내 마음을 사로잡는다. 그런데 문제는 이 글을 작성하면서 젊은 친구들에게 전하고 싶은 것은 집사람이 그렇게 만족스럽고 행복감 속에서 살아가면서도 몇 번 이러한 말을 하는 것을 들었다 "나는 참으로 하나님의 축복을 많이 받고 있는 복 받은 여자라는 것을 잘 알고 있어요.

특히 아이들의 효성에 감복하고 있어요. 지금은 참으로 행복해요. 그런데 젊어서 당신이 나에게 한 짓을 생각하면 분노심이 치밀어 올라오는 것을 참기가 힘이 드는 때가 있어요." 라고 하는 것을 들었다. 그래서 인생의 긴 여정 중에서 '결혼 초기 10년'이 엄청나게 중요하다는 것을 다시 한 번 강조해 둔다. 인생은 불행을 예방할 줄 알아야 한다는 것이 독자에게 주고 싶은 내 마음이다. 인생 불행을 예방하는 첫째 되는 비결은 감성관리 능력계발이라는 점도 강조한다.

5. 부부사별에서 고통스러운 생활을 하고 있는 사람들 이야기

이 세상에서 가장 고통스러운 체험이 '부부의 사별'이라는 것은 긴 설명이 필요 없으리라고 생각한다. 사람들이 하는 풍설에는 한쪽이 먼저가면 남은 한 쪽은 3년 안에 죽는 사람이 상당수가 된다는 이야기를 하는 사람도 있다. 현실적으로 부부사별은 강한 정신적 스트레스를 받는 것이 사실이다. 이러한 이야기는 '신앙적 대비의 필요성'을 요구하는 공문이 없는 항의서라고 해도 과언이 아니라고 생각한다.

1) 지상에서의 행복한 가족도 언제인가는 사별을 할 수밖에 없다

이 세상에서 우리가족이 아무리 행복한 생활을 하고 있다고 해도 언제인가는 죽음이라는 쓰라린 경험을 할 수밖에 없다는 것이 모든 사람들이 알고 있는 사실이다. 그러나 이에 대한 신앙적 훈련이나 신학적인 대응책이 대단히 부족하다는 것이 현실이다. 그 엄청난 아픔과 고통을 주어진 운명이라고 생각하고 살아가고 있다. 필자는 한 친구 부인이 10년 전에 사랑하는 남편을 사별하고 10년이 넘도록 그리움과 고통 속에서 살아가고 있다는 사람을 알고 있다. 그녀는 남편의 친구를 만나면 자신의 남편을 연상하면서 울음을 터트린다는 이야기를 듣고 있다. 10년이 넘도록 남편과의 사별의 고통에서 헤어나지 못하고 있다는 말이다. 내가 잘 아는 권사님은 당신의 남편 되시는 장로님과 사별하고 그리움과 고통스럽게 살다가 3년 만에 세상을 떠나신 분을 알고 있다. 내가 이러한 이야기를 하는 것은 가족 특히 부부의 사별은 엄청난 그리움과 아픔 그리고 고통이 동반하고 있다는 현실적 사실을 깨우쳐 주고자하는 목적에서다. 이것은 경험을 해본사람이 아니면 결코 느낄 수 없는 하나의 현실적 사건이다. 나도 이러한 경험을 하기 전에는 상상도 할 수 없었던 것이라는 것을 솔직하게 고백한다. 그런데 이러한 고통스러운 삶에서 해방이 가능하다는 것을 경험하고 이 사별에 대한 새로운 프로그램의 필요성을 강조하려는 것이다. 인간 삶은 신앙적인 학습과 훈련을 통해서 어느 정도 삶의 환경을 정화할 수 있기 때문이다.

2) 신학계가 사별에 대한 신학적인 관심과 연구가 있어야 한다.

나는 약 6개월간 집사람의 투병생활을 함께하면서 앞에서 말한 것처럼 엄청난 아픔과 고통을 경험한 사람이다. 어떤 목사님은 사모님과 사별하고 2년 동안 수면제 먹고 잠을 잘 수 있었다는 고백하는 이야기를 듣기도 했다. 이것이 현실적 사실이다. 그러나 나는 집사람이 천국 가기 전 한달 전에 앞에서 언급한 것처럼 <천국훈련>를 통해서 나름대로 상당한 폭의 고통을 삭감할 수 있었고 현재도 기도할 때마다 먼저 <천국학습>을 한 후에 일상적인 중보기도를 드리고 있다. 이것을 신학자들이 학문적으로 정리하는 일이 있어야 한다는 것이다

나는 성경에서 말하는 영원한 하늘나라에 대한 확인훈련을 통해서 그 나라에 대한 인식을 새롭게 하고 그 나라를 확신하며 사랑하고 그리워하는 마음을 만들어가고 그리고 소유하게 하자는 것이다. 그렇게 하면 그처럼 아프고 고통스럽던 가슴에서 새로운 빛의 소망이 솟아나는 경험을 했기 때문에 이것을 제안하는 것이다. 대부분의 사람들은 내세에 대한 확신과 소망이 빈약한 것이 현실이다. 그래서 사별에 대한 대비훈련 프로그램의 필요성을 느끼지 못한다. 그러나 나는 집사람과의 사별 앞에서 이 프로그램이 얼마나 절실한 과제라는 것을 절감했던 것이다. 그래서 나는 집사람이 천국가기전에 자녀들을 모아놓고 "어머니가 천국행을 그렇게 갈망하고 그리고 자신이 기도하고 있는데 이렇게 미루는 것은 '하나님께서 어머니를 통해서 천국훈련을 하라'는 뜻으로 받아들여야 한다." 라고 이야기 한 일이 있었다. 그런데 집사람이 천국행이 이루어진 후에 그 훈련의 효과가 나타났다. 나는 장례식을 준비하기 위해서 손자 차를 타고 집으로 가고 있는 동안에 운전하는 손자가 하는 말이다. "할아버지! 할머님이 정말 천국에 사셨을 가요?"라고 슬픈 어조로 물어본다. 그래서 나는 "물론 천국 가셨지 할머니가 병원에 3개월 동안 계시면서 그렇게 열심이 기도하시고 하나님을 사모하시고 준비했으니 틀림없이 천국 가셨을 것이다."라고 대답해 주었다. 그랬더니 우리 손자가 하

는 말이 "나도 지금 천국 가고 싶은 마음이 생기네요."라고 그의 마음에 있는 소리를 말하는 것을 듣고 '할머니가 세상을 떠나면서도 자녀들에게 천국교육을 시키고 갔구나.' 하는 생각을 하게 되었다. 나도 또한 이러한 생각을 한다. "집사람은 세상을 떠나면서도 나에게 엄청난 신앙적인 선물을 주고 갔다'는 생각을 하고 있다. 그녀는 나에게"천국을 100% 확신하고 그리워하고 사모하도록 만들어 주고 갔다라고, 그래서 나는 우리교회가 천국에 대한 신학적인 관심을 가지고 탐색연구해서 구체적인 "천국행 프로그램"을 작성해서 모든 교인들에게 천국예비훈련을 실시하는 것을 바라는 마음이 간절하다.

강 인태, '자기 비움의 길', 케노시스 영성원, 2004

김 경재, '그리스도인의 영성훈련' 기독교서회, 1988

김 양환, '영성개발' 보이스사, 1994

김 양환, '하나님 체험의 길잡이' 진흥, 1996

김 양환, '성경적 EQ의 산바람 행복 찾기' 진흥, 1998

다니엘 골먼, '감성지능 상. 하', 비전코리아, 1996

두란노, '분노' (손안에 책⑥) 두란노, 1993

맥컬리, F.R, '고대 신화와 성서의 믿음' 서강대출판, 1997

미라 쉐이브 존슨, '자신의 감정에 귀를 기우리라', 진흥, 1996

박 효섭, '행복을 꿈꾸는 수도원', 푸른숲, 2003

서 인석, '성서와 영성수련', 성바오로, 1993

서 예석, '월간 영성의 샘' 영성네트워크, 2006년도 12권

십자가의 성 요한, '깔멜의 산길' 성 바오로, 1988

아놀드 B. 콤, '인간의 영과 성령', 기독교서회, 1984

어거스틴, '하나님의 도성' 크리스챤 다이제스트, 2000

어거스틴, '참회록', 기독태인문화사, 1992

윌리엄스, '분노가 죽인다', 한.언., 1996

유 해룡, '하나님 체험과 영성수련', 장신대출판, 2000

윤 양석, '이냐시오의 영신수련', 천주교중앙회, 2001

카터와 미너스, '분노' 은혜출판, 1996

크리스 터만, '성경적 EQ 개발' 생명의 말씀사, 1997

토마스 아 켐피스, '그리스도를 본받아' 예찬사, 1993
호안 가렐드, '십자가의 성 요한의 영성' 카톨릭 출판, 1991

마음상태 점검표

긍정적 마음상태	① 100-90%	② 80-60%	③ 50-30%	④ 20-10%
① 고요, 잔잔함	(날자 기록 1, 2, 3)			
② 기쁘고 행복함				
③ 하나님과 동행				
④ 말씀을 사모함				
⑤ 보람 있는 삶				
⑥ 선행 충동느낌				
부정적 마음상태	① 100-90%	② 80-60%	③ 50-30%	④ 20-10%
① 불안, 우울, 초조				
② 짜증, 신경질				
③ 미움, 분노, 복수심				
④ 가정 재미없다				
⑤ 교회 재미없다				
⑥ 비관, 죽고 싶다				

마음상태 점검표

긍정적 마음상태	① 100-90%	② 80-60%	③ 50-30%	④ 20-10%
① 고요, 잔잔함	(날자 기록 1, 2, 3)			
② 기쁘고 행복함				
③ 하나님과 동행				
④ 말씀을 사모함				
⑤ 보람 있는 삶				
⑥ 선행 충동느낌				
부정적 마음상태	① 100-90%	② 80-60%	③ 50-30%	④ 20-10%
① 불안, 우울, 초조				
② 짜증, 신경질				
③ 미움, 분노, 복수심				
④ 가정 재미없다				
⑤ 교회 재미없다				
⑥ 비관, 죽고 싶다				

김양환

1921년 3월 1일

학　력

1946. 6　서울 감리교신학교 졸업
1959. 3　서울 국학대학 영문과 졸업 (문학사)
1961. 5　미국 Azusa 대학 졸업 (B.A.)
1965. 1　미국 Vanderbilt 대학교 신학대학원 졸업(B.D.)
1990. 3　캘리포니아 신학대학원 일본분교에서 D.D.받음

경　력

1946-1958　영월읍교회, 원주제이교회, 서울 흑석동교회 등에서 목회
1960. 6-1965. 2　미국 유학
1965. 3　서울 세금정교회 담임
1965-66　감리교신학대학, 연세대 신학대학 강사
1989-1990　서울 크리스챤 신학교 학장
1990-현재　기독교영성수련원 설립자겸 지도교수

김 양환 목사 홈페이지: www.yeidam.org / 이메일 admin@yeidam.org
전　화: 010-8948-6368　　　02-3461-6368

이 책을 천국에 있는
사랑하는 아내에게 바칩니다.

예수님의 감성학

• 초판 인쇄	2007년 4월 2일
• 초판 발행	2007년 4월 2일
• 지 은 이	김양환
• 펴 낸 이	채종준
• 펴 낸 곳	한국학술정보㈜
	경기도 파주시 교하읍 문발리 526-2
	파주출판문화정보산업단지
	전화 031) 908-3181(대표) · 팩스 031) 908-3189
	홈페이지 http://www.kstudy.com
	e-mail(출판사업팀사업부) publish@kstudy.com
• 등 록	제일산-115호(2000. 6. 19)
• 가 격	30,000원

ISBN   978-89-534-6527-5 93230 (Paper Book)
         978-89-534-6528-2 98230 (e-Book)